三国风流

英雄、红颜与乱世沉浮

高山淳 — 著

新华出版社

图书在版编目（CIP）数据

三国风流：英雄、红颜与乱世沉浮 / 高山淳著 .
北京：新华出版社，2025.6
ISBN 978-7-5166-8018-6

Ⅰ . K820.36
中国国家版本馆 CIP 数据核字第 20252P0S75 号

三国风流：英雄、红颜与乱世沉浮
著者：高山淳　　　　　　　　　责任编辑：唐波勇　樊文睿
出版发行：新华出版社有限责任公司
（北京市石景山区京原路 8 号　邮编：100040）
印刷：捷鹰印刷（天津）有限公司

成品尺寸：148mm×210mm　1/32　　印张：12.25　字数：270 千字
版次：2025 年 9 月第 1 版　　　　　印次：2025 年 9 月第 1 次印刷
书号：ISBN 978-7-5166-8018-6　　　定价：78.00 元

版权所有·侵权必究
如有印刷、装订问题，本公司负责调换。

微店

视频号小店

京东旗舰店

微信公众号

喜马拉雅

小红书

淘宝旗舰店

企业微信

序

观三国风流　识乱世人心
——序《三国风流：英雄、红颜与乱世沉浮》

　　建安十三年的江风，裹挟着赤壁的硝烟掠过江面时，料必不会想到，一千八百余年后，仍有这样一位孤独的历史守望者，在灯火下逐字爬梳那些散落于《后汉书》《三国志》中的零珠碎玉，为我们重新拼凑出三国人物的血肉与灵魂。当我翻开这本《三国风流：英雄、红颜与乱世沉浮》，仿佛看见一位当代读书人，在晨曦薄雾里侧耳聆听长江两岸响彻的鼓角争鸣，在苍茫暮色中隔空凝视官渡之战燃起的熊熊大火。他以六年光阴在故纸堆中挖掘人性矿脉，最终捧出的不是尘封的古董，而是映照当下的三十面棱镜——照见权力与道义的博弈、理想与现实的撕扯、才情与性格的因果。当鹦鹉洲的芦花飘过千年，历史深处的惊诧与叹息，终将在有心人的倾听中复活。

　　三国是中国人永远的精神原乡。自罗贯中以笔为戈，将那段历史锻造成英雄传奇，关羽的忠义、诸葛亮的智计、刘备的仁厚、曹操的奸诈，便成了刻在民族记忆里的符号。但本书作者却独辟蹊径，带着湖北人特有的务实与勤奋，一头扎进正史的褶皱里。他写祢衡，不满足于《击鼓骂曹》的戏剧化演绎，而是从《后汉书》的蛛丝马迹中还原出一个"恃才傲物狂处士"的真实面貌——这位葬于武汉龟山的才子,既是顶级秘书人才,也是性格悲剧的典型,其人生镜鉴至今仍可以照见职场中的我们。这种从历史尘埃里打捞细节的功夫,让那些史书上冰冷的名字突然有了体温。

作者的笔,像一把精准的手术刀,剖开了"三国热"背后的认知迷雾。他写鲁肃,颠覆了《三国演义》中"忠厚老实人"的刻板形象,让我们看见那位"指囷相赠"的少年豪杰,如何以《榻上策》定江东基业,以联刘抗曹的远略撑起三分天下的格局。他写诸葛亮,不避讳"应变将略非其所长"的史评,却更着力于分析"晕轮效应"如何让一代贤相逐渐被神化。他写荀彧,同情他"饮药而卒"的悲剧命运,却更着力于分析这位"王佐之才"在匡扶汉室与辅佐曹操之间的撕裂——这种清醒的历史观照,恰是当下出版界泛滥着的快餐式历史解读最缺乏的深度。

尤为难得的是,作者从历史的河床深处,打捞起三国女性群像这颗颗沉珠。在男性主导的战争叙事中,孙徐氏的"智勇报夫仇"、蔡琰的"胡笳诉乱离"、吴夫人的"辅政定江东",这些被正史一笔带过的女性,在书中获得了独立的精神维度。她们不再被视为装点英雄的附庸,而是以智慧与勇气在乱世中杀出一条血路的鲜活生命个体。卞夫人以"取其中裆"的智慧平衡后宫,孙鲁班以"斫轮手"的权术搅动朝堂,让我们突然意识到:三国的烽火狼烟中,从来不乏女性的存在和参与。

作为一名湖北籍写作者,我格外留意书中与荆楚大地相关的笔墨。赤壁古战场的惊涛拍岸,刘备三顾茅庐时的隆中雨雪,刘表治下荆州的风云变幻,这些地理坐标让历史有了可触摸的质感。作者在江城十二年前的炎夏写下第一篇文字时，或许正是这座城市的三国基因——从黄鹤楼的"晴川历历"到鹦鹉洲的"芳草萋萋"——赋予了他解读历史的独特视角。这种将地域记忆融入历史书写的尝试，让遥远的三国突然与当下的生活产生了奇妙的共鸣。

翻阅全书，最动人的莫过于作者作为"历史业余爱好者"的真诚。他不讳言写作初衷是给年轻秘书同事以警醒，不掩饰对史料的纠结与推敲，更不回避对历史人物的复杂评价。写臧洪"杀妾飨士"时的悲悯，写田畴"辞封守义"时的敬重，写公孙瓒从"白马将军"到"困守高楼"的叹惋，字里行间都是对人性幽微的深刻洞察。正如他在自序中所言，"历史学家不屑于写这些普及性小文章，大作家们又未必精读过三国这一段历史"，恰恰是这种"两头不靠"的位置，让他的文字既能扎根史料，又能直抵人心。

李开元教授提出的历史"3 + N"多重世界理论，被作者巧妙地化为写作的准则。他既尊重"史真"的不可复现，又不满足于"史料"的简单堆砌，而是以文学的笔触搭建起通往历史现场的桥梁。那些对人物心理的合理推测，对历史细节的场景还原，不是戏说，而是基于史料的艺术重构。当我们读到妙龄少女孙夫人为服从政治大局嫁与"老兵"刘备时的无可奈何，读到甄夫人被曹丕赐死后"被发覆面、以糠塞口"下葬的悲惨遭遇，读到司马懿发动高平陵政变前多年的装病隐忍，仿佛穿越时空，亲眼目睹了那些命运的转折。

三国的魅力，正在于它从来不是非黑即白的道德寓言。作者笔下的英雄与枭雄、红颜与谋士，都带着人性的温度与矛盾：

曹操既有"宁我负人"的狠辣，也有"哭之流涕"的温情；刘备既有"折而不挠"的坚韧，也有"草根枭雄"的权变；孙权既有"举贤任能"的明达，也有"晚年猜忌"的昏聩。这种对历史复杂性的尊重，让本书超越了普通的历史普及读物，成为一面照见人性的镜子。

合上书稿，窗外的长江不舍昼夜、流淌如昔。千年前，诸葛亮羽扇纶巾、曹操横槊赋诗，都曾在这片水域留下回声；千年后，一位普通的历史爱好者，以笔为舟，在史料的江河中打捞那些被遗忘的细节。或许，这正是历史书写的意义：不是为了复刻过去，而是让那些在乱世中挣扎、奋斗、坚守的灵魂，能与当下的我们相遇。当我们在书中看见祢衡的狂、孔融的傲、贾诩的智、何进的愚、韩馥的怯、孙坚的勇、蔡琰的悲、马超的痛……何尝不是在寻找自己在时代浪潮中的位置？

这部凝结了十余年心血的著作，既是写给三国迷的盛宴，也是给历史新手的向导。它告诉我们：历史不在教科书的定论里，而在那些被忽略的细节中；英雄不在戏剧的光环里，而在他们面对命运抉择时的挣扎与坚守中。读罢此书，再看三国，便多了一份悲天悯人的旷达与通透——这或许就是作者最想传递给读者的信息。

是为序。

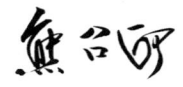

乙巳仲夏于闲庐

自　序

2013年下半年，我结束了为期两年半的外出挂职，回到原单位（位于武汉的一家企业）任办公室副主任，分管文秘工作。八小时之外，读书是我最大的爱好。而中国古代史，占据了我大部分读书时间。某日，我读到《后汉书·祢衡传》，不禁产生了很深的感触。祢衡原是东汉末年青州（今山东省境内）人，乱世流落到荆州，后被江夏太守黄祖所杀，相传就葬在长江武汉段的古鹦鹉洲上。此洲明末已经沉没，祢衡墓后来重建于汉阳龟山南麓，时至今日仍然可供凭吊。从这一点看，祢衡与武汉有缘，算是武汉历史名人。

受《三国演义》影响，在我们通常印象中，击鼓骂曹的祢衡是忠于汉室的名士，形象很正面。但仔细阅读《后汉书·祢衡传》，我发现他分明就是一名文字秘书，曾先后给荆州牧刘表和江夏太守黄祖服务，为他们撰写了大量公文，表现出很高的文字水平和很强的业务能力。祢衡最后因为目中无人、恃才傲物，二十六岁就死于非命，令人扼腕叹息。造成祢衡悲剧命运的主因，无疑是他性格中的缺陷。他的人生经历，可以作为年轻秘书的反面教材。

本着这一初衷，我写出了《祢衡：跌入"鲨鱼阵"的奇才》一文，主要目的是想给我身边年轻的秘书同事们读一读，让他们从中吸取经验教训，在秘书生涯中少走弯路。当时我们公司的企业报纸尚在，报社副刊编辑费墨同志读到这篇文章后，认为还有一点儿新意，鼓励我继续写下去，争取能在报纸上开一个介绍三国人物的专栏。无知者无畏，于是我花了大约十个月时间，陆续写出了孔融、鲁肃等十位人物，从 2014 年 8 月开始以"三国十人谈"为栏目名在该报上发表了。这十位人物，总体来讲比较散乱，没有什么逻辑联系，但基本上可以看作两人一组，每组的两位人物略有共通之处。因为报纸版面有限，费编辑勒令我每篇不得超过两千五百字。这正合我意，其实就我的能力而言也写不了更长的文章。

这十位人物写完之后，因为本职工作比较忙碌，再加上自己也有些懒散，下班回家后史书虽然一直坚持在读，但是三年没有再提笔写作了。其间，费墨同志为了鼓励我继续写下去，总是把一些读者零星肯定的话放大之后反馈给我，说大家如何如何喜欢我的文字。我知道很多是溢美之词，但虚荣心还是得到了相当程度的满足。我决定继续写下去，但是从什么角度切入，让我犯了难。最后，我决定写十位女性人物。《三国演义》是男人们的世界，女性人物不仅数量少，而且着墨也少。但是，只要细心地拨开历史尘封的蛛网，我们依然能在三国史书中找到一些不寻常的女性，能看到非凡的胆略与智慧像深海珍珠一样在她们身上熠熠生辉。就这样，我又写出了《貂蝉：红粉英雄本无名》等十篇文章。这时候，企业报纸已经按上级要求关停，报社也改成了媒体业务部。承蒙费墨同志厚爱，这十篇文章作为"三国十人谈"第二辑自2018年8月起在企业内网的"文学天地"栏目连载了。因为相关历史资料匮乏，这组人物每篇也没有超过三千字。我的朋友文继愈同志逐篇细读了这些文章，在鼓励之余，给我提出了很多宝贵的修改意见。我将其全部吸纳进我的文章之中。文老师对于中国传统文化有着广博深邃的研究，许多点评切中肯綮，并且每每能启发我新的思考。他提意见时态度诚恳、语气委婉、文辞优雅，总是能够让人甘之如饴。他是现代社会难得一见的淳厚君子，"似君须向古人求"，令我感佩不已。

在这段时间内，费墨同志出版了她的第二本作品。我拜读后，表示羡慕嫉妒恨：羡慕她出书易如反掌，嫉妒她写作时思如泉涌，恨自己码点字难如登天。费编辑忽悠我说，如果我再写一辑，也可以出本书。对于一位业余作者而言，这是一个很大的诱惑。于是我再贾余勇，又写出了"三国十人谈"第三辑。这次我聚焦董卓、孙坚、袁绍等汉末诸侯，努力还原他们的内心世界，总结他们的失败教训。这组文章，自2019年8月起也在企业内网的"文学天地"栏目连载。此时，媒体业务部又改名为融媒体中心。在写作这十篇文章时，我在篇幅上彻底放飞了自己，最短的一篇六千多字，最长的一篇超过了九千字。因为我觉得如果仍然每篇不超过三千字的话，那么成书后将不足十万字。书太薄，自己都感觉对不起读者，良心不安。于是我对前面两辑也进行了改写，增加了不少内容，希望读者朋友们不会认为是猪肉注水。同时，为了整齐划一，我将所有文章的标题都改成了七个字。这当然是一种强迫症，希望读者朋友们不会认为是削足适履。另外，需要说明的是，我将第一辑中的吕布增写之后,放入了第三辑,又新写了一篇臧洪,补足了第一辑。义士臧洪跟田畴构成一组,吕布进诸侯,两人各得其所。在第三辑的写作过程中,费、文两位一如既往地认真帮我审阅,并给出了他们的宝贵意见。另外,我的朋友梅黄陂、杨月山、刘公安等几位同志审读了全书,提出了不少修改意见,避免了很多硬伤。本书付梓前,又请武汉大学钟盛先生进行了学术把关。钟先生认真审读后提出了三十余处修改意见,我悉数吸纳进了书中。湖北师范大学美术学院李杰先生为本书人物一一精心创作了插图。这里一并致以诚挚的谢意!是你们的鼓励、鞭策和帮助,促进了这本书的成形。

星星之火,可以燎原。本书的形成过程正是如此。

我只是一名业余写手,也只是一名历史业余爱好者。我写三国人物,底气是不足的。前贤时彦众多,论历史我不够专业,论写作我才气平平:我这叫两头不靠。费墨编辑几次表扬我胜在将勤补拙,我听了之后很开心。天赋是个好东西,但不是谁都有。老天爷不给,那也是没办法的事。但是有一点我可以自我安慰:历史学家们不屑于写这些普及性小文章,大作家们又往往不一定精读过三国这一段历史,正好给我这样的业余选手留了一条活路。所谓夹缝里求生存,说的就是这种情况。

根据当代历史学家李开元教授关于历史学知识构成的观点,本书属于历史学第四甚至更外延的世界。李开元教授认为,历史学的知识构成是一个"3 + N"的世界,其中"3"是历史学的三个基础世界,可以分别称它们为第一历史、第二历史和第三历史,"N"是历史学三个基础世界之外的多重延伸,可以有第四、第五甚至更多的世界。在时间中过去了的往事即"史真",是第一历史;通过口述传承、文字记录和遗物留存的形式保留下来的有关第一历史的一些信息即"史料",是第二历史;根据史料编撰的历史著作即"史著",是第三历史。根据已有的历史著作再加以编撰所写成的历史作品,属于历史学的第四世界,也就是第四历史。如果有人再根据这些作品进一步编撰,比如拍成一部历史电视剧,这部电视剧就属于第五世界,成了第五历史。同样的延伸可以不断地继续下去,这就形成了历史学特有的知识构成——3+N的世界。李教授认为,第一历史的真相,我们可以不断地逼近,但不可能完全达到,我们可以合理地推测,但不可能完全证明。随着历史世界由1到N的步步延伸,与历史真相的距离也就越来越远,可信度也就越来越低。

我喜欢汉末三国历史,其中《后汉书》《三国志》《资治通鉴》,更是坚持读了很多年。按李教授的观点,前两者算是第三历史,后者算是第四历史。为了写作这三十篇小文章,我又找了很多相关书籍和文章来读。这就更是第四或第五历史了。坦率地讲,因为个人能力的局限,本书可能创见不多,但是诚意满满。本书写作态度是严谨而认真的,基本上没有戏说成分。在写作过程中,我尝试了各种不同写法,来尽可能通俗而丰满地表现出我笔下的人物。我尽了最大努力,想向大家呈现出自己对这些历史人物的理解。

书名颇费了些周折,最后决定叫作《三国风流:英雄、红颜与乱世沉浮》。有缘的读者如果能碰巧读到这本小书,又碰巧能从书中得到那么一点或者两点收获,我就心满意足了。另外,需要向读者朋友们说明并请求谅解的是,书中在引用《后汉书》《三国志》《晋书》等原文时,并没有像严谨的学术文章那样——标明出处。我害怕太多的标注影响大家的阅读感受。

  本书写作及修改时间超过了六年。从 2013 年写起，2019 年下半年增写后基本定稿。回首来时路，最后要感谢我的母亲和妻子，她俩承担了绝大部分家务，让我能够腾出时间伏案写作。她俩的支持和宽容，给了我最大的幸福和快乐。我的长子提前阅读了本书所有文章。这本书是送给他上高中的礼物。

  是为序。

2019 年 11 月 16 日于武汉

2025 年 5 月 28 日改定

目 录

序　　　　　　　　　　　　　　　　　　熊召政 / I

自　序　　　　　　　　　　　　　　　　　　　/ V

第一辑　睥睨天地如毫芒

祢衡：恃才傲物狂处士　　　　　　　　　　　/ 4
孔融：客满樽中酒不空　　　　　　　　　　　/ 16
鲁肃：拨开迷雾见英雄　　　　　　　　　　　/ 28
诸葛亮："晕轮"滚动上神坛　　　　　　　　 / 44
臧洪：忠义所在生死以　　　　　　　　　　　/ 64
田畴：燕赵侠义奇男子　　　　　　　　　　　/ 78
荀彧：谋士谋国不谋身　　　　　　　　　　　/ 90
贾诩：跳槽全凭智慧高　　　　　　　　　　　/ 106
刘备：草根逆袭皇帝梦　　　　　　　　　　　/ 118
司马懿：醉心演技五十年　　　　　　　　　　/ 136

第二辑　休言女子非英物

貂蝉：红粉英雄本无名　　　　　　　　　　　/ 150
张春华：枭雄正室空余恨　　　　　　　　　　/ 158

吴夫人：一代红妆照汗青　　　　　　　/ 166
卞后：玲珑七窍君王侧　　　　　　　　/ 174
孙徐氏：智勇双全世所无　　　　　　　/ 184
孙鲁班：权力场中斫轮手　　　　　　　/ 192
孙夫人：剑气横江误红颜　　　　　　　/ 200
诸葛黄氏：乘龙快婿难言幸　　　　　　/ 210
甄夫人：绝世容颜"双刃剑"　　　　　/ 220
蔡琰：乱世佳人如转烛　　　　　　　　/ 232

第三辑　沧海横流却是谁

何进：智小谋大反受殃　　　　　　　　/ 244
董卓：移天换日谈何易　　　　　　　　/ 256
袁绍：王霸雄图成一梦　　　　　　　　/ 268
韩馥：高第良牧怯如鸡　　　　　　　　/ 282
公孙瓒：猛士懦夫一念间　　　　　　　/ 296
袁术：画皮难掩冢中骨　　　　　　　　/ 310
孙坚：一生忠奸复谁知　　　　　　　　/ 324
吕布：折戟休怨白门楼　　　　　　　　/ 336
孙策：少年心事当拏云　　　　　　　　/ 348
马超：悲情英雄泪如倾　　　　　　　　/ 364

第一辑

睥睨天地如毫芒

自幼嗜书，人到中年犹孜孜不倦。多读文史之书，尤爱中国古代史。而立前后，陆续购入中华书局繁体竖排"二十四史"和《资治通鉴》，煌煌三百册，藏诸家中，见之心喜。工作之余，一卷在手，常常废寝忘食。灯前枕上，反复阅读，不求甚解，乐在其中。近年多读汉魏南北朝史，信而好古，才疏学浅，并无创见。偶有体会，述而不作。三国时期，风云变幻，沧海横流，英雄辈出，豪杰如云，最能见命运之诡谲、人性之幽暗。酷暑无事，从中挑出十人，逐一点评：有狂生、有名士，有忠臣、有义士，有智囊、有谋士，有豪杰、有圣贤，有政客、有皇帝……管窥蠡测，一孔之见，错谬之处，方家见谅。

祢衡：恃才傲物狂处士

《击鼓骂曹》是一出有名的传统京剧剧目。剧中曹操（155—220）照例是白脸，名为汉相，实为汉贼；而剧中另一主角祢衡则是一副不阿权贵、怒斥奸臣的封建名士形象。

近读《后汉书·祢衡传》，发现史书所载与戏剧演绎出入颇大。另外，《击鼓骂曹》没有交代祢衡最终的命运——曹操没有杀祢衡，祢衡后为黄祖所杀。他死的时候，只有二十六岁，正是人生最好的年华。

祢衡（173—198），字正平，东汉末年青州平原郡般县人（今山东德州临邑县境内）。《后汉书》本传讲，祢衡"少有才辩，而尚气刚傲，好矫时慢物"。历史上真实的祢衡，是一个恃才傲物的年轻人。这注定了祢衡悲剧的命运。

有人说，人分四等：一等人有本事没脾气，二等人有本事有脾气，三等人没本事没脾气，四等人没本事有脾气。祢衡属于二等人。他的确有较强的才能，但也有较强的个性。孔融在给汉献帝的《荐祢衡表》中将他夸成了一朵花，说他"淑质贞亮，英才卓砾"，德才兼备，爱憎分明，是"不可多得"的人才。孔融请求汉献帝亲自接见并面试祢衡，如果合格，希望比照路粹、严象，也授予尚书郎的职位。

祢衡具有很强的文字写作能力。孔融评价祢衡，"初涉艺文，升堂睹奥"——别看他年纪不大，但是已经洞悉了写文章的奥秘。祢衡在荆州牧刘表处，"文章言议，非衡不定"，"须臾立成，辞义可观"。祢衡在江夏太守黄祖处，"为作书记，轻重疏密，各得体宜"。黄祖曾经拉着祢衡的手说："处士，此正得祖意，如祖腹中之所欲言也。"一次，黄祖的儿子黄射举行宴会，席间有人给黄射献上了一只鹦鹉。黄射给祢衡敬酒，"愿先生赋之，以娱嘉宾"。这属于即时命题作文，写作难度极大。祢衡也不推辞，"揽笔而作，文无加点，辞采甚丽"。这情形很容易让人联想到在南昌即席写作《滕王阁序》的王勃。祢衡创作的这篇《鹦鹉赋》托物言志，以鸟喻人，状物惟肖，言情婉转，刺世深刻，是汉赋中的名篇，流传千年，一直为后世传诵。以上都说明祢衡的文笔既好，出活又快，不仅是首屈一指的"笔杆子"，还是一名"快枪手"，写作时也能准确把握领导的意图，是难得一见的顶级秘书人才。

祢衡的记忆力也相当了得。孔融夸奖祢衡，"目所一见，辄诵于口；耳所瞥闻，不忘于心"。祢衡与黄射关系很好。一次，两人一起出门游玩，途中看到蔡邕书写的一通碑文。回来后，黄射对此碑念念不忘，很遗憾当时没有把它誊写下来。祢衡说："无妨，吾能记之"。他马上凭记忆将碑文默写了出来。黄射派人骑快马抄碑回来核对，发现两者并无二致。这种过目不忘的记忆能力是很惊人的，堪称"最强大脑"。

祢衡还有音乐方面的才能。曹操听说祢衡善于击鼓，召为鼓史（掌鼓的官吏）。一次，曹操大会宾客，"阅试音节"，让鼓史们轮番上场，进行才艺大比拼。《后汉书》载，轮到祢衡时，他"蹀躞而前，容态有异，声节悲壮，听者莫不慷慨"。《世说新语·言语》记载与此大同小异，"（祢）衡扬枹为《渔阳掺挝》，渊渊有金石声，四坐为之改容"。这都说明祢衡击鼓的艺术水平很高，他的鼓声能够打动人、感染人。

祢衡作为一名文士，博闻强记、下笔成章，并且文思迅捷、倚马可待，优点十分突出。但是，祢衡的缺点也显而易见。他第一个缺点是眼高于顶，目中无人。建安初年，曹操奉献帝迁都许，贤士大夫闻风而来，人才毕集。祢衡来游许都，他怀里揣着一张刺（名帖），准备拜访名士贤人。可是在许都转悠了一段时间之后，祢衡硬是谁也看不上，谁也没有拜访，"既而无所之适，至于刺字漫灭"，名帖上的字都磨损得模糊不清了。有人问祢衡为什么不去追随陈群、司马朗？祢衡回答说："吾焉能从屠沽儿耶！"陈群是东汉大名士陈寔的孙子，"有清流雅望"，后为曹魏重臣，是九品中正制和《魏律》的主要创始人。司马朗是京兆尹司马防的长子、司马懿的大哥，德才兼备，有胆有识，汉末大乱，他"收恤宗族，教训诸弟，不为衰世解业"，后官至丞相主簿、兖州刺史。二人都是世家巨族、名门之后。祢衡轻蔑地称他俩为"屠沽儿"，将其视为屠牲沽酒的卑贱之人，显然是罔顾事实的胡说八道。

别人又问祢衡，荀彧、赵融怎么样？荀彧是曹操的首席谋士，久处机要，德厚功高，被时人尊称为荀令君。曹操待以师友之礼，称"天下之定，彧之功也"。司马懿对荀彧更是崇拜至极，曾经说："吾自耳目所从闻见，逮百数十年间，贤才未有及荀令君者也"。赵融资历更老,是与袁绍(?—202)、曹操同时的西园八校尉之一。祢衡却回答说,荀彧可"借面吊丧",赵融可用其"监厨请客",因为荀彧相貌英俊、赵融腹大能吃肉。这实际上是否定荀、赵二人的才德,认为他俩只能用为佣仆。

这四个人年龄都比祢衡大,都是非同小可的人物,却全入不了祢衡的法眼。这已经不是眼光高的问题,而是狂妄自大到了不可救药的地步。

祢衡欣赏的人,只有孔融和杨修。他常称:"大儿孔文举,小儿杨德祖。余子碌碌,莫足数也。"孔融大祢衡二十岁,在祢衡家乡担任过青州刺史,又积极向汉献帝和曹操举荐祢衡,对祢衡而言是正儿八经的尊长和恩人。杨修与祢衡年龄相若,他出身于四世太尉的弘农杨氏,乃汉末与汝南袁氏齐名的世家巨族。但是祢衡仍分别戏称两位为大儿、小儿,可见祢衡人品之狂妄和轻薄。孔融虽有盛名,其实并无治世之才,最厉害的是嘴上功夫。杨修脑子灵活,反应快,有捷才,但是恃才放荡,无保身之明哲。孔融、杨修最后都因触怒曹操而被杀。物以类聚,人以群分。祢衡的性格跟他们极其相似,最后的命运也大致相同。这绝非巧合!颜之推在《颜氏家训·文章篇》中写道:"孔融、祢衡,诞傲致殒;杨修、丁廙,扇动取毙",将三个人放在一起评论,是有道理的。

祢衡的第二个缺点是恃才尚气,凌辱上官。曹操是求贤若渴、唯才是举的。孔融向曹操举荐祢衡,开始曹操极高兴,打算召见他。祢衡瞧不起曹操,不光托病不去,还口出狂言。在封建专制时代,这足以取死了。但是,曹操选择了宽容祢衡,"操怀忿,而以其才名,不欲杀之"。

曹操决定给祢衡一个小教训。他召祢衡为鼓史，大会宾客举办音乐会，要求鼓史们演奏时脱下自己原来的衣服，换上鼓史的职业装。在祢衡这种以才子、名士自诩的人眼里，这显然算是一种侮辱。当轮到祢衡时，祢衡居然在大庭广众之下，当着曹操和众宾客的面，慢条斯理地把全身脱得一丝不挂，再缓缓穿上鼓史的衣服，并且面不改色，一点儿都不害臊！一向大度的曹操给气笑了，但是曹操并没有借此来处罚祢衡，仍然选择了优容。孔融连忙跑出来打圆场，说祢衡知道错了，准备改天来给曹操当面道歉。曹操听后大喜，专门交代门房那天有客人就马上请进来。没想到，"衡乃着布单衣、疏巾，手持三尺棁杖，坐大营门，以杖捶地大骂"。祢衡对于曹操利用换衣服来捉弄自己，表现出极大的愤怒。史书上击鼓和骂曹是在两个不同时间节点发生的，而京剧为了加强戏剧的冲突性，修改为一边击鼓一边骂曹，二者同时进行。

曹操这次真的很生气。曹操说，要杀祢衡这小子，好比杀只麻雀、老鼠，但杀了他，人家说我不能容人。这样吧，我把他送给刘表，看刘表怎么对待他。就这样，祢衡从许都到了荆州。"刘表及荆州士大夫先服其才名，甚宾礼之""文章言议，非衡不定"，应该说刘表开始对祢衡很尊重、很客气，也是很重用的。

可是不久，祢衡恃才傲物、老子天下第一的臭毛病又犯了。一次，刘表"与诸文人共草章奏，并极其才思"，一群人凑在一起搞文件，凝聚集体智慧并且很用心思。当时祢衡出门了，回来看后，"开省未周"，还没仔细看完，就撕成碎片扔在地上。这无异于是把刘表身边那些文士的面子也撕碎了扔在地上，意思是你们所有人凑在一起弄的文章都不如我一个人搞的。祢衡做人真是一点儿余地都不留啊。刘表先是"忧然为骇",估计这种狂傲的幕僚他也从来没见过;后来看到祢衡重新起草文稿"须臾立成,辞义可观",刘表"大悦,益重之",对祢衡还是很宽容的。

但是,祢衡显然已经把刘表手下其他文士都得罪了。他们因此诬陷祢衡,对刘表说:"祢衡说您的仁德堪比周文王,但是没有决断能力,最终成不了大事。"这正是刘表的痛处。虽然这话是捏造的,但像极了祢衡的口气,祢衡无法辩解。可想而知,刘表当然很生气。

祢衡后来又"侮慢于表",刘表再也容不下他了,"以江夏太守黄祖性急,故送衡与之"。这个用心就十分险恶了。黄祖起初对祢衡也很客气,"祖亦善待焉"。但时间一长,祢衡的老毛病又犯了。一次黄祖在战船上大会宾客,祢衡出言不逊,大庭广众之中让黄祖下不来台。黄祖呵斥他,他盯着黄祖破口大骂:"死公!云等道?"你这个死老头,在胡说些什么!《太平御览》卷八三三载,祢衡骂黄祖为"死锻锡公"。今人对"锻锡"有两种理解:一是中国古代锻锡的目的往往是用来冶炼青铜剑,那么锻锡之人就是剑工,暗指"贱公";二是"锻锡"与"断息"同音,也就是"断子绝孙"的意思。不管哪种解释,都是很难听的骂人话。黄祖是祢衡的主公,又是其好友黄射的父亲,祢衡这么骂他,于情于理的确过分。

黄祖很生气,后果很严重。他命令手下兵丁将祢衡拖出去杖责,但还没有打算杀他。祢衡不依不饶,继续大骂,"性急"的黄祖怒不可遏,最终下令杀了他。黄祖的主簿一直不喜欢祢衡,接到命令毫不迟疑,马上就把祢衡杀了。主簿掌管文书,估计祢衡来江夏后抢了他的风头不说,跟他的关系也没有处理好,这时候正好落井下石,公报私仇。黄射听说父亲要杀祢衡,"徒跣来救",也没有来得及挽回。黄射为之怆凄流涕,对黄祖说道:"祢衡有异才,曹操和刘表都不杀他,大人您怎么把他杀了?"黄祖回答说:"人家骂你父亲为锻锡公,为何不杀!"黄射无言以对。本事大、脾气比本事更大的祢衡,就这样玩完了自己年轻的生命。用当今流行的一句俗语来讲,真是不作死就不会死。

相传祢衡死后,黄射将他葬在江夏郡长江中的一处沙洲上,因为祢衡曾写过《鹦鹉赋》,后来这个沙洲就得名为鹦鹉洲。唐代崔颢《黄鹤楼》诗中的名句"晴川历历汉阳树,芳草萋萋鹦鹉洲",令鹦鹉洲名传千古。

祢衡具体骂了曹操些什么,又如何侮慢刘表,对黄祖又是怎样的言不逊顺,因为缺乏史料记载,目前已经不得而知。笔者很愿意相信,祢衡跟孔融一样,是刘汉皇室的忠诚卫士,他看到曹操、刘表、黄祖皆有背汉之迹、不臣之心,因而不愿为他们所用,所以也必然不为三国乱世所容,最后惨遭杀害。抛开这种只是臆测的政治因素不谈,祢衡过于自大和刚烈的性格,是导致他英年丧命的主因。孔融从正面评价祢衡的性格是,"忠果正直,志怀霜雪,见善若惊,疾恶如仇",将他比作面讥魏文侯的任座、尸谏卫灵公的史鱼;换个角度来形容,就是直来直去,锋芒毕露,从不控制自己的情绪和言行。

《论语·子罕》有言:"子绝四:毋意,毋必,毋固,毋我。"细细揣摩祢衡的心理,他将孔夫子的人生信条抛诸脑后,想问题、办事情完全以自我为中心,从而陷入了骄傲、偏执、狂妄的泥潭不能自拔:一是自我膨胀,不知谦虚为何物。祢衡自以为有才,老子天下第一,谁也瞧不上。他在《鹦鹉赋》中写道:"性辩慧而能言兮,才聪明以识机""嬉游高峻,栖跱幽深,飞不妄集,翔必择林""采采丽容,咬咬好音""虽同族于羽毛,固殊智而异心,配鸾皇而等美,焉比德于众禽",表面上句句是写鹦鹉,其实写的是他自己。他是跟凤凰"等美"的鹦鹉,一般凡鸟虽也有羽毛,但心智跟他不是一个等级,哪能入他的法眼?这就是他瞧不上陈群、司马朗、荀彧、赵融等人的原因。这几位经过历史检验,确有真才实学。祢衡骄傲自大,完全看不到别人的长处,令人扼腕。二是自我误判,不知危险为何物。祢衡自以为是名士,有影响力,自以为代表着正义和真理,有足够的底气,料定没人敢杀他。名震天下的孔北海,和俺是忘年交,跟皇帝一起夸俺是"非常之宝"。天下谁不知道俺祢正平?曹操厉害吧,被俺骂得狗血淋头,他敢杀俺吗?杀俺就是妒才害贤!刘表地方数千里,带甲十余万,俺几次侮慢他,他敢拿俺怎么地?这一步步助长了他的脾气、误导了他的判断。天下之大,人莫予毒!俺想咋的就咋的,就是要恣意妄为,谁也不能拿俺怎么样!三是自我炒作,不知权势为何物。越是大人物越要侮慢,越是公众场合,越要提意见、唱反调,甚至不惜公开詈骂,不怕触龙鳞、捋虎须,借此在短时间内迅速抬高自己的声价。领导咋了?你们怕,俺可不怕!瞧,俺多牛,这么多人都可以见证,你们不敢骂的人俺敢骂,你们不敢惹的人俺敢惹。历史已经无数次证明,如果没有降龙伏虎的手段,龙鳞的确是触不得、虎须的确是捋不得的。

祢衡自傲的背后，其实是深深的自卑。他出身寒族，其实并没有什么势力可以凭仗；投靠曹操，只做了一个卑微的鼓史，没有得到重用不说，还被羞辱了一番；后来又被曹操派人押送给刘表，原以为刘表是汉室宗亲，这次总该可以一展平生抱负了吧；没想到刘表也不待见，又转送给下属黄祖，混到年近而立还是一名处士（没有做过官的士人）。祢衡就像是一件被人嫌弃的物品，这任主人不要甩给下一任。虽然他嘴上讲"逼之不惧，抚之不惊"，但是对于心高气傲的他而言，无疑是一次又一次沉重的打击。他恨自己一身才华没有施展的空间，更恨曹操、刘表、黄祖这些身居高位却不重用他的人。长期漂泊异乡、寄人篱下的祢衡，感觉自己就像笔下的那只鹦鹉一样，被关进了牢笼，掌握不了自己的命运，在这纷纷扰扰的汉末乱世，不得不"宁顺从以远害，不违迕以丧生"。一方面，他在混得不如意的时候，思念家乡、思念亲人、向往自由生活，"想昆山之高岳，思邓林之扶疏"；另一方面，他又恋栈笼中这一点饮食，作为交换，他不得不牺牲自由，为主人出力报效，"期守死以报德，甘尽辞以效愚"。他从来没有想到，自己其实根本没有在这乱世独立生存的能力，有人收留自己赏口饭吃，本该感恩，最后却尽成怨怼。面对时运不济、命途多舛，祢衡感叹道："嗟禄命之衰薄，奚遭时之险巇？岂言语以阶乱，将不密以致危？"这一句，恰恰一语成谶，预言了他悲惨的结局。

年轻的祢衡不懂得：在专制暴力面前，名士一文不值，并没有什么护身符；通过挑衅虎狼的方式炒作自己，只能在马戏团里进行娱乐表演，而在现实的权势丛林里一不小心就会惨遭虎狼之吻。李白《望鹦鹉洲怀祢衡》诗云："才高竟何施，寡识冒天刑。"才高而寡识,正是祢衡的致命缺点。

曹操、刘表、黄祖,他们共同玩着一个叫击鼓传花的游戏,鼓声一停,花就得砸自己手上。祢衡就像游戏中的这朵花,表面上很好看,但是玩家们都不喜欢他在自己手中停留,都慌忙把他传给下家。就看谁是这个倒霉蛋,最后憋不住下手杀了他。

祢衡的性格不改,又不甘于归隐山林,死亡的命运是不可避免的。正像柏杨先生分析的那样,祢衡陷入了"鲨鱼阵",非粉身碎骨不可。黄祖自然是杀害祢衡的直接凶手。而曹操、刘表,又何尝不需要承担一定的责任?当然,最大的责任该由祢衡自己来承担。《三国演义》第二十三回,曹操听说祢衡遇害,笑着说道:"腐儒舌剑,反自杀矣!"祢衡的死亡方式,正可以称为"自杀式他杀"。

祢衡有才,却年纪轻轻就因为狂傲被杀,的确令人惋惜。北宋苏轼在《满江红·寄鄂州朱使君寿昌》中写道:"《江表传》,君休读。狂处士,真堪惜。空洲对鹦鹉,苇花萧瑟。"往事越千年,曾经芳草萋萋的鹦鹉洲已经沉入江中渺不可寻,只有那一大片芦苇一岁一枯荣,仍然静静地在江滩上摇曳……祢衡死而有灵,他的魂魄,或者化成一只"绀趾丹觜,绿衣翠衿"的鹦鹉自由飞翔,或者随着芦花飘进长江东流入海,回到他的故乡了罢。

孔融：客满樽中酒不空

东汉桓帝延熹五年（162）某一天，位于都城洛阳的李膺府第高朋满座。在座的不是朝中达官贵人，就是海内清流名士。钟磬演奏的雅乐缓缓在大厅流淌，歌伎们就着节奏跳着轻快的舞蹈，宾主在觥筹交错中纵论着国家大事。厅外杨柳婆娑，几株桃花正开得分外艳丽。

忽然，门房来报，府外来了一个十岁的陌生小孩求见李膺，一口鲁国话，自称名叫孔融，是李府的通家子弟。李膺当时担任河南尹，职务相当于今天首都的市长（洛阳只是他辖下的二十一个县之一）。李膺（110—169）不光位高权重，并且是当时数一数二的大名士，交友十分谨慎，非"当世英贤及通家子弟"不见。当时如果谁能被李膺在家里接待一次，称为"登龙门"，足见其荣耀，也可想见其难度。李膺皱眉想了半天，自己似乎不认识这个小孩，但转念一想，怕他是受了家中长辈差遣而来，不可失了礼数，于是对门房说，既是通家子弟，那就请进来吧。

孔融（153—208）进了李府，当时五十多岁的李膺根本不认识这个所谓的"通家子弟",就问他,"是不是你爷爷或者你父亲跟我有交情呀"?孔融说:"是的。我家祖先孔子跟您家祖先老子是亲密的师友关系,因此咱们孔、李两家是几十代的老交情。"这个理由尽管有些牵强,但十分机智,在抬高了对方的同时,也让人难以反驳——我是孔子二十世孙,除非您李膺否认李耳是您的祖先,否则您就得承认我们是累世通家。当时李膺家里的宾客都觉得孔融是个神童。其中一个叫陈炜的客人却不以为然,"小时候聪明,长大了未必聪明"。孔融反应很快,马上反唇相讥,"那按您的说法,您小时候一定是很聪明了"。对于孔融这无比机智的回答,陈炜很尴尬,而李府满座为之绝倒。李膺夸奖孔融:长大后一定能成为"伟器"。这个小孩童见大市长的故事,让十岁的孔融在洛阳一举成名。

从后来孔融的人生经历来看,大名士李膺这次看走了眼,而陈炜倒是一语中的。孔融一辈子,最厉害的就是他这张嘴,而谈到济世救民干实事,他基本上可以说是百无一用。甚至可以说,孔融最后就是因为这张嘴而罹祸。

孔融出名很早。《后汉书》称赞孔融"幼有异才","性好学,博涉多该览"。在他的家乡,很多人都知道孔家出了个神童,博学多才,反应超快。四岁的时候,他就因为"让梨"在宗族中获得了岐嶷的名声。十三岁的时候,父亲孔宙去世,孔融"哀悴过毁,扶而后起",又在周边赢得了孝亲的名声。十六岁的时候,大名士、党人张俭因为得罪了宦官侯览,遭到全国通缉,他跑到孔家投奔孔融的哥哥孔褒,恰巧孔褒不在,孔融接待了他。张俭因为孔融年少,不愿意跟他讲明来意。孔融看出了张俭窘迫的处境,自作主张替哥哥收留了他。这在当时需要极大的勇气。张俭一路逃亡，牵连了不少收留他的人，"其所经历，伏重诛者以十数，宗亲并皆殄灭，郡县为之残破"。后来消息泄露，官府前来缉捕，张俭逃走，孔褒、孔融因为窝藏罪都被抓到了狱中。孔融的母亲和孔褒、孔融兄弟俩争相承担罪责，"一门争死"。地方政府犹疑不能决，请示到中央。诏书下旨只追究孔褒的责任，孔融平安出狱。这件事为孔融赢得了全国性的好名声，得到了士大夫阶层的广泛认可，大家都认为孔融虽然年纪轻，却是个有见识、讲义气、敢担当、不怕死的义烈之士。二十岁不到的孔融，集才子、孝子、义士、名士等多项光环于一身，成了全国闻名的"网红"。

州郡鉴于孔融的赫赫声名，争相礼命，给他官做，孔融皆推辞不就。出身世家大族的孔融并不是不想做官，尽管他年纪轻轻，其实已经深谙利用舆论、猎取大名、坐抬声价之道。暂时的婉拒是他获取更大名誉的一种方式，或者说，他在等待一个更大的平台。果然，数年后，司徒杨赐辟孔融为掾，相当于直接在宰相手下工作，孔融欣然上任。

但是，孔融的名士脾气也开始露出端倪，两次因为闹意气而辞官回家，其中一次还差点惹上杀身之祸。中平元年（184），朝廷即将任命河南尹何进为大将军，杨赐（当时已升为太尉）派孔融拿着名帖去祝贺何进。因为门房没有及时通报，没有第一时间得到何进接见的孔融大怒，当即夺回名帖，打道回府，并且愤而辞职回家。何进的下属皆引以为耻：孔融你一个小小的三公掾，来拜见现任的河南尹、未来的大将军、当今的国舅爷，等一下都不耐烦，居然耍性子"夺谒还府，投劾而去"，谁给你的勇气？他们想替主人何进出口气，偷偷派剑客去追杀孔融。有门客向何进进言：孔融"于时英雄特杰"，就像众星之中的北辰、百谷之中的黍稷，"有重名"，"天下莫不属目"，如果杀了他，那么四方之士都会离你而去。何进采纳了这个意见，不光不以为忤、没有计较孔融的无礼，还征辟孔融为大将军掾属，又举其为高第（官吏考绩优等），提拔孔融为侍御史。但是，孔融与顶头上司御史中丞赵舍关系处理不好，托病再一次辞官归家。从这两次辞官可以看出，孔融的确是汉末著名人物，具有很大的影响力，他本人也自视甚高，因为有名，所以任性，动不动就玩辞职的把戏。

不久，不甘寂寞的孔融又进京做官，累迁为虎贲中郎将。孔融二十多岁开始出仕，三十多岁的时候就当上了秩比二千石的高官，应该说仕途十分顺利。中平六年（189），董卓进京，专权跋扈，大名士孔融每多"匡正之言"。董卓很生气，将孔融转为议郎（掌顾问应对，无常事），改任闲职，剥夺了他的兵权。当时黄巾军扰乱数州，其中青州北海国最为猖獗，董卓又暗示朝廷任命孔融为北海相（"国相"相当于郡太守，是一地的行政主官）。董卓这招借刀杀人之计，用心十分险恶。但对于有能力的人来说，这未必不是一件好事，正可以甩开膀子干一番事业。譬如，孙坚（155—191）攻入洛阳、驱逐董卓之前的职位是长沙太守；袁绍以勃海太守为起点，逐渐控制青、冀、幽、并四州；袁术纵横江淮，是从南阳太守干起的；曹操也是从东郡太守的岗位上一步步奋斗，进而统一北方的。反过来，我们再看看神童兼"名嘴"孔融在北海的表现，就知道什么叫"语言的巨人，行动的矮子"。

孔融到郡不久，流民张饶率众从北边的冀州而来，孔融主动迎击，反为张饶所败，只好收散兵退保朱虚县（故城在今山东临朐县临朐镇东南）。不久，黄巾又来进攻，孔融不能守，出屯都昌县城（故城在今山东昌邑县西），被黄巾管亥所围。孔融无计可施，派太史慈去向当时驻扎在平原郡的刘备求救。刘备久闻孔融大名，受宠若惊，当即派出三千援军将黄巾击退。孔融屡战屡败，面对乱世毫无办法，更别说保境安民，最后混不下去，弃郡逃到南边的徐州。后来，孔融又回到北海，兼领青州刺史，被袁绍的儿子袁谭所攻。孔融手下的战士才剩下几百人，"流矢雨集，戈矛内接"，战斗十分激烈。孔融"凭几安坐，读书论议自若"。强敌环伺，城破在即，孔融不是积极想办法（当然更大的可能是没有能力，想不到办法），而是仍在耍嘴皮子，采取的是不作为的消极态度。结果，城池被攻破，孔融只身逃出，老婆孩子都被袁谭俘虏。以大名士自居的孔融，在北海出尽了洋相，尤其在军事方面交了一张彻头彻尾的白卷。

　　孔融在北海，也不是什么事都不干。史书记载，他修复城邑，崇立学校，表显儒术。这些事该不该干？该干，但全是不急之务。身处四战之地，最重要的当然是要做好军事斗争的准备，等地盘稳固了之后，再来干这些文化事业不迟。孔融在北海自视甚高，认为自己是"智能优赡，溢才命世，当时豪俊皆不能及"。从小活在"神童"的赞誉声中，让孔融长大了还自以为"老子天下第一（聪明）"。但实际上，他除了耍嘴皮子，干不成任何实事。在用人方面，孔融"好奇取异，多剽轻小才"，真正有才能的人他却"不与论国事"。在经济方面，他"租赋少稽"，不大在意地方政府的财政收入。在执法方面，一天之内杀五部督邮，但碰到"奸民污吏，猾乱朝市"，却又不能惩治。《九州春秋》评论孔融"连年倾覆,事无所济";《后汉书》更尖锐,说他"负其高气,志在靖难,而才疏意广,迄无成功"。至此,孔融身上耀眼的神童、名士光环,在东汉末年乱世残酷的现实面前,已经完全破灭。是骡子是马,牵出来一遛,就一清二楚了。

孔融逃离北海,惶惶如惊弓之鸟,急急如漏网之鱼,十分狼狈。曹操看在从前老交情的份上,征召他为将作大匠,又转少府,位列九卿,仍然给他两千石俸禄的高官做。孔融到了许都后,发挥嘴皮子优势,很快成了朝廷的意见领袖,"每朝会访对,融辄引正定议,公卿大夫皆隶名而已"。《后汉书》本传中超过一大半的篇幅都是记载孔融针对朝廷各种事务发表的意见。比如,太傅马日磾出使山东,被袁术拘禁,忧愤而死,丧还许都,朝议欲加礼,孔融认为马日磾受制于逆臣而不能以死相争,不宜加礼;当时舆论大都主张恢复肉刑,孔融认为肉刑无益于止非向善,不宜恢复;刘表郊祀天地,僭拟乘舆,朝议欲暴其罪行于天下,孔融认为宜且讳之,以存国体;献帝两个儿子早殇,打算四时祭祀,孔融认为不合古礼,不宜如此。后世一些文人对孔融十分推崇。苏轼曾经这样评论孔融:"文举以英伟冠世之资,师表海内,意所予夺,天下从之,此人中龙也。""孔北海志大而论高,功烈不见于世,然英伟豪杰之气,自为一时所宗。"这些话夸大了孔融的作用和地位,未免失之偏颇。

曹操刚刚奉汉献帝都许,要利用孔融这块金字招牌来招徕天下名士,对他是宽容和保护的。孔融在朝堂上发表的政见,只要不是太离谱,曹操都表示尊重。孔融向曹操推荐祢衡,曹操马上安排接见。祢衡不识抬举,数次侮慢曹操,曹操看在孔融面子上没有杀他,只是将其遣送荆州。袁绍与孔融有隙,要求曹操找个理由替自己杀孔融。曹操冒着得罪袁绍的风险,婉言拒绝。曹操将杨彪投入狱中,打算罗织罪名杀害,孔融以辞职相威胁,"孔融鲁国男子,明日便当拂衣而去,不复朝矣"。曹操不得已,释放杨彪。官渡之战前,袁曹相持,孔融散布悲观失败论调,对荀彧说:"袁绍地广兵强……殆难克乎?"曹操事后并没有追究孔融扰乱军心的罪行。孙权拘禁孔融的朋友盛宪,孔融上书向曹操求救,曹操给足孔融面子,马上以朝廷名义征召盛宪为骑都尉。

起初孔融对曹操是寄予厚望的,他在文字作品中多次赞美曹操。孔融在两首《六言诗》中分别写道:"郭李纷争为非,迁都长安思归。瞻望关东可哀,梦想曹公归来";"从洛到许巍巍,曹公忧国无私。减去厨膳甘肥,群僚率从祁祁"。在给王朗的信中写道:"主上宽仁,贵德宥过。曹公辅政,思贤并立。"在给曹操的《论盛孝章书》中写道:"唯公匡复汉室,宗社将绝,又能正之。"孔融对曹操迎天子于播越、扶汉室之将倾、匡复社稷、存亡继绝的功德,是高度肯定的。

但是,两人的蜜月期保持得并不长。随着曹操势力的增长,尤其是打败袁绍之后,他的代汉野心也随之显露。孔融作为坚定的拥汉派,"既见操雄诈渐著,数不能堪,故发辞偏宕,多致乖忤"。他忍受不了,于是公开站在了曹操的对立面,多次出言讥讽甚至反对曹操。这是给孔融带来杀身之祸的主要原因。曹操破邺城,曹丕(187—226)纳袁绍的儿媳妇甄氏,孔融讽刺说,武王伐纣,以妲己赐周公。曹操讨伐乌桓,孔融揶揄说,何不连肃慎和丁零(古时候少数民族,当时已经不存在)一并征讨？曹操见粮少兵饥主张禁酒，孔融坚决反对，反问曹操：古代有人因女祸亡国，是不是连婚姻也禁止？曹操为冀州牧居邺，孔融说王畿千里之内不可封建诸侯，实质是想抑制曹操势力扩展……在曹操眼里，孔融成了一只围在身边一直嗡嗡叫、不停制造着噪声的苍蝇。

曹操开始并不想杀孔融。只要孔融管住自己的嘴，不乱说话，曹操也不想承担害贤之名。跟孔融有矛盾的郗虑揣摩曹操的心意，"承望风旨，以微法奏免融官"。曹操借此机会，写信给孔融，名为调解他与郗虑之间的矛盾，其实是对他作最后一次严正警告。曹操在信的末尾写道："孤为人臣，进不能风化海内，退不能建德和人，然抚养战士，杀身为国，破浮华交会之徒，计有余矣。"意思说得很明白，让你俩和好如初我可能做不到，但是我手握兵权，要杀几个华而不实、狡猾奸诈之徒（这当然是影射孔融），还是轻轻松松的。孔融在回信中表示悔改，"苦言至意，终身诵之"。

过了一年多，曹操给了孔融一个太中大夫（秩比千石，掌议论）的闲职，多半是希望孔融拿着这些俸禄，老实待着就行。但是，孔融的情商太低了，他仍然不知收敛，"好士，喜诱益后进"，"宾客日盈其门"。这跟同为太中大夫的贾诩相比，情商显然是天壤之别。贾诩"自以非太祖旧臣，而策谋深长，惧见猜疑，阖门自守，退无私交，男女嫁娶，不结高门"，最后富贵寿考而终。贾诩是"惧见猜疑"，提前采取预防性措施；而孔融是嫌忌已深，却仍然不知道事后补救。也许孔融太自信了，认为曹操像何进和董卓一样，不敢杀他。

曹操当然不是董卓、何进。曹操"以融名重天下，外相容忍，而潜忌正议，虑鲠大业"，最终忍无可忍，决定杀之而后快。曹操杀孔融，并非妒忌他的文学才华，而是出于政治考虑。谁阻挡曹操的代汉大业，谁就必须死。再加上孔融是意见领袖、是舆论大V，"海内英俊皆信服之"，他能煽动很大一批人，那就更必须死。这个矛盾没有调和余地。别说孔融毫无尺寸之功并且一直出言不逊，杀之全不足惜；就是功高如荀彧，二十余年出谋划策，曹操倚之如左右手，只要敢阻碍"大业"，那也不得不除。明代张溥评论说："时（曹操）僭形已彰，文举既不能诛之，又不敢远之，并立衰朝，戏嘻笑傲，激其忌怒，无啻肉喂馁虎。"这是很客观中肯的看法。

就如何弄死孔融，曹操进行了精心的谋划。他要撇清关系，不能溅自己一身血。他选择在自己南征荆州、不在许都时动手。他精心挑选了审判官。《后汉书·孝献帝纪》："秋七月，曹操南征刘表。八月丁未，光禄勋郗虑为御史大夫。"郗虑是孔融的老对头，前几年将孔融从少府的高位上拉下来的就是他。出面举报孔融的是丞相军师祭酒（高级军事参谋）路粹。这个人曹操也挑对了。"融诛之后，人睹粹所作，无不嘉其才而畏其笔也"，说明举报信写得好，都是难以否认的实锤。

曹操当然不会把杀孔融的理由弄成是因为他反对自己。孔融不是标榜自己是忠臣、孝子吗？孔融不是爱高谈阔论吗？那么从他嘴上找点借口是再容易不过的事了。路粹写举报信时很能体会曹操的苦心。"有天下者何必卯金刀？"说过吧？大逆不道，仅这一句就可灭族。对孙权使者，口出讪谤之言，死罪。身为九卿，"不遵朝仪，秃巾微行，唐突宫掖"，这是对皇帝大不敬啊，死罪。跟祢衡互相吹捧一个是"仲尼不死"，一个是

"颜回复生",自比圣人,死罪。还说什么儿子对于父亲而言是情欲的副产品,对于母亲而言好比物寄瓶中,生出来分开了就没啥关系了,更是骇人听闻的狂悖之言,败乱人伦风俗,死罪。可见,孔融此人欺世盗名,骨子里是不忠不孝,狂妄无礼。不杀孔融,不足以平天怒民愤,不足以安世道人心。

"建安十三年八月壬子(208年9月26日),曹操杀太中大夫孔融,夷其族。"这个日子离郗虑担任御史大夫只过了六天,对孔融的审判显然是从重、从严、从快。一代神童、一代"名嘴"孔融就这样结束了自己华而不实的一生。

孔融被杀前留有一首《临终诗》:

> 言多令事败,器漏苦不密。
> 河溃蚁孔端,山坏由猿穴。
> 涓涓江汉流,天窗通冥室。
> 谗邪害公正,浮云翳白日。
> 靡辞无忠诚,花繁竟不实。
> 人有两三心,安能合为一。
> 三人成市虎,浸渍解胶漆。
> 生存多所虑,长寝万事毕。

看来孔融临死前终于明白了器不密则致漏、人言多则事败的道理。他哀叹群臣二三其德,不能跟他齐心协力匡扶汉室,最终流言可畏,三人成虎,谗邪之人反而将他谋害。诗的最后一句,孔融流露出无可奈何的语气:活着有太多的烦恼,不如一死以求得完全的解脱。这未必不是孔融最好的归宿。在这个衰微的乱世，对于如何扶汉室之将倾，他有想法、没办法，死对于他而言倒真是一了百了。曹操杀了孔融，心里余恨未消。针对当时"世多哀之"，不少人同情孔融的情况，曹操公开下令："太中大夫孔融既伏其罪矣，然世人多采其虚名，少于核实，见融浮艳，好作变异，眩其诳诈，不复察其乱俗也……融违天反道，败伦乱理，虽肆市朝，犹恨其晚。更以此事列上，宣示诸军将校掾属，皆使闻见。"真是死后还要踩上一脚，令其永世不得翻身。

嘴是孔融最引以为傲也最必须满足的地方。他一生追求的是口腔快感，不吐不快，不死不休。他有一句名言，"坐中客常满，樽中酒不空，吾无忧矣"。只要嘴巴有酒喝，又有客人可以谈论，那么人生就万事大吉。"鹿因茸死，獐因麝亡。"神童孔融因嘴而成名，最终也死在了嘴上。

鲁肃：拨开迷雾见英雄

在《三国演义》中，鲁肃被塑造为一位忠厚老实、有时甚至庸弱怯懦的幕僚形象，宽仁有余，才智不足，奔走于孙刘之间，在周瑜和诸葛亮二人斗智过程中经常被戏弄，显出一副既愚且迂的呆相。尤其是赤壁之战后，鲁肃在诸葛亮的设计下，成为保人，将荆州借给刘备，此后多次讨要不成，处于十分尴尬的两难境地。由于《三国演义》的普及性，鲁肃作为一个没出息、被愚弄的老实人形象，在广大人民群众心中根深蒂固，千百年来为人们所嘲笑。

以《三国演义》为代表的通俗文艺作品出于尊刘贬曹、衬托孔明和关羽等人物的需要，对鲁肃的形象进行了异化和改造。历史上的鲁肃真的是这个形象吗？历史长河中的漫漫黄沙已经掩盖了鲁肃的本来面目。让我们一起拨云见日、吹尽狂沙，还原一个真实的鲁肃。

鲁肃（173—217），字子敬，出身淮南东城县（今安徽定远）一个大地主家庭，自幼失父，由祖母抚养长大。鲁家非常富有，鲁肃"体貌魁奇"，是典型的"高富帅"。他乐善好施，待人十分慷慨；但是奉己却很俭约，"寡于玩饰，内外节俭，不务俗好"。他见天下已乱，就大散家财赈济穷人，同时积极结交各路豪杰。他努力学习击剑骑射，"招聚少年，给其衣食"，"阴相部勒，讲武习兵"，拉起了一支私人武装。当鲁肃率众离开家乡前往江东，州兵追来企图拦截时，他"勒兵持满"，"又自植盾，引弓射之，矢皆洞贯"，足证其多力善射。可见，鲁肃并不是寻常有钱人家的纨绔子弟，也不是普通的文弱书生，而是一个有理想、有抱负的年轻人，他在积极准备以等待时机的到来。

建安三年（198），鲁肃终于等到了他的"革命引路人"。袁术麾下的居巢县长周瑜（175—210）慕名前来拜访鲁肃，并求资粮。当时鲁家有两囷（圆形谷仓）米，各三千斛，鲁肃十分慷慨地指着其中一囷赠送给了周瑜。这就是"指囷相赠"的故事。东汉1斛米重120斤，当时的每斤折合成现在的单位为220克（取整），那么这一囷米为7.92万千克，即15.84万市斤。按当今每斤米均价5元算，这一囷米价值近80万元。考虑汉末乱世粮食短缺、米价高昂，这一囷米的价值肯定过百万，甚至有可能值几百万、上千万。初次见面，手指头一指，一百万拿去！鲁肃这是什么气概？！非大英雄、大豪杰做不到。唐代周昙有诗赞鲁肃："轻财重义见英奇，圣主贤臣是所依。公瑾窘饥求子敬，一言才起数船归。"出身官宦世家的周瑜也没见过这样非凡的人物，于是大为折服。二人年纪相仿，惺惺相惜，结友而别。袁术听说了鲁肃的名声，任命他为东城县代理县长。

后来，鲁肃见袁术难成大事，就与周瑜一起弃官东渡至江东。周瑜将他推荐给孙策（175—200），"策亦雅奇之"。但是鲁肃还没有来得及为孙策效力，恰逢他祖母去世了，于是送葬还乡。等到他再到江东的时候，孙策已死，孙权继立。周瑜认为孙权"终构帝基"，游说鲁肃跟他一起"攀龙附凤"，为孙权效力。鲁肃"从其言"。建安五年（200），周瑜将鲁肃郑重推荐给孙权，称其"才宜佐时"。孙权（182—252）与鲁肃交谈后，大悦，待宾客散尽，独召鲁肃一人回来，合榻对饮。孙权虚心向鲁肃请教军国大计。鲁肃当时讲了一番极有见地的话，后人称之为《榻上策》。鲁肃的《榻上策》虽然没有诸葛亮的《隆中对》有名，但对孙吴的意义并不逊于《隆中对》对刘备的意义。

鲁肃首先对当时的宏观形势进行了分析，概括为两句话："汉室不可复兴，曹操不可卒除。"后一句与《隆中对》中"（曹操）此诚不可与争锋"的判断完全一致。而前一句，比《隆中对》作出的"汉室可兴"的判断更加理性、更加务实，也更加准确。紧接着，鲁肃为孙权策划了近期的战略定位："唯有鼎足江东，以观天下之衅"，就是占据江东，等待时局的变化，寻找发展的机遇。

当时曹操刚在官渡打败袁绍，曹、袁在华北相持而曹渐占上风；刘表在荆州新破长沙、零陵、桂阳三郡，"地方数千里，带甲十余万"，势力达到巅峰。刘璋和士燮分别占据益州和交州。刘备在这一年叛曹操、投袁绍、奔刘表，一直寄人篱下，还没有形成为一支独立的强大力量。通常情况，圆鼎三足，方鼎四足。对于鲁肃说的"鼎足"，我们不能机械地理解为三分天下有其一或者四分天下有其一，而应该理解为指的是孙氏政权可以在汉末群雄并起的多极化乱世中成为重要的一极。在建安五年（200），鲁肃不可能未卜先知，提前多少年就能神一般地精准预测魏、蜀汉、吴三国鼎立。建安十二年（207）诸葛亮提出《隆中对》时，曹操、孙权的势力范围已经基本稳固，难以撼动，因而他建议刘备避实就虚，占据刘表、刘璋两个宗室庸主的地盘，"跨有荆益"，成为汉末"第三极"。这说明随着时间的推移，形势日益明朗，《隆中对》制定的战略愿景比《榻上策》更加细致、准确，与现实契合度更高。但二十八岁的鲁肃在《榻上策》中提出"鼎足"，比二十七岁的诸葛亮在《隆中对》中提出"三分"，足足早了七年，可见鲁肃超凡的战略眼光，也就显得更加难能可贵。

鲁肃进一步论证自己规划的可行性，是因为"北方诚多务也"。曹操当时在北方面对的是个乱摊子：袁绍仍然占据青、冀、幽、并四州，百足之虫，死而不僵，势力仍然雄厚；西边关中、凉州割据势力尤其是韩遂、马腾还没有平定；中原的流民盗贼也没有完全肃清；许都朝廷内部反曹势力一直暗流涌动……鲁肃认为，因为北方矛盾重重，曹操腾不出手来经略江东，所以正是孙吴加快发展的重要战略机遇期。鲁肃接着为孙权提出了中期战略目标，即抓住"北方多务"的有利时机，"剿除黄祖，进伐刘表，竟长江所极，据而有之"，就是要通过吞并荆州刘表，占据长江以南的广大地区，由鼎足江东变为与曹操隔江南北对峙。这与《隆中对》提出的"跨有荆益，联吴抗曹，南北对峙"的思路大体是一致的。最后，鲁肃提出了远期战略愿景，"建号帝王以图天下，此高帝之业也"，大胆而又明确地提出支持孙权当皇帝，将其比之为创业垂统的刘邦。

整个《榻上策》层次清晰、逻辑严密、步骤分明、目标远大，不自觉地运用了现代SWOT（优势、劣势、机遇、威胁）

战略态势分析法。孙权听了一定是心花怒放，但当时的形势不允许他暴露出称帝野心，于是他假惺惺地谦虚说自己的志向是"尽力一方，冀以辅汉"。从后来历史发展的过程看，孙吴的建国方略就是按《榻上策》推进的。鲁肃唯一没有料到的是居然出了刘备这个厉害角色，利用赤壁之战的机遇硬生生在曹、孙的夹缝中把长江上游地区抢走了。

《三国志》载，东吴重臣张昭批评鲁肃"年少粗疏""谦下不足"，经常说鲁肃的坏话。笔者认为，鲁肃"为人方严"，"临事不苟"，并非性格粗疏之人；也不存在骄傲自满、不够谦逊的问题。张昭的批评，更可能是源于二人政见不同。张昭心系汉室，赤壁之战前他力主投降曹操，孙权称帝时他托词老病、上还官位及统领的部属，孙权自始至终不肯用他为丞相，都证明了这一点。而鲁肃旗帜鲜明地主张"吴独"，这无疑让张昭难以接受，所以"颇訾毁之"，云"未可用"。有称帝野心的孙权当然不会听张昭的，他不仅"不以介意"，反而"益贵重之"，对鲁肃赏赐优渥，鲁家得以"富拟其旧"。可见，孙权对鲁肃是十分信任和赏识的。

建安十三年（208）七月，曹操征刘表，尚未到达襄阳，八月刘表病逝。当时荆州形势错综复杂：刘表生前宠爱幼子刘琮，而外放长子刘琦为江夏太守，二子争立，各有党羽；刘备由新野移屯樊城，对荆州一直虎视眈眈、馋涎欲滴，只是缺少一个动手的机会而已；而刚刚登上汉丞相宝座的曹操，挟上年扫平三郡乌丸（又称乌桓）之威，正率大军"直趋宛、叶"，向荆州扑来。荆州即将迎来前所未有之大变局。鲁肃敏锐地意识到这是一个重要的战略机遇，东吴不应也不能置身事外。他主动向孙权进言，要以吊丧的名义去观察荆州的情况。

鲁肃首先向孙权阐述了荆州的战略地位以及东吴占据荆州的重要意义，"夫荆楚与国邻接，水流顺北，外带江汉，内阻山陵，有金城之固，沃野万里，士民殷富，若据而有之，此帝王之资也"。可见鲁肃始终是从东吴独立建国的战略目标出发来思考问题的。他根据《榻上策》提出的战略规划，一直希望东吴能占据荆州。接着，鲁肃向孙权介绍了荆州内部形势，"今表新亡，二子素不辑睦，军中诸将，各有彼此。加刘备天下枭雄，与操有隙，寄寓于表，表恶其能而不能用也"，说明鲁肃一直密切关注荆州的动态，对荆州的情况了如指掌。鲁肃进一步向孙权提出要做战、和两手准备，如果刘备与刘表的部下同心协力，东吴无机可乘，"则宜抚安，与结盟好"，两家联合起来共同对付曹操；如果矛盾激化，"宜别图之，以济大事"，言外之意就是建议孙吴要利用这个矛盾乘乱夺取荆州。鲁肃自告奋勇出使荆州，促成孙刘联盟，"肃请得奉命吊表二子，并慰劳其军中用事者，及说备使抚表众，同心一意，共治曹操，备必喜而从命。如其克谐，天下可定也"。鲁肃最后向孙权强调了时间的紧迫性，"今不速往，恐为操所先"。

孙权当即同意。鲁肃为了抢在曹操到来之前见到刘备，昼夜兼行前往荆州。曹操和他的谋士们当然也不是吃素的，荀彧向曹操献策，"显出宛、叶而间行轻进，以掩其不意"。他们早就预见到荆州形势复杂，兵贵神速，迟则生变——如果动作迟缓，则不光可能遭遇刘备的顽强抵抗，孙权更是很有可能介入荆州——因此必须采取"闪击战"。曹操"乃释辎重，轻军到襄阳"，速度之快，刘备与刘琮都措手不及。等鲁肃到达南郡之时，时局急转直下，刘表之子刘琮已举州降于曹操，刘备"弃妻、子"仓皇南逃，被曹军精骑五千追破于当阳长坂。鲁肃终于在当阳见到了溃败的刘备，"及陈江东强固，劝备与权并力"，建议他联合东吴一起抗曹。刘备原本打算南奔渡江，投交州苍梧太守吴巨。刘备眼看就要重蹈过去的宿命，再一次寄人篱下，这滋味当然不好受。因此，刘备一听鲁肃的来意，"甚欢悦"，大喜过望，恰似溺水之人抓到了一块浮木。鲁肃进一步建议刘备，"莫若遣腹心使自结于东，崇连和之好，共济世业"。刘备于是进驻夏口（今湖北武汉），派遣诸葛亮跟随鲁肃到东吴促成孙刘联盟。

可见，鲁肃是倡议建立孙刘联盟的第一人。在曹操大军尚未到达荆州时，他就敏感地意识到必须"说备使抚表众，同心一意，共治曹操"。诸葛亮在《隆中对》中提出："孙权据有江东，已历三世，国险而民附，贤能为之用，此可以为援而不可图也。"这只是对于形势的一种战略判断，而缺乏建立联盟的措施安排。我们不能据此认定诸葛亮是孙刘联盟的发起人。另外，刘备派遣"腹心"诸葛亮赴东吴"自结于孙权"，也是鲁肃的提议。诸葛亮在柴桑（今江西九江）见到孙权，对他说："今将军诚能命猛将统兵数万，与豫州协规同力，破操军必矣。操军破，必北还，如此则荆、吴之势强，鼎足之形成矣。成败之机，在于今日。"孙权大悦，派周瑜领兵三万与刘备会合，共抗曹操。孙刘联盟正式建立。如果说鲁肃和诸葛亮共同促成了孙刘联盟，那么鲁肃在其中发挥的作用明显大于诸葛亮。

曹操得荆州后，正式向孙权下达了战书："近者奉辞伐罪，旄麾南指，刘琮束手。今治水师八十万众，方与将军会猎于吴。"东吴群臣见书失色,重臣张昭等主张投降曹操。鲁肃力排众议,认为坚决不能降曹,并劝孙权迅速召回在外领兵的周瑜共商大计。孙权大喜,说:"今卿廓开大计,正与孤同,此天以卿助我也。"周瑜回来后,帮助孙权进一步坚定了抗曹的决心。鲁肃作为赞军校尉(相当于参谋长),和两位都督周瑜、程普(相当于正、副司令员)一起指挥了赤壁之战,大败曹操,一战而奠定鼎足三分的基础。晚唐诗人孙元晏《赤壁》诗云:"会猎书来举国惊,只应周鲁不教迎。曹公一战奔波后,赤壁功传万古名",是对鲁肃和周瑜赤壁之战前后功绩的生动概括。

在《三国演义》中,鲁肃出场在第二十九回。这一回写周瑜向孙权推荐鲁肃,以及鲁肃向孙权进献《榻上策》,大体都与史实吻合。但是到了第四十二回,赤壁之战前,当鲁肃因赴荆州吊丧而再次出场时,小说出于尊蜀汉为正统的立场,为了衬托诸葛亮的聪明才智,开始有意地扭曲甚至是丑化包括周瑜、鲁肃在内的东吴群臣形象。

在小说中,鲁肃智力明显远低于诸葛亮和周瑜,对于他们的计谋比如用蔡中、蔡和诈降将计就计、痛打黄盖施苦肉计,往往都看不出来。他被诸葛亮和周瑜忽悠着两头传话,显得既愚且迂,哪里有一点英雄本色、豪杰气质!罗贯中给鲁肃发了一张"好人卡",人是个好人,宅心仁厚,但是没什么本事,反而显得有些妇人之仁。周瑜曾经数次计划杀诸葛亮,鲁肃都予以劝阻,客观上保护了诸葛亮。周瑜让诸葛亮立下军令状,三日造出十万支箭,鲁肃瞒着周瑜给诸葛亮借船借人,帮助诸葛亮成功实施了草船借箭。

在小说中,鲁肃三次讨要荆州的过程更将他的软弱无能表现得淋漓尽致。第五十二回,鲁肃第一次讨要荆州,诸葛亮以刘琦在为借口推脱,鲁肃吃了酒席后离开。第五十四回,鲁肃第二次讨要荆州,诸葛亮以刘备若取西川便还荆州拖延,鲁肃"无奈,只得听从",还被骗得为其押字作保。周瑜指出这是诸葛亮的诡计后,鲁肃"踟蹰不安"。第五十六回,鲁肃第三次讨要荆州,刘备依诸葛亮之计痛哭不已,恳求再容几时,"鲁肃是个宽仁长者,见玄德如此哀痛,只得应允"。鲁肃被诸葛亮玩弄于股掌之上而不自知,反而对其智慧崇拜得五体投地,几乎成了诸葛亮的铁粉。小说中这些杜撰的情节,完全颠覆了正史中鲁肃"智略""忠烈""临事不苟"的正面形象。

读《三国演义》,感觉鲁肃在赤壁之战中完全是个配角,是没有什么大功劳的。事实上,史书记载,战后孙权非常感激鲁肃,亲自持鞍下马相迎。多年后,孙权与陆逊谈到鲁肃时,将甫一见面即献《榻上策》、论及帝王大略和赤壁之战中力主抗曹、击走曹操作为鲁肃的两大功劳,并将他比作辅佐光武中兴的头号功臣邓禹。鲁肃是当之无愧的。

但是,孙权对鲁肃也有两点微词,其中之一就是劝孙权借荆州给刘备。赤壁之战后,曹、刘、孙瓜分了荆州八郡。曹操保住了北部的南阳、章陵二郡,同时占据了荆州中部南郡、江夏郡二郡的北部地区。周瑜北追曹操,东吴顺势攻取了南郡、江夏郡的南部地区;刘备招降、袭取了荆州南部的武陵、长沙、桂阳、零陵四郡大部(东吴也占据了这四郡的部分地区,如后来析置为汉昌郡的长沙郡局部),立营于南郡江南的油口,改名公安。刘备以所得地少,赴京口见孙权,"求都督荆州",实际上就是想取得孙、刘两家占有的荆州六郡全部的控制权。因为孙吴在赤壁之战中发挥了主导作用,理应取得更多的胜利果实,所以刘备并不敢索要这些土地的所有权。刘备非常务实也非常聪明,他不要虚名,对荆州不求所有,但求实控。

这一次,周瑜和鲁肃意见不一致。周瑜不光不同意借土地给刘备,还主张软禁刘备,将他投入温柔乡中消磨其斗志,同时吞并刘备集团,隔离关羽、张飞两员虎将,各置一方,利用他俩去攻城略地。如意算盘打得叭叭直响!而鲁肃主张借地给刘备,主要目的就是考虑到曹操"威力实重",实力强劲;孙权"初临荆州,恩信未洽",不熟悉荆州情况,未必能够整合荆州的资源和力量抵御曹操;而刘备在荆州数年,"荆州豪杰归先主者日益多",他有能力抚安荆州。借荆州给刘备,就可以给曹操增加一个劲敌,而给己方增加一支同盟军。可见,鲁肃的出发点是利用刘备共同抗击曹操,减轻孙吴的军事压力。

事实上,此前刘备已经命关羽为襄阳太守、驻江北,张飞为宜都太守、治夷道(今湖北宜都),他自己立营于公安,已经从北、西、南三个方向构筑了对南郡江陵的包围圈。孙权要么与刘备兵戎相见消灭他,要么维护团结借出地盘,并没有太多其他选择。而消灭刘备,谈何容易,更何况还有更厉害的曹操黄雀在后。所以,孙权权衡利弊得失后,支持了鲁肃的意见,同意将自己原本在荆州占据的南郡及其他区域借给刘备,但仍然控制着与东吴地盘相连的江夏郡和长沙郡一部分(即汉昌郡)。史载,曹操听说孙权借地给刘备,"方作书,落笔于地",心中的震惊可想而知。这充分证明鲁肃主张借荆州的策略是正确的。因为荆州州治位于南郡之江陵,所以往往将此事件称为"借荆州"。从另一个角度讲,孙刘联盟在赤壁之战中的共同战果是六个郡，贡献较小的刘备无论如何不可能分得五郡，这其中必然有向孙吴"借"地的成分。战后两家并没有坐下来协商划分出明确的疆界，这为后来的讨要纠纷埋下了伏笔。

刘备起初忽悠孙权说，若取得益州，则将荆州还给东吴。建安二十年（215），孙权以刘备已得益州为由，讨要荆州。刘备又说若得凉州方还荆州，实质是采取拖延策略。孙权大怒，派吕蒙率军取长沙、零陵、桂阳三郡。这说明孙权认为自己应该分得包括江夏在内的荆州四个郡，而刘备只配得到南郡和武陵郡。刘备从益州赶赴公安，派关羽争三郡。双方大战一触即发。关键时刻，又是鲁肃挺身而出，提出与关羽相见，希望通过谈判来解决争端。双方"各驻兵马百步上，但诸将军单刀俱会"。《三国演义》第六十六回为了突出关羽的神勇，写成鲁肃设下鸿门宴，关云长单刀赴鲁肃之会，最后挟持鲁肃成功脱身，而鲁肃"魂不附体""如痴似呆"，计谋落空，把鲁肃写成了一个懦弱无能的将军，与史实出入颇大。

事实上，两人相见后，鲁肃责以大义，关羽理屈词穷。恰巧当时传闻曹操将攻汉中，刘备唯恐益州有失，于是向孙权求和。双方重申盟好，以湘水为界分荆州：长沙、江夏、桂阳以东属孙权，南郡、零陵、武陵以西属刘备。平心而论，这是一个比较公允、合理的方案，吴蜀分别得到邻近自己疆域的三个郡，便于治理和防守。至此，"借荆州"问题实际上得到了圆满解决。主张借荆州的鲁肃通过自己的外交努力，要回了两个郡，东吴实控三郡，已经非常接近孙权最初的目标。孙权后来因此事责怪鲁肃，恰恰反映了他内心企图独霸荆州的贪婪，这实际上已经跟鲁肃之前借地无关了。

孙权对鲁肃不满意的另外一点是，鲁肃不同意进攻关羽。对于孙权打算消灭关羽、夺取荆州的意图，鲁肃推托说："帝王之起，皆有驱除，羽不足忌。"孙权认为这是鲁肃"内不能办，外为大言"的借口。

笔者认为，孙权误会了鲁肃。或者说，这正是君臣二人的分歧所在。赤壁之战后，"明于事势"、善"解大数"的鲁肃，从维护东吴的长远利益出发，及时调整了自己的战略思路：从前他主张"竟长江所极，据而有之"，也就是夺取荆州；现在他亲眼看到了曹操的强大，认为东吴一家无法独力抗曹，建立和巩固孙刘联盟至关重要。因此，他劝孙权借荆州给刘备，同时比较注意团结代表蜀汉镇守荆州的关羽，"及羽与肃邻界，数生狐疑，疆场纷错，肃常以欢好抚之"。而孙权则被短期的局部利益所迷惑，当曹操的军事威胁来临时，他同意维持孙刘联盟；而当威胁一旦缓解，他就盘算着要重新夺取荆州，不惜牺牲孙刘联盟。鲁肃去世的当年，孙权抛弃孙刘联盟，向曹操请降。这绝非偶然，乃是孙权决策将袭荆州、避免两面受敌之举。建安二十四年（219），孙权用吕蒙斩杀关羽、袭取荆州，孙刘联盟彻底瓦解。如果鲁肃泉下有知，这一定是他不愿意看到的。章武元年（221），刘备以为关羽复仇为名，挥师大举进攻东吴，计划重夺荆州。孙权畏惧，向曹魏称臣，受封为吴王。尽管东吴最终在夷陵一带打败刘备，令蜀汉元气大伤，但东吴因为害怕曹魏在后偷袭，不得不主动退兵。此后数年，孙权独抗曹魏，逐渐意识到孙刘联盟的重要意义。章武三年（223），刘备病死于白帝城，诸葛亮主政，孙权与蜀汉重新恢复孙刘联盟。此后数十年，吴蜀相安无事，但最终因为实力削弱，先后被曹魏及其继承者晋朝所灭。我们不得不佩服鲁肃深远的战略眼光：孙吴只有坚持联刘抗曹方针不动摇，才有可能实现帝王大业，否则必然独木难支、摆脱不了灭亡的命运。孙权联蜀抗魏的立场摇摆不定，尽管短期收获了荆州，最终孙吴政权在远期付出了惨重的代价。

  黎东方先生说，孙权下面，懂得政治、深知非联络刘备便不能抵抗曹操，以保持江东的"独立王国"，进一步问鼎中原的，只有鲁肃一人。白寿彝先生说，鲁肃始终不渝地坚持孙刘联盟，是因为他看到了联盟的维持与巩固，关系到江东生死存亡的长远利益，这是他目光远大的过人之处。这些都是很精辟的评论。有学者认为鲁肃是三国时期仅次于曹操的第二号战略家，排序高于诸葛亮。笔者以为是有道理的。

  鲁肃在军事上也很有一套。周瑜临死前，向孙权称赞"鲁肃忠烈，临事不苟，可以代瑜"，推荐鲁肃代替自己领兵。周瑜留下四千多兵士，归鲁肃统领后，"威恩大行"，不久就发展到一万余人。建安十九年（214），鲁肃跟随孙权攻破皖城，被任命为横江将军。孙权评价鲁肃："作军屯营，不失令行禁止，部界无废负，路无拾遗，其法亦美也。"陈寿评论鲁肃："治军整顿，禁令必行，虽在军阵，手不释卷，又善谈论，能属文辞，思度弘远，有过人之明。"说明鲁肃的确是一位不可多得的文武全才、一名思深谋远的儒将。

  《三国演义》对鲁肃的描写，集中于赤壁之战前后，其他地方笔墨甚少。第六十九回中，小说为了凸显管辂卜卦之奇，写曹操令其卜东吴，管辂云"东吴主亡一大将"，果然不久传来消息，"东吴陆口守将鲁肃身故"，算是有始有终交代了鲁肃的结局。

建安二十二年（217），鲁肃逝世，年仅四十六岁。孙权亲自举哀。远在蜀中的诸葛亮也为鲁肃发哀。这是破格的礼遇。纵观鲁肃一生的军政活动，称他为三国最有远见的战略家、最优秀的政治家和最杰出的外交活动家之一，是毫不溢美的。

诸葛亮:"晕轮"滚动上神坛

一

如果搞一个网络问卷——中国历史上最聪明的人是谁——再提供几个选项,笔者相信诸葛亮会是得票率最高的人选,甚至很可能遥遥领先第二名。在国人眼中,诸葛亮俨然已经成为智慧的化身。歇后语"三个臭皮匠——顶一个诸葛亮",俗语"事后诸葛亮",都印证出"诸葛亮"是智者的代名词。而谁的外号被称为"小诸葛""赛孔明",那定然也是指此人聪明无比。

鲁迅先生评论《三国演义》:"状诸葛之多智而近妖。"在罗贯中笔下,诸葛亮神机妙算,智慧无边无际,聪明得已经不像是一个正常的人类。诸如曹操、周瑜、鲁肃、司马懿等这些三国一流的人物,跟孔明较量那都是相形见绌,窘态百出,施展不开手脚。一部《三国演义》,可以说将诸葛亮推上了智慧的神坛。

诸葛亮生前,刘禅在诏书中称赞他"体资文武,明睿笃诚,受遗托孤,匡辅朕躬,继绝兴微,志存靖乱""将建殊功于季汉,参伊、周之巨勋",死后又赠谥曰"忠武侯"。历代统治者出于政治需要,对诸葛亮不断加封、褒扬,诸葛亮贤相和忠臣的形象逐渐深入人心。三国时孙吴大臣张悌评论诸葛亮:"受保阿之任,辅翼幼主,不负然诺之诚,亦一国之宗臣,霸王之贤佐也。"晋武帝司马炎不无艳羡地说:"善哉,使我得此人以自辅,岂有今日之劳乎!"李世民评价说:"昔蜀后主昏弱……然国称治者,以任诸葛亮……不猜之故也。"康熙称赞诸葛亮为人臣楷模:"诸葛亮云:'鞠躬尽瘁,死而后已。'为人臣者,唯诸葛亮能如此耳。"乾隆也对诸葛亮推崇备至:"诸葛孔明为三代以下第一流人物,约其生平,亦曰'公忠'二字而已。"

历代文人墨客在诗文中热情讴歌诸葛亮,无疑加速了诸葛亮崇拜的形成。比如,李白《读诸葛武侯传书怀》:"鱼水三顾合,风云四海生。武侯立岷蜀,壮志吞咸京。"陆游《书愤》:"出师一表真名世,千载谁堪伯仲间。"文天祥《怀孔明》:"至今出师表,读之泪沾胸。汉贼明大义,赤心贯苍穹。"苏轼《隆中》:"谁言襄阳野,生此万乘师。山中有遗貌,矫矫龙之姿。"杜甫的《八阵图》《蜀相》《咏怀古迹五首(之五)》尤其脍炙人口。其中名句"功盖三分国,名成八阵图""三顾频烦天下计,两朝开济老臣心""出师未捷身先死,长使英雄泪满襟""伯仲之间见伊吕,指挥若定失萧曹",更是千古传诵,妇孺皆知。

诸葛亮就这样逐渐拥有了无与伦比的崇高地位。乾隆诗云:"所遇由来殊出处,端推诸葛是完人。"清代沔县知县马允刚作联"两汉以来无双士,三代而后第一人",体现了当时主流舆论对诸葛亮的评价。

诸葛亮真的就是智慧的化身、贤相的榜样、忠臣的楷模吗?

二

首先让我们来看看诸葛亮的出山。诸葛亮躬耕南阳,自比管仲、乐毅,但是"时人莫之许也"。他没有任何仕宦经历、军政经验,只是一个半耕半读的小书生,并没有得到广泛的认可。只有他的同学崔州平和徐庶"与亮友善,谓为信然"。将诸葛亮品题为"卧龙"的人是庞德公,而庞德公是诸葛亮二姐的公公。诸葛亮每次到他家里去,"独拜床下",对他是毕恭毕敬的。庞德公也不阻止,受之泰然。被庞德公称为"凤雏"的庞统,则是其侄儿。庞德公是典型的"夸人唯亲",公信力令人置疑。向刘备推荐诸葛亮的人,《三国志》说是徐庶,《襄阳记》说是司马徽。司马徽"水镜"的雅号也是庞德公品评的,他比庞德公小十岁,"兄事之",亲热地称之为"庞公",二人交往甚密。诸葛亮后来也向刘备力荐庞统。这几个人,显然存在于一个紧密的朋友圈中,他们互相鼓吹、推荐、援引。因此,这个"卧龙"的含金量并没有什么有力的证据来支撑,甚至不客气地讲,有包装炒作、沽名钓誉的嫌疑。

刘备听了徐庶的推荐,"遂诣亮,凡三往,乃见"。刘备时年四十七岁,是汉献帝任命的左将军,而诸葛亮只有二十七岁,是一位年轻的布衣隐士。刘备降尊纡贵来拜访诸葛亮,给足了诸葛亮面子,而诸葛亮摆足了架子,吊足了刘备的胃口,让刘备跑了三次才见上面。刘备之所以如此礼贤下士,并不一定是因为看准了诸葛亮确有治国安邦、经天纬地的大才,可能还有更深层次的考量。一方面,刘备阵营中不乏关、张等武将,但缺少智囊，确实需要诸葛亮这种可以帮他出谋划策的文士；另一方面，刘备可能看中了诸葛亮的关系网。诸葛亮的岳母出自襄阳最有实力的蔡氏家族，岳父黄承彦与荆州牧刘表是连襟，大姐嫁入了襄阳另一豪族蒯氏，二姐嫁入庞家，他哥哥诸葛瑾在东吴为孙权重臣。诸葛亮在荆州生活近二十年，与当地的士大夫阶层有着广泛的联系。刘备如果将诸葛亮揽入麾下，显然可以起到良好的示范和带动效应，吸引更多的荆楚士人进入自己的幕府。无论从哪个角度看，这都是一笔划算的买卖。所以，刘备不嫌诸葛亮"卑鄙""猥自枉屈"，三顾茅庐，二人一拍即合，一个要人才，一个要舞台，从此共同开启了一段新的历史。

当时荆州军政领袖人物，首推刘表，其次就是寄寓新野的刘备。徐庶或司马徽向刘备荐诸葛亮，很可能是他们这个小圈子精心谋划之后的协同行动。刘备从袁绍处奔荆州已有数年，诸葛亮琢磨刘备已久，在刘备来访之前为他精心准备了一张未来的蓝图"大饼"。这就是三国历史上著名的《隆中对》。诸葛亮为刘备分析了天下形势，提出先取荆州为支点，再取益州呈鼎足之势，继而图取中原，成霸业、兴汉室的战略构想。刘备听后欣喜若狂，犹如一个在黑暗中摸索了很久的人终于看清了前行的道路，从此与诸葛亮"情好日密"，惹得关羽、张飞这对老兄弟都"不悦"、嫉妒。

客观评价，《隆中对》也并不是那么完美无瑕。"跨有荆益"与"结好孙权"互相矛盾。东吴的建国方略是"竟长江所极，据而有之"，目标也是要夺取荆州和益州的。后来吴蜀的战略平衡是在东吴袭杀关羽、夺取荆州之后才形成的。另外，荆州与益州虽然接壤，但二者之间崇山峻岭阻隔，主要靠长江水路维系，交通十分不便。如何有效守卫这样的两块地盘，确实是个大难题。关羽败亡，跟益州不能及时驰援荆州有很大关系。诸葛亮"跨有荆益"的计划没有考虑地理因素，成功实现的难度极大，最终也确实落了空。诸葛亮对刘备说："天下有变，则命一上将将荆州之军以向宛洛，将军身率益州之众出于秦川。"到底荆州和益州哪一路是主力军哪一路是偏师，刘备到底应该坐镇哪一州？我们知道，后来形势演进的结果是"上将"关羽大意失了荆州，刘备企图重新夺回荆州却惨败夷陵最后崩于白帝城。我们有理由怀疑，如果诸葛亮的谋略是"命一上将将益州之军出于秦川，将军身率荆州之众以向宛洛"，让刘备坐镇荆州，结局也许大不同。毛泽东同志则批评得更彻底："其始误于隆中对，千里之遥而二分兵力。其终则关羽、刘备、诸葛亮三分兵力，安得不败。"蜀汉本来就弱小，还分兵两处，首尾不能呼应，如何敌得过魏、吴两大强国？这的确是振聋发聩的真知灼见。再苛责诸葛亮一点，《隆中对》的终极目标是兴复汉室。东汉末年很多有识之士如鲁肃等都断定汉室不可复兴。后来的历史也证明，汉室没有复兴，承继曹魏的司马氏统一了中国。从这个角度看，诸葛亮是感情代替了理智，作出了错误的判断，为一个不可能实现的目标奋斗了一生。

三

刘备自己说，他得到诸葛亮，如鱼得水。历来的评论都说，刘备与诸葛亮是最佳的君臣关系：君主信之不疑、大胆使用、言听计从，臣子忠心耿耿，鞠躬尽瘁，死而后已。陈寿评价为

"君臣之至公,古今之盛轨"。但仔细研究史籍,刘备对诸葛亮并不是信之不疑,更非言听计从,有时候甚至是加以防范的。

诸葛亮追随刘备,最开始刘备并没有任命他任何职务。赤壁之战后,刘备才任诸葛亮为军师中郎将,督零陵、桂阳、长沙等三郡,调其赋税,以充军实,干的是后勤保障的工作。而此时刘备任关羽为襄阳太守、荡寇将军,张飞为宜都太守、征虏将军,都是方面大员。刘备对诸葛亮的信任显然不如对关、张。刘备入蜀,拜关羽为董督荆州事,让诸葛亮辅佐关羽留守荆州,而随同他前往益州的是庞统。诸葛亮先于庞统向刘备提出取蜀的建议,为什么刘备最后选择带上庞统而不是诸葛亮呢?有人可能会说,刘备是要让诸葛亮留守荆州他才放心,带上庞统并不能证明诸葛亮对他不重要。可是,当刘备真的对刘璋发动攻击时,诸葛亮与张飞、赵云溯江西上支援,蜀平后诸葛亮再也没有回到荆州。镇守荆州的主将一直都是关羽,直到他走麦城。这说明,对于袭取益州这一挑战性强的工作,刘备对诸葛亮并没有多少信心,或者说,刘备对诸葛亮的军事才能并不认可。

在赤壁之战前,史书所载诸葛亮的事功有二:一是在刘备听说曹操南征已到宛城而慌忙从樊城南逃经过襄阳的途中,诸葛亮建议刘备乘乱袭取荆州。这个主意并不高明,甚至可以说是个昏招。无论能否成功,都会让刘备丧失仁义之名。即使成功,马上也会面临曹操大军压境,刘琮手下一大帮子都是亲曹派,再加上敌强我弱,襄阳城守不住是大概率事件。所以刘备说:"刘荆州临亡托我以孤遗,背信自济,吾所不为,死何面目以见刘荆州乎。"拒绝了这个建议,并且拜祭刘表墓,"涕泣而去",显得重信重义,政治上得了高分。而献计的诸葛亮,很可能在刘备心里留下一个减分项。二是受刘备委派,诸葛亮前往东吴,促成孙刘联合抗曹。不少人将缔结孙刘联盟的首功归于诸葛亮。其实,这个首功应该属于鲁肃。鲁肃听说刘表新亡,就敏感地意识到这是东吴争取荆州的战略窗口期,他向孙权提出以吊丧为名前往观衅。鲁肃到达夏口,听说曹操南征荆州,他加快速度昼夜兼行,在当阳见到了南逃而来的刘备。鲁肃问刘备欲往何处去,刘备回答说打算投苍梧太守吴巨。显然,刘备阵营此时并无东联孙吴的考虑。正是鲁肃向刘备建议:"今为君计,莫若遣腹心使自结于东,崇连和之好,共济世业。"刘备大喜,派诸葛亮随鲁肃一起赴东吴见孙权,约定联军抗曹。诸葛亮本传载:"先主至夏口,亮曰:'事急矣,请奉命求救于孙将军'",似乎联吴的本谋出自诸葛亮。这与鲁肃传是矛盾的。鲁肃之前已经在长坂就见到了刘备,他本是有备而来,原计划"若备与彼协心,上下齐同,则宜抚安,与结盟好","并慰劳其军中用事者,及说备使抚表众,同心一意,共治曹操",怎么可能一言不发呢?诸葛亮只是受刘备之命执行鲁肃倡议而已,功劳宜居于鲁肃之后。

刘备平定益州后,任诸葛亮为军师将军,署左将军府事,相当于是办公厅主任。且这一职务并非诸葛亮独任,刘备另安排有董和并署左将军府事。也就是说,左将军府事也并非诸葛亮一人说了算。这时候,刘备最信任的人是法正,任命他为蜀郡太守、扬武将军,外统都畿、内为谋主。从追随刘备的资历来看,法正比诸葛亮要晚得多。这期间,刘备外出征战,"亮常镇守成都,足食足兵",仍然是负责后勤工作。此后十年,除了参与制定法典《蜀科》外，史书并没有记载诸葛亮其他事迹。

建安二十四年（219），刘备自立为汉中王，群臣普遍加官晋爵。比如，关羽拜前将军，假节钺；张飞右将军，假节；马超左将军，假节；黄忠后将军；法正为尚书令、护军将军。而诸葛亮的职务并没有得到提升，估计仍然是替刘备担任"大管家"的角色。章武元年（221），诸葛亮公开支持刘备称帝，刘备任命诸葛亮为丞相。这时候，关羽、法正、庞统、黄忠都已去世，刘备环顾自己的创业团队，张飞是武将且性格冲动，只剩下诸葛亮能担任这个职务。诸葛亮用了十五年时间，终于攀上了蜀汉政权第二号人物的位置。但是，诸葛亮对刘备的重要军事决策，似乎仍然缺乏影响力。著名历史学家田余庆先生评论说，诸葛亮"在荆不得预入蜀之谋，在蜀不得参出峡之议"，是很精辟的概括。刘备夷陵惨败，诸葛亮无奈地感叹，如果法正还在世，就能够谏阻刘备，避免这场战争，即使避免不了，也不至于失败到这个田地。显然，诸葛亮认为自己是谏阻不了刘备的。

章武三年（223），刘备临终前，托孤于诸葛亮，并且说："若嗣子可辅，辅之；如其不才，君可自取。"陈寿评论说，刘备"举国托孤于诸葛亮而心神无贰"，似乎对诸葛亮无比信任。历代学者对此语颇多解读，很多未得其要。孙策临终前也跟张昭说过类似的话："若仲谋不任事者，君便自取之。"实际上，这只是一句客气话，甚至可以理解为是一种勉励语。中国封建社会两千多年，没有一个皇帝有子、弟而传位于异姓的例子。刘备奋斗一生，他用血汗打下来的江山绝不可能白白送给诸葛亮。退一步讲，就是诸葛亮想自取，又谈何容易？你必须架空皇帝，还必须有能够服众的功勋。司马氏控制曹魏政权多年，直到灭蜀，司马昭才敢受封晋公、加九锡。益州和汉中都是刘备打下来的，诸葛亮有什么资本取而代之呢？所以，诸葛亮只能表态说："臣敢竭股肱之力，效忠贞之节，继之以死！"刘备还安排了另一手，命尚书令李严并受遗诏辅政。这无疑是为了防止诸葛亮大权独揽的牵制措施。

四

陈寿评价诸葛亮，"开诚心，布公道""科教严明，赏罚必信，无恶不惩，无善不显"，似乎诸葛亮善恶分明、刚直不阿。实际上，诸葛亮是很懂得权变的。关羽和法正生前是蜀汉政权最重要的大臣，深得刘备信任。诸葛亮非常注意跟他们搞好关系。

马超来降，关羽在荆州写信问诸葛亮马超人才如何？诸葛亮回信奉承他说，马超可与张飞并驱争先，但不及美髯公关羽之绝伦逸群。关羽大悦，将信展示给宾客夸耀。诸葛亮这马屁拍得十分肉麻。法正为蜀郡太守，睚眦必报，擅杀仇家数人。有人劝诸葛亮向刘备报告，"抑其威福"。诸葛亮知道法正正受宠，得罪不起，于是回答说，法正对主公刘备有大功，怎么能够禁止法正使其不得快意恩仇呢？这显然是见人下菜碟，不惜践踏法治。

仔细爬梳史料，我们可以发现，诸葛亮有意识地把现在或将来可能威胁他权位的人物，一一清除。

刘备养子刘封，"有武艺，气力过人"，并无反意，诸葛亮

"虑封刚猛，易世之后终难制御，劝先主因此除之"。于是刘备赐封死，令其自裁。诸葛亮到底是为刘禅还是为自己提前清除刘封，值得深思。

广汉人彭羕有干才，深受刘备赏识，用为治中从事。彭羕有骄矜色，诸葛亮"虽外接待羕，而内不能善，屡密言先主，羕心大志广，难可保安"。诸葛亮多次打小报告，刘备相信了，左迁彭羕为江阳太守。彭羕去见马超，发了几句牢骚，马超告发了彭羕，刘备命令将彭羕逮捕。彭羕在狱中给诸葛亮写信表明心迹，申诉自己并无反意，诸葛亮不为所动，彭羕"竟诛死"。诸葛亮口蜜腹剑的行为，毫无君子之风，甚至可以形容为阴险。

侍中廖立曾被诸葛亮称为"楚之良才"，刘备死后，诸葛亮转其为长水校尉。廖立对这一安排十分不满，"自谓才名宜为诸葛亮之贰"，"常怀怏怏"，就蜀汉人事发了些牢骚，被诸葛亮定性为"诽谤先帝，疵毁众臣"，将其废为庶人，流放到汶山郡，后死于徙所。

刘备临终前，任命李严与诸葛亮共同辅政。诸葛亮第四次北伐，李严负责在后方运粮。诸葛亮以粮运不继而李严却推卸责任为由，将其废为庶民，流放到梓潼郡。从此以后，诸葛亮单独辅政，大权独揽。李严最后也死于徙所。

刘封、彭羕都罪不至死，前者可以说是诸葛亮直接害死的，后者属于我不杀伯仁，伯仁却因我而死。廖立、李严之罪，诸葛亮处置极其严厉，罪罚是否相当，也颇值得商榷。尤其李严一事，颇为蹊跷。当时粮运不继的原因是碰到连绵大雨，属于不可抗力，谁也不能责怪，李严根本无须推卸责任。但是史书记载，李严先派人通知诸葛亮退兵，可是等诸葛亮真退兵后，他又装着惊讶的样子说："军粮饶足，何以便归？"他又给后主刘禅上表，说诸葛亮是佯装退兵，诱敌与战。李严在事件过程中言行前后矛盾，试图推卸责任，可是手笔书疏俱在，证据确凿，根本无从抵赖。李严的做法，一点儿不像一个成熟政治家的心智，所以此事相当奇怪。诸葛亮曾经在给李严子李丰的信中说："否可复通，逝可复还"，暗示以后可以重新起用李严。廖立、李严两人都对诸葛亮召还他们抱着希望，而认为其他后继者不可能再任用他们。所以，当听到诸葛亮去世的消息，廖立垂泣叹息，李严激愤发病而死。诸葛亮的权术手段，令人细思极恐。

与处心积虑剪除政敌相呼应的是，诸葛亮在蜀汉掌权后大肆任用跟自己亲近的荆州人，掌握了绝对权力，"事无大小，亮皆专之"，完全架空了后主刘禅。

诸葛亮第一次北伐前给后主上《前出师表》。开头告诫刘禅三个"宜……不宜……"，翻译成今天的白话文，就是"你应该……不应该……"，语气是不太恭敬的。接着就要求后主听话，宫中之事，要听侍中、侍郎郭攸之、费祎、董允的，"事无大小，悉以咨之，然后施行"；营中之事，要听向宠的，"悉以咨之，必能使行阵和睦，优劣得所"。这四个人，跟诸葛亮一样，同属"荆州集团"。除南阳人郭攸之因缺乏史料不好认定之外，其他三人都是诸葛亮亲自提拔重用的心腹。

费祎是荆州江夏郡人。诸葛亮南征凯旋，群臣郊迎，年龄、地位多在费祎之上，而诸葛亮独独选择时为黄门侍郎的费祎同乘一车，于是众人莫不对费祎刮目相看。这显然是诸葛亮有意为费祎抬高声价。果然，诸葛亮马上任命费祎为昭信校尉出使东吴，回来后又马上提拔为侍中。不久诸葛亮又将他召到自己身边，先后任参军、司马，临终前更指定费祎为两个接班人之一。

董允是荆州南郡人，其父董和曾与诸葛亮共事，关系极好。董允原为太子洗马，诸葛亮秉政后，提拔其为黄门侍郎，不久又任为侍中，领虎贲中郎将，统宿卫亲兵。他实际上是诸葛亮安排监控刘禅的。刘禅想给自己增加些妃嫔，董允坚决不允，后主无可奈何，"益严惮之"，很害怕董允。刘禅畏惧的不仅是董允，更是董允背后的诸葛亮。

向宠是荆州襄阳人，其叔父向朗，少师事司马徽，与徐庶、韩嵩、庞统皆亲善，显然与诸葛亮熟识。诸葛亮曾用向朗为丞相长史，可见关系非同一般。向宠原为牙门将，诸葛亮掌权后，封都亭侯，任中部督，典兵宿卫，又升为中领军，统领禁军。

诸葛亮的第一接班人蒋琬，籍贯零陵湘乡，也是荆州人。刘备在世时，蒋琬担任某县县长。一次，刘备突然到该县突击检查，发现蒋县长不理政务并且当时喝得烂醉如泥，大怒，打算诛杀他。诸葛亮为蒋琬巧言掩饰，刘备给诸葛亮面子，只免了蒋琬的官职。诸葛亮掌权后，一路提拔蒋琬，并且密表后主，自己死后，宜以蒋琬辅政。

诸葛亮大力培植自己的势力，刘禅实际上陷入了荆州集团的包围之中。诸葛亮重用的马谡、陈震、王连、向朗等也都是荆州人。刘备死时，刘禅时年十七岁，近乎成年，并且智力正常。刘备临终遗言"若嗣子可辅，辅之"，也没有要诸葛亮自专的意思。但此后十二年，直到诸葛亮崩于五丈原，刘禅已二十八岁，诸葛亮仍然毫无归政的迹象。刘禅曾经无奈地说："政由葛氏，祭则寡人"，他只承担着国家元首礼仪性的工作。

作为人臣而言,这是最大的不忠。天下毕竟是人家刘氏的天下,您总认为只有自己治理才能弄好,霸着权力不放,合适吗?只要我们冷静地思考,诸葛亮对待刘禅,与曹操对待汉献帝,并无实质差别。他俩都是势凌人主的权臣!诸葛亮刚去世,他身边的参军李邈就上书刘禅,评价诸葛亮是"身仗强兵,狼顾虎视",他常常为国家的安危感到担心,想来也绝非凭空捏造之词。

　　诸葛亮上台后,与东吴政权重修旧好,承认孙权称帝的合法性,而把矛头对准曹魏。其实,对于汉室而言,曹魏为篡贼,孙吴也是逆贼,并无实质不同,只是五十步和一百步的区别。诸葛亮如果真正忠于汉室,应该与魏、吴都势不两立。政治立场问题不容回旋,用避免两面树敌来将此解释为权宜之计,并不容易让人谅解。另外,从三国实力来看,蜀汉最弱,他连老二孙吴都打不过,却幻想着能打败老大曹魏,无疑是不切实际。诸葛亮自己也说:"至于成败利钝,非臣之明所能逆睹也。"因此,诸葛亮坚持北伐的动机其实十分可疑。现代有学者怀疑诸葛亮内心并不认为自己能灭魏,他真实的想法是打下一些地盘,攫取政治资本,然后"还受九锡",为改朝换代做准备。虽然这种假设比较大胆,但并非荒诞不经。李严曾经写信劝诸葛亮宜受九锡、进爵称王,诸葛亮回信说,如果灭了魏国、杀了曹睿,奉后主回到东汉的旧都洛阳,那么我十锡都可以受,何况九锡!这显然不是一个谨小慎微的忠臣所说的话。如果诸葛亮的寿命再长一些,他最后会不会成为曹操或者司马懿,我们真的不能肯定。诸葛亮仅仅五十四岁就去世了,他的独子诸葛瞻当时只有八岁,也没有继位掌权的可能性。历史不容假设,诸葛亮的忠臣形象就这样完美地定格在了五丈原上。

五

诸葛亮认为"汉贼不两立,王业不偏安",他在平定南方四郡后,把全部精力都放在了北伐上。在他当国期间,蜀汉政权的确是管理得井井有条。诸葛亮最突出的就是行政管理能力。这是必须肯定的。但是,他"空劳师旅,无岁不征",给益州人民带来了沉重的负担,"国内受其荒残,西土苦其役调",事实上消耗了蜀汉的国力,加速了它的灭亡。《三国志·吕乂传》载,诸葛亮"连年出军,调发诸郡,多不相救",透露出冰山一角。著名历史学家周一良先生评论:诸葛亮治蜀"是建筑在严刑峻法的基础之上的,而不是建筑在与民休息、发展生产、繁荣经济,使人民安居乐业基础之上的",这是中肯的评价。军事上无功,经济上也没有大的建树,诸葛亮到底算不算善于治国安邦的贤相,的确是值得商榷的。

立志北伐的诸葛亮并不擅长打仗。《三国演义》中关于诸葛亮许多打仗的智慧故事都是虚构的,或者剥夺他人的功劳安在诸葛亮身上。比如,赤壁之战是东吴周瑜指挥的。刘备取益州,诸葛亮留守荆州没有同行,后期才作为援军入蜀。刘备取汉中,建策和从征的都是法正。刘备伐吴,猇亭大败,诸葛亮也没有同行。刘备死后,诸葛亮到了前台,五次北伐,屡败屡战,不辞辛劳,令人敬佩。但从策略上来讲,在无法突破运粮瓶颈的前提下悬军深入,并无取胜把握,无疑是希图侥幸,徒然空耗国力。曹魏只要坚壁不与战,诸葛亮就只能粮尽退兵。魏延建议领兵奇袭长安,诸葛亮出于谨慎,也不肯同意。陈寿评价说:

"应变将略,非其所长",讲的是大实话。

在用人方面,诸葛亮也并不高明。他用人唯亲,对于非荆州籍人士如张裔、杨洪、费诗、杜微、杜琼、张嶷、李恢、马忠等,不让他们真正掌权。诸葛亮太过于谨慎,真正的大才如魏延、姜维,他都不敢放手使用。他喜欢的是谨小慎微、循规蹈矩的谦谦君子,如蒋琬、费祎等,守成有余,开创不足。刘备临终前告诫诸葛亮,马谡此人"言过其实,不可大用",但是诸葛亮不以为然,用马谡为先锋,导致街亭大败,最后不得已挥泪斩马谡,既害了马谡,又损害了蜀汉大业。他重用向朗为丞相长史,结果向朗包庇马谡,知情不举,诸葛亮无奈将其免官。杨仪虽有才干,但气量狭窄,人品和性格有硬伤。杨仪与魏延长期不和,诸葛亮不忍偏废,没有果断妥善处置,结果最后酿成杨仪杀魏延的内讧大祸,蜀汉事业雪上加霜。诸葛亮一直将杨仪带在身边予以重用,后来却又安排蒋琬接班,导致居功自傲不甘人下的杨仪气愤难平,最后因被废黜而自杀。诸葛亮对这几个人的悲剧结局都难辞其咎。诸葛亮死后,蜀中并无杰出人物。作为丞相,诸葛亮在选拔和培养人才方面是有责任的。王连劝诸葛亮不要以"一国之望"冒险深入"不毛之地"南征,但诸葛亮"虑诸将才不及己",坚持要去,可见诸葛亮自视甚高并且根本没有锻炼诸将的想法。诸葛亮也不太懂得或者说不愿意推行分权分级管理,"事无巨细,亮皆专之""夙兴夜寐,罚二十以上,皆亲揽焉",食少事繁,早起晚睡,极大地损害了诸葛亮的健康。司马懿当时就预言他命不久矣。诸葛亮如果作为中下级管理者,这种事必躬亲的管理风格也许合适;但是,作为统帅型的高级管理者,诸葛亮是不太合格的。

纵览诸葛亮的一生，如果要从世俗的成功角度衡量，他显然比不上同时代的曹操、司马懿；从算无遗策的角度衡量，我们也不能武断地说他一定就能超过荀彧、郭嘉、贾诩、沮授、田丰等人；从辅助主公得其信任并充分发挥作用的角度衡量，他比不上东吴的周瑜、鲁肃甚至蜀汉的法正。诸葛亮当然是一位杰出的人物，但视其为智慧的化身、贤相的榜样、忠臣的楷模，笔者认为或许是因为他脸上被后人重重地抹上了美化的油彩。

六

三国人物众多如恒河沙数，为什么独独诸葛亮能得到后人的美化，完成华丽嬗变，而成为中华民族流芳千古的智慧化身、人臣典范呢？笔者认为，这主要归功于道德的力量——作为封建时代的一名士大夫，无论是做人还是做官，从表面上看，或者说从封建时代官方宣传来看，诸葛亮已经做到了道德的极致。

诸葛亮的亲哥哥诸葛瑾在东吴，从兄诸葛诞在曹魏，都受到重用仕至高位。诸葛亮能力在二兄之上，时人将诸葛三兄弟分别比作"龙、虎、狗"。如果他出仕魏、吴，要得到富贵是很容易的事。但他依然选择在南阳躬耕十年，布衣蔬食，甘于贫贱。一方面，诸葛亮要等待一个既能"贤亮"又能"尽亮"的明主；另一方面他可能很早就树立了兴复汉室的志向，坚持非刘氏不仕。他在期待又一个光武的出现，他的理想是帮助这个人实现汉室的又一次中兴。

建安十二年（207），诸葛亮终于等到了刘备。刘备帝室之胄的身份，完全符合诸葛亮兴复汉室的理想。刘备当时势单力薄，寄人篱下，前路茫茫。但是，在绝对的理想主义者诸葛亮眼里，这都不是事。从此，他不计成败追随刘备，为兴复汉室奉献出了毕生的心血和精力。诸葛亮一生活了五十四岁，前二十七年一直在等待，后二十七年一直在奋斗。尤其是刘备死后，他作为丞相，全面主持蜀汉军国大计，治蜀十二年不仅得到了本国官民的衷心拥戴，甚至赢得了魏吴朝野的普遍尊敬。历史昭昭，诸葛亮用自己的生命实践了自己"鞠躬尽瘁，死而后已"的诺言。诸葛亮生前没有选择做曹操、司马懿，也没有选择让自己的子孙做曹丕、司马炎。他忠心耿耿地辅佐刘禅，从这一点看，比周公（成王之叔）辅成王的道德境界更高。

诸葛亮的私德也无可挑剔。孔子说："吾未见好德如好色者也。"一般男人娶妻皆看重外表。诸葛亮顶着嘲笑选择了"黄头黑面，才堪相配"的丑女黄氏，体现出崇尚才德的价值取向和不同于流俗的道德勇气。诸葛亮与其兄诸葛瑾分为蜀、吴重臣，但从来都是公会相见，退无私面，兄弟感情完全退让于国家利益之后，可见公私分明。诸葛亮废重臣李严和廖立为庶民，二人终身无怨怼。廖立闻孔明死，"垂泣"；李严"闻亮卒，发病死"，这说明两人对诸葛亮执法公正是持信任态度的。可以说，身处三国乱世的诸葛亮有无数敌人，但他平生没有一个私敌！跟他对垒了好多年的司马懿也忍不住称赞他是天下奇才。诸葛亮死后，家中仅有"桑八百株，薄田十五顷"，信守了"臣死之日，不使内有余帛，外有赢财"的廉政诺言。

中华民族自古以来就是一个崇尚道德的民族。从诸葛亮到刘琨、祖逖，到岳飞、文天祥，再到袁崇焕、史可法……只要是为正义事业奋斗而牺牲的人，哪怕他失败了，人们也永远怀念他。几乎可以称为"道德完人"的诸葛亮，千百年来更是赢得了中华民族的一致崇敬。人们喜欢他，崇拜他，把他想象成一个十全十美的偶像，把众多的长处优点和光辉事迹往他身上"贴金"。心理学将这种现象称为"晕轮效应"。就这样，诸葛亮由一个道德模范，经过千余年的时光浸润，慢慢又被打扮成了忠诚、智慧的化身。诸葛亮今天的形象，就是因为中华民族千百年来对道德的崇敬，千千万万人民群众在"晕轮效应"的作用下，集体自愿帮助诸葛亮完成的嬗变。

诸葛亮的儿子诸葛瞻，在蜀国"美声溢誉，有过其实"，就是因为蜀人追思诸葛亮，把什么好事儿都往他儿子身上贴。蜀汉每有一善政佳事，虽然不是诸葛瞻所建议的，但老百姓都互相转告，"葛侯之所为也"。这或许可以看作"晕轮效应"的又一注脚。

臧洪：忠义所在生死以

东汉建安元年（196）。

兖州东郡东武阳县城。

东郡太守臧洪孤独地站在城头上，落日的余晖映照出他高大消瘦的身影，显得分外萧瑟。长期的饥饿，使得这个原本"体貌魁梧"的汉子眼窝深陷、颧骨突出、气息虚弱。

城外，是冀州牧袁绍统领的大军，他们已经围城一年有余，马上就会发起新一轮的进攻；城内，早已粮尽，数千将士大多饥馁而死，余下的也都是饿得连提刀的力气都没有的残兵。没有援军会来，突围也无望，城破在即。

臧洪手拿弓箭，望着远处旌旗簇拥着袁绍的麾盖，再看看城内饿殍盈路，心中万千思绪如乱麻纠缠。困守孤城一年有余，今天终于都要结束了。臧洪已经抱定了必死的决心：忠义所在生死以，岂因祸福避趋之。只是，连累了这许多无辜的人因我而死，未免良心不安。臧洪怔怔地想着自己的心事，不觉涕泪覆面。城内能吃的东西都吃完了，连老鼠都从地洞里挖出来吃了。内厨只剩下最后的三斗米，何忍独食？自己狠起心肠，手刃了平日最宠幸的爱妾，和米一起，煮成了稀粥，自然是清可照人，但聊胜于无，已经分与了每一名将士，作为最后的一餐。别怪为夫残忍，你本来就快饿死了，如果城破落入敌手恐怕还要受尽凌辱，不如一死百了，来得痛快。至于死后的尸骨，能为将士们增添一分力量，也算你最后帮为夫一把了。如果有来生，愿你不要投胎在这人命如蝼蚁的乱世，不要嫁给我臧洪这样的人……

就在臧洪恍惚之间，袁军破城而入。城内饥饿的军民已经组织不起有效的抵抗，最终"七八千人相枕而死"，但是没有一个人背叛和投降。饿得两眼发昏的臧洪被俘，被带到袁绍帐前。

袁绍等这一天已经等了多日，他精心布置了会场，"盛施帏幔"，又把诸将都召集在一起，方才跟臧洪见面。

袁绍首先以胜利者的姿态问罪："臧洪，你原本只是广陵太守张超手下一个小小的功曹，出差前往幽州，因为道路阻隔，盘桓在冀州。是我袁某人抬举你，让你做青州刺史，又做东郡太守！我待你不薄，你为什么要辜负我、反叛我？现在你服了吗？"

熟悉三国历史的朋友们都知道，强势者问弱势者服不服，是一个跟生死直接攸关的重大选择题。回答得好，可以免死；回答得不好，则可能招来杀身之祸。董卓问皇甫嵩（字义真），"义真服未？"皇甫嵩婉言表示服了，董卓笑而释之，以后没有再为难皇甫嵩。吕布被曹操生擒，为了活命主动对曹操说："今已服矣。"曹操听了这话，"有疑色"，对杀不杀吕布果然犹豫起来。要不是刘备在旁边"神补刀"，曹操真有可能释放吕布。

袁绍这最后一问"今日服未"，表明他是很欣赏臧洪的，内心并不想杀臧洪。

此时的臧洪已经饿得连站起来的力气都没有了。他"据地瞋目"怒斥袁绍:袁氏四世五公,受恩深重,你不肯扶翼汉室,却狼子野心,"希冀非望";我亲眼见到你喊张邈为兄,那么张超也算你的弟弟,你怎么能见死不救,"坐拥兵众,观人屠灭呢?"可惜我有心无力,没法杀你为天下除害!你说我服不服?!

袁绍见臧洪义正辞严,知道他终不为己用,无奈下令杀之。臧洪不是不知道,自己只要口气松一松,就可以捡回一条命,甚至仍然可以得到高官厚禄。但是,在生与死之间,臧洪毅然决然地选择了死。在他心里,有比生死更重要的东西,那就是忠义。

读者此时肯定会发问:袁绍为什么不救张超?臧洪为什么要背叛袁绍?背叛主公之人,还谈得上忠义?回答这些问题,首先要从曹操说起。

兴平元年(194)夏,兖州刺史曹操率大军东征徐州牧陶谦,留部将陈宫守东郡。陈宫利用这一时机,与兖州陈留太守张邈(字孟卓)、邈弟超(此时显然已从广陵还兖州)等人共谋背叛曹操,迎吕布牧兖州,给曹操来了一个釜底抽薪。当时兖州郡县百城皆应吕布,曹操赖荀彧、程昱之力,只保留鄄城、范、东阿三县在手。曹操遭遇了一生中最困难的局面。他被迫回师,与吕布争夺兖州。曹操毕竟是曹操,他花了近两年时间,通过艰苦卓绝的战斗,尽复诸城,重新掌控兖州。吕布带着张邈、陈宫东奔刘备,张邈令张超带着家属屯于陈留郡之雍丘城(治所在今河南省杞县)。兴平二年(195)秋八月,曹操包围雍丘。十二月,曹操攻破雍丘,张超自杀。曹操夷张邈三族。张邈向袁术求救,途中为其部下所杀。陈宫后在建安三年(198)十二月与吕布一起在下邳被曹操缢杀。

在曹操包围雍丘的日子里,张超困守孤城,他唯一的希望就是臧洪来救他。城中众人都认为袁、曹关系友好,而臧洪时为袁绍麾下东郡太守,一定不肯"败好招祸",远来赴难。只有张超对臧洪深信不疑,他认为臧洪是"天下义士,终不背本者",怕只怕被袁绍禁止,来赴不及。

臧洪收到故主张超被曹操围困的消息后,"徒跣号泣",光着脚号啕大哭,马上部署军队,又向袁绍请增兵马,打算去救援张超。袁绍当然不答应。他本来就一直想杀张邈,奈何曹操一直不同意,现在碰到张邈兄弟自己作死、背叛曹操,出现了曹操不得不杀他们的大好局面。他简直想敲锣打鼓大肆庆祝一番,恨不得增兵帮助曹操去攻城,怎么可能反而派兵去救援张超呢?另外,当时曹操还没有迎献帝都许,袁、曹关系尚未破裂,双方是全方位战略合作伙伴关系。袁绍又怎么会为一个不重要的张超,而跟铁杆兄弟曹操反目呢?臧洪简直是与虎谋皮,找错了人啊!

因为袁绍的阻拦,臧洪没有能够去救援张超,结果雍丘城溃,张超自杀,张氏族灭。臧洪由是怨恨袁绍,"绝不与通",断绝了与袁绍的关系。袁绍当然不能容忍臧洪的背叛,于是兴兵围东武阳城(故址在今河南省濮阳市南乐县韩张镇境内),出现了本文开头的一幕。

行文至此,读者可能又要发问:臧洪到底是个什么人?他为什么不顾袁绍的阻拦,坚持要营救张超?张超自杀后,臧洪为什么宁可牺牲自己，也要跟袁绍决裂，有必要吗？他图个啥？且听笔者慢慢道来。

臧洪，字子源，徐州广陵郡射阳（治所在今江苏宝应县东）人。臧洪是妥妥的官二代，他父亲臧旻有才干，曾任使匈奴中郎将、中山、太原太守、扬州刺史，"为汉良吏"。在父亲的荫庇下，臧洪早早就举孝廉为郎，踏上了仕途，不久又出为即丘县（治所在今山东省临沂市河东区汤河镇故县村）县长。这与袁绍与曹操的早年经历完全相同，充分说明臧洪出身于有势力的世家大族。灵帝末年，臧洪见时局将乱，弃官回乡。广陵太守张超聘请臧洪为功曹。功曹在东汉是郡守的主要佐吏，参与机要，选署功劳，权力极大，职责是协助郡守管理众吏及郡内一切政务，地位仅次于郡守。

董卓进京后，废少立献，暴虐无道。臧洪对张超说："今王室将危，贼臣未枭，此诚天下义烈报恩效命之秋也"，他建议在广陵郡募兵，可得两万人，"以此诛除国贼，为天下倡先，义之大者也"。张超对臧洪言听计从，带臧洪一起去陈留郡见其兄张邈，商量起兵之事。张邈也素有此心，于是兄弟二人与兖州刺史刘岱、豫州刺史孔伷、东郡太守桥瑁，会于酸枣（县名，故城在今河南延津县北）。张邈见到臧洪，"与语大异之"，刘岱、孔伷"皆与洪亲善"，大家对臧洪都高度认可。五家州郡设立坛场，准备盟誓讨卓。搞笑的是，两个刺史、三个太守互相谦让，都不愿升坛当歃血的盟主。最后大家把这个任务推给了臧洪。臧洪没有推辞，他为盟词曰："凡我同盟，齐心勠力，以致臣节，殒首丧元，必无二志。有渝此盟，俾坠其命，无克遗育。"意思是，大家要齐心合力，共赴国难，即使掉了脑袋，也不能有二心，如果违背誓言，不光要丢掉性命，还要断子绝孙。臧洪"辞气慷慨，涕泗横下"，听众"莫不激扬，人思致节"。当然，与盟者后来并没有遵守盟约、奋勇讨卓，而是日日置酒高会，最后食尽而散。

不久，张超派遣臧洪去见大司马、幽州牧刘虞，至冀州河间国，正碰上袁绍与公孙瓒（？—199）交战，道路隔绝，臧洪无法前行。袁绍见到臧洪，"奇重之，与结分合好"。袁绍先任臧洪为青州刺史，在州两年，群盗奔走。袁绍"叹其能"，又用臧洪为东郡太守，治东武阳。东郡位于司隶、冀州、青州、兖州四州的交界地带，控制东郡就可以达到控扼四方的战略目的。正是在曹吕争兖州的过程中，袁绍出兵取得了东郡位于黄河北岸的部分地区，但是并没有交还给曹操，而是用臧洪为东郡太守，将他嵌入四战之地的兖州，体现了袁绍对臧洪才能的认可。

令袁绍没有想到的是，在臧洪心中，故主张超的分量比他要重要得多，臧洪居然因为自己不救张超而与自己彻底决裂。笔者分析，臧洪之所以作出如此选择，有两大因素：一是东汉奉行的"二重君主观"对臧洪的思想产生了重要影响。东汉官制实行察举、征辟制。郡守可以自己任命属吏或向中央推荐人才。这些人的功名富贵可以说都拜郡守所赐，因此都奉郡守为府主或座主，与之形成君臣名分，周旋患难，不避生死。这在东汉社会上是一种普遍现象，并被舆论所尊重和推崇。臧洪视张超为君，愿意为他赴死，在当时属于情理之中。二是张超对臧洪放手任用、言听计从，无疑助推了臧洪心中"士为知己者死"的信念。张超聘请臧洪为功曹，对他评价极高，认为臧洪是"海内奇士"，"才略智数"都比自己强，"甚爱之"，于是推心置腹,将一郡政务完全交给臧洪处理,"政教威恩,不由己出,动任臧洪"。正因为张超的充分信任,所以臧洪愿意为张超竭尽心力、继之以死。

袁绍围臧洪于东武阳城,历年不能下。袁绍派臧洪的同乡、好友陈琳(广陵射阳人,文学史上赫赫有名的"建安七子"之一)写信劝降,"喻以祸福,责以恩义"。臧洪给陈琳复信,袒露了自己的心迹。臧洪承认袁绍待他不错,"年为吾兄,分为笃友",是袁绍让他这羁旅之人当上了青州刺史,"本因行役,寇窃大州,恩深分厚","主人相接,过绝等伦"。他追随袁绍起初是不后悔的,"自以辅佐主人,无以为悔",他本来是想和袁绍一起"究竟大事,共尊王室"的。但是,没想到曹操侵略徐州,张邈、张超起兵反曹,结果袁绍不肯救援。这样自己就陷入了两难境地:不救张超,则"丧忠孝之名";背叛袁绍,则"亏交友之道"。二者相权,自己选择了后者,"故便收泪告绝",只好与袁绍反目。这确实是情非得已。没想到现在要和袁绍兵戎相见,"宁乐今日自还接刃"?这是自己不愿意看到的局面。臧洪认为"义不背亲,忠不违君",曹操没有得到献帝和朝廷的许可,擅自进攻徐州是违反道义的,张邈、张超兄弟反曹是正当的,因此自己主张救援张超也是正义的。陈琳劝说自己"轻本破家,均君主人",背弃张超,臣服袁绍,"以屈节而苟生,胜守义而倾覆"。这是与自己的价值观相悖的,自己是不会同意的。臧洪在信的末尾与陈琳诀别:"足下徼利于境外,臧洪授命于君亲;吾子托身于盟主,臧洪策名于长安。子谓余身死而名灭,仆亦笑子生死而无闻焉!"臧洪整封信的大意是,绝不为苟生而屈节,宁愿倾覆也要守义!在臧洪心中,节义高于生命。

袁绍见了臧洪回信，知其志坚不可摧，于是增兵急攻。臧洪自度必死，对手下将吏说："袁氏无道，所图不轨，且不救洪郡将（指张超）。洪于大义，不得不死。念诸君无事空与此祸，可先城未败，将妻子出。"将吏士民被他的忠义感动，都不忍舍他而去，最后城内"男女七八千人相枕而死，莫有离叛"。城破之前，臧洪遣出其郡丞陈容，让他逃生。袁绍俘虏臧洪时，陈容在座，他大义凛然斥责袁绍，认为不应该杀臧洪，表示"今日宁与臧洪同日而死，不与将军同日而生"！最后与臧洪一起被杀。臧洪先前还派两名司马向吕布求救，两人返回的时候，城已陷落，他们没有逃走，皆赴敌而死。这说明臧洪的忠义感染了他部下所有的人！

臧洪因为袁绍不救张超，与之决裂，困守孤城，杀爱妾以食将士，最终连累无辜的七八千人因此而死。他到底是做对了，还是做错了？陈寿在《三国志》中称赞臧洪"有雄气壮节"，"以兵弱敌强，烈志不立，惜哉"！元代郝经评论说："壮哉！洪之志烈也。以崎岖孤累，不忘君主，志在王室。謇謇谔谔，继之以死。其捧盘誓众，气凌毛遂。徒跣求救，志同申胥。凛凛烈日，秋霜无以尚已。"清代赵翼评论说："臧洪自是汉末义士，其与张超结交，后与袁绍交兵之处，皆无关于曹操也。则魏纪内本可不必立传，而寿列之于张邈之次。盖以其气节，不忍没之耳。"这些学者都褒奖臧洪的气节，认为他是不惜奋勇捐躯的忠义之士。

但是，舆论并非完全一边倒，对于臧洪的行为也存在争议。东晋徐众《三国评》中对此事的评论就很有代表性，可以概括为以下几层意思：第一，张邈、张超擅立吕布为兖州牧，并没有正义性。"吕布反覆无义，志在逆乱，而邈、超擅立布为州牧，其于王法，乃一罪人也。"第二，既然张超是罪人，那么曹操讨张超时，袁绍不救（且当时"袁、曹方睦"），并非没有道理。第三，臧洪因为袁绍的原因，"致位州郡"，"虽非君臣，且实盟主，既受其命，义不应贰"，他不应该背叛袁绍。第四，臧洪根本就不应该向袁绍请兵，更不应该跟他反目成仇。他合理的举措应该是，"奔他国以求赴救"，如果来不及救援，则应该等待时机，"徐更观衅，效死于超"。像他这样"誓守穷城而无变通"，自己死了还拖累一大堆人，"功名不立，良可哀也！"明末清初王夫之《读通鉴论》也提出质疑："张邈兄弟党吕布以夺曹操之兖州，于其时，天子方蒙尘而寄命于贼手，超无能恤，彼其于袁、曹均耳。洪以私恩为一曲之义，奋不顾身，而一郡之生齿为之并命，殆所谓任侠者与！于义未也，而食人之罪不可逭矣。"船山先生认为，张超与袁、曹一样，都是不恤天子的州郡牧守；臧洪出于报私恩的初衷，连累一郡将吏士民跟他一起死亡，算不上是侠义，尤其是他杀爱妾以食将士的行为，十分残忍，更是无法逃罪！

　　历史就是这样充满神奇的魅力：对于同一历史人物或事件，不同的人见仁见智，会产生不同的看法，并且都有其合理的成分。笔者读史至此，一度也陷入深深迷惘。午夜灯下，细细推敲臧洪的言行，似乎仍有难以解释之处。

　　其一，曹操围雍丘城，长达四个月之久。陈留雍丘至东郡东武阳，直线距离四百里。成年男子以普通速度步行，一小时可达十里。古代行军，正常速度一日在百里左右。司马懿由宛城（今河南南阳）出发，奇袭新城（今湖北竹山）斩孟达，一千二百里路程（直线距离六百里）只用了八天。臧洪如果要救张超，时间上无论如何应该是来得及的。但是，臧洪得知张超被围的消息后，虽然"徒跣号泣"，哭得很厉害，但并没有马上出发，而是去找袁绍请兵马。时人都知道袁绍与曹操如同一家，对于袁绍会不会支持自己去救张超，臧洪心里事先没点数吗？这种明知道不被允许而提出的请求，是不是也像司马懿在诸葛亮第五次北伐时向魏帝请战一样，具有强烈的表演色彩，是一种高明的拖延战术呢？退一步讲，袁绍既然已经明确表示不同意，"将在外君命有所不受"，臧洪为什么不独自带着自己麾下的将士前往呢？从后文的情形看，他是不怕跟袁绍翻脸的。《三国志》回避了这个问题，只说"并勒所领兵，又从绍请兵马，求欲救超，而绍终不听许"。《资治通鉴》记载甚明，"从绍请兵，将赴其难，绍不与；请自率所领以行，亦不许"。袁绍不同意，臧洪就没有采取任何行动。袁绍远在邺城，难道派有监军能控制屯于东武阳的臧洪？或者臧洪的家属居于邺城为质，所以他心有所忌不敢轻举妄动？那么后来为什么臧洪又敢于与袁绍断绝关系呢？此一难解之处。

其二，张超族灭后，臧洪怨恨袁绍，"绝不与通"。袁绍怒而兴师围城，陈琳写有多封书信劝降，臧洪誓死不投降。史书将这些行为的动机解释为臧洪的"忠义"。冷静思考，臧洪未必没有以袁绍不救张超为借口，乘机摆脱袁绍控制从而独立发展的嫌疑。他在给陈琳的回信中，写有这么一句，"若使主人少垂故人，住者侧席，去者克己，不汲汲于离友，信刑戮以自辅，则仆抗季札之志，不为今日之战矣"。意思是，如果袁绍稍微垂怜故人，对在手下供事的朋友侧席礼让，对因故离去的朋友约束自己（不去报复），那么我也会学习吴国季札的谦让高风，就不会有今天的战争了。也就是说，臧洪将双方发生军事冲突的责任归咎为袁绍的不念旧情、不够宽容，不肯放过像他这样的"离友"。但是，臧洪心里知道，袁绍是不可能放过他的。他在信中提到，张景明有游说韩馥让州大功，后因投奔献帝，袁绍将其夷灭；吕布来奔，请兵不获，告辞求去，差点被袁绍派人刺死；刘子璜害怕袁绍迫害，找借口求归，结果僵毙袁绍麾下。这三个人就是背叛袁绍的下场，所以臧洪"鉴戒前人，困穷死战"。臧洪明知道袁绍不会善罢甘休，却又心存侥幸"求放过"。此二难解之处。

其三，臧洪并非困守孤城，一意殉难。他曾派两司马向吕布求救，可惜救兵不至。从他给陈琳的复信中，我们可以看出，他可能也有向盗贼出身的黑山农民军首领张燕求救。陈琳对此进行了讥讽。臧洪辩解说，张燕早已向朝廷请降，拜为平难中郎将；而我也"亲奉玺书"，与张燕同为汉室官员，向他求救并无不妥。即使他是盗贼，只要能够"辅主兴化"，又有什么关系呢！从臧洪给陈琳的复信，我们还可以看出，他似乎寄希望公孙瓒从北面南攻袁绍，迫使袁绍退兵还邺城。至于他有没有因此派人与公孙瓒联络，我们就不得而知了。种种迹象表明，臧洪本身并不想为张超陪葬，只不过是搬不到救兵而已。臧洪不想坐以待毙，最后却又不肯投降偷生。此三难解之处。

笔者苦苦思索，尝试解释臧洪心理及行为动机如下：接到故主张超在雍丘被曹操包围的消息，以忠义自诩的臧洪按理是必须赴难的，否则在当时推崇"两重君主观念"的社会环境下，他无以自立于天地间，将被世人所唾弃。但是，或者因为惧怕曹操用兵如神，或者因为自己实力不济，臧洪对于与曹操直接对垒心里是发怵的。甚至可能，出于种种考虑，臧洪根本就不愿意去救援张超。于是他想出了一个两全之策，一方面"徒跣号泣"，作出要去救援的姿态，博取忠义的好名声；另一方面向袁绍请求增兵或单独赴援——臧洪知道袁绍不可能同意。这样臧洪就获得了大家的谅解：不是我不去救，是袁绍不允许我去救。于是雍丘城破，张超自杀，张氏族灭。臧洪顺势与袁绍断绝关系，一方面继续树立自己忠于故主的道德模范形象；另一方面以此为借口摆脱袁绍的控制而独立发展。臧洪内心深处希望袁绍不来攻打自己，但也知道按照袁绍的性格，这个概率很小。于是他做好了坚守东武阳城的准备，"据金城之固，驱士民之力，散三年之畜，以为一年之资"。所以袁绍大军围城后，"历年未下"，一直打不下来。臧洪非常希望袁绍中途会因为后方有事比如公孙瓒南下而退兵，也积极联络徐州吕布、黑山张燕等第三方势力前来援救自己，但这两个解围措施都没有奏效。东武阳城最后"粮谷以尽，外无强救"，陷入死地。臧洪在笼络城内人心方面下了大功夫，甚至不惜残忍地杀死爱妾以食将士，忽悠他们与自己同生共死。他如果真的爱护手下兵民，完全有办法让他们投降活命。但臧洪抱着等待救援的侥幸心理，选择将赌局熬到最后，拖着所有人给自己陪葬。城破被俘后，臧洪部下将士吏民全部"相枕而死"，臧洪成了孤家寡人。这时候臧洪如果投降袁绍，则无论如何没办法向受他连累而死的七八千人交代，并且他已经丧失所有部下，不可能东山再起，于是万念俱灰，也为了保全自己忠义的名声，他只好回绝袁绍以求速死……归根结底，臧洪是有私心和野心的，但是他并没有很强的军事才能，无力应付袁绍大军围城的困局，最终被俘身死。他最大的成功之处，是以汉室忠臣自居，至死没有投降袁绍，保住了自己的忠义名声。

　　臧洪事件的历史真相到底如何？一千八百多年后的今天，我们已经无法完全弄清。臧洪内心深处，到底是否真的像他自己标榜的那样"忠义所在生死以"？我们根本无法准确知道答案。有一千个读者或者观众，就有一千个哈姆雷特。这也正是历史常读常新的魅力所在。

田畴：燕赵侠义奇男子

公元二三世纪之交，正是东汉末年三国乱世。中平六年（189），灵帝驾崩，董卓入洛阳，王纲解纽。全国十三州烽烟四起，各路诸侯互争雄长征战不休，人民命悬一线，朝不保夕，"白骨露于野，千里无鸡鸣"。可就在幽州右北平郡徐无山（今属河北省唐山市境内）中，居然有一块乐土，生活着五千余家、数万人口。大家在群山环抱之中，渔樵耕读，安居乐业，远离战乱，俨然一幅世外桃源景象。

创造并领导这个世外桃源的，竟然是一个二十几岁的年轻人。他就是东汉末年幽州的奇侠——田畴。田畴（169—214），字子泰，右北平郡无终县（今天津蓟县）人，好读书，善击剑，是一个文武双全的人才。从田畴蓄有宾客，宗人达三百家的情形来看，他出身庶族地主家庭，祖上虽然没有出过什么大人物，但是薄有田地、资财，在当地具有较强的宗族势力。

当时幽州牧是汉室宗亲刘虞。初平元年（190），关东诸侯起兵讨董卓，董卓迁汉献帝于长安。刘虞决定派使者前往长安（今陕西西安），去觐见汉献帝，表明自己忠于王室之心。幽州治所蓟县（今北京市）与长安直线距离超过一千公里。沿途军阀割据、盗贼纵横，道路早就断绝，朝廷于本年征召刘虞为太傅，诏命从长安发出，竟然不能到达幽州。那么要从幽州逆向前往长安，可以想象一样是充满艰难险阻。这无疑是一个非常危险的任务，必须挑选一个智勇双全的使者。他要有勇力保护自己的生命，还要有智慧应付各种突发状况。刘虞手下的普通官吏显然不可能胜任。大家经过一番商议之后，一致推举田畴前往，因为田畴虽然年轻，却公认是一位奇人。刘虞"备礼请与相见，大悦之，遂署为从事，具其车骑"，给他公务员的身份，派他当进京的使者。这一年，田畴二十二岁。显然，田畴在这个年龄已经在幽州获得了广泛的声誉。用今天的眼光来看，这是一个大学刚刚毕业、乳臭未干的年龄。幽州居然选派这样一位无官无职的年轻社会青年，作为"州政府"的特使去中央朝觐皇帝。这本身就是一件奇事。

更奇的是，田畴居然毫不犹豫就接受了这个危险的任务。从后来田畴评论刘虞"汉室衰颓，人怀异心，唯刘公不失忠节"来看，田畴对刘虞此举从道义上是高度赞同的。这就是他不畏艰险、慨然受命的主要原因。他对刘虞说，如果公开打着官府使者的旗号出发，恐怕途中多有不便，不如低调前往，只要能到达就行了。刘虞表示同意，亲自为田畴饯行。田畴从自家宾客和愿意追随自己的青年壮士中挑选了二十骑，组成了一支精干的队伍。在线路的选择上，田畴也颇费了一番心思。长安在幽州的西南方，从幽州到长安，一般情况下是从河北出发向西南经山西，或者向南经河南，然后到达陕西。当时关东州郡正在起兵讨董卓，河北、河南、山西一带到处是割据军阀、盗匪和打着各种旗号的农民军，大大小小的战斗不断。为了能够平安到达，田畴绕了一个大弯子，先向北从西关（今居庸关）出塞到内蒙古，然后沿着北山（阴山山脉）一直向西，到达朔方郡（今黄河河套地区），再折而向南，穿越陕北到达长安。这个线路直线距离超过一千五百公里，沿途都是塞北苦寒地带，交通情况恶劣，生活条件艰苦，不光要翻山越岭，甚至不时要穿过戈壁沙漠。

田畴和他的二十骑小伙伴们一路风餐露宿，历尽千辛万苦，途中估计耗费了一年以上的时间，终于胜利到达了长安。当时"关东州郡务相兼并以自强大"，像幽州刘虞这样心存汉室的封疆大吏实在太少太难得。千里跋涉而来的田畴，无形中给衰微的汉室长了脸。汉献帝大喜，任命田畴为骑都尉，田畴认为天子正蒙尘，自己不可以荷佩荣宠，固辞不受；朝中三公都辟他为掾吏，田畴也没有答应。他没有恋栈在长安享受唾手可得的富贵，一拿到中央政府的批复文书，立马驰回幽州，打算向刘虞复命。田畴回到幽州，已经是初平四年（193）了，这时候公孙瓒已经俘杀了刘虞并取代了他在幽州的统治地位。田畴事死如生，并不趋炎附势，而是立即来到刘虞墓前，把一路封存带回的章表文书打开展示，然后拜祭痛哭而去。刘虞虽死，但是对于一诺千金的田畴而言，他既然从刘虞处领受了任务，那么不管刘虞在不在世，他都要给刘虞一个交代，为出使长安这件事画上一个圆满的句号。燕赵自古多慷慨悲歌之士。田畴因为敬慕刘虞是汉室忠臣，所以甘为驱使，冒死西行三千里，事成后视富贵为浮云，真可谓侠烈古丈夫。

公孙瓒得知田畴拜祭刘虞后大怒，悬赏捉拿田畴，杀气腾腾地责怪田畴没有把朝廷的章表送给他。田畴并不畏惧，批评公孙瓒"既灭无罪之君，又仇守义之臣"，警告他这样做将失掉燕赵士大夫之心。公孙瓒认为田畴的回答很有胆气，放弃了杀他的念头，但仍然将田畴囚禁起来，后来在别人的劝说下才将他释放。

田畴回到家乡，立誓为刘虞报仇，不愿意生活在公孙瓒的统治之下，于是率宗族及附从者数百人，隐居在徐无山中，"营深险平敞地而居，躬耕以养父母"。"深险"地，则便于防御；"平敞"地，则利于农耕。这是战乱年代人民群众为求活命自保而建设的坞堡式社会组织，具有军事、经济双重功能。周围的老百姓都来归附，数年间聚集了五千余家，形成了一座城邑，人口达到了当时一个县的规模。《三国志·魏书·邢颙传》载，冀州名士邢颙，变易姓名，从河间国来到右北平郡追随田畴，长达五年之久，直到建安九年（204）曹操平定冀州才回到家乡。邢颙后为曹魏重臣，官至太常。这充分证明了田畴的赫赫声名和人格魅力。

大家一致推举田畴为这个"桃花源"的领导人。田畴很有领导才能。他制定"约束相杀伤，犯盗、诤讼之法"二十余条，"又制为婚姻嫁娶之礼，兴举学校讲授之业"，既讲法治，又重教化。数万居民在田畴的领导下，安居乐业，"至道不拾遗"。"北边翕然服其威信"，周边少数民族乌丸、鲜卑纷纷派使者来送礼、修好。田畴妥善处理与这些少数民族的关系，"悉抚纳"，"令不为寇"。曹操后来在为田畴请功的表文中说："北拒卢龙，南守要害，清静隐约，耕而后食，人民化从，咸共资奉"，是对田畴功绩的生动概括。这其中似乎还可以推断出，田畴应该组织有一支具有相当实力的自卫武装力量,否则不可能"北拒卢龙,南守要害",少数民族及周边盗匪也都不敢来滋扰。东汉末年,人民身处乱世,厌恶战争,渴望和平,向往乐土。田畴在深山中领导数万村民自治,保护他们的生命财产安全。这比路见不平,拔刀相助的普通侠士靠单打独斗扶危济困,功德更大,堪称"为国为民,侠之大者"!

田畴在徐无山中隐居十几年。袁绍打败公孙瓒后,五次请他出来做官,他都不同意,授予他将军名号,他也不接受。袁绍死后,袁尚又礼辟田畴,田畴也不为所动。田畴本身并不贪恋权位,连献帝诏拜的骑都尉他当年都没有接受;另外他具有极高的智慧和道德,给什么人干事、干什么事,他心里有自己的一套选择标准。

不久,田畴就迎来了他的英雄用武之地。建安十二年(207),曹操决策北征三郡乌丸。乌丸是我国古代北方的游牧民族,原为东胡的一支。两汉统治者对乌丸采取分而治之的策略,将他们分别安置在北部边疆郡国。东汉末年,辽西乌丸(又称乌桓)首领蹋顿骁勇善战、才略过人,总摄辽西郡、右北平郡、辽东属国三郡乌丸,实力强劲。蹋顿乘天下大乱,经常率领三郡乌丸侵扰幽州,掳掠汉民十余万户。袁绍生前,对三郡乌丸采取笼络政策,"宠其名王而收其精骑",联合他们消灭了公孙瓒。袁绍死后,曹操平定冀州,袁尚兄弟逃入乌丸,幽、冀两州追随袁氏奔乌丸的有十万余户,袁尚打算依靠乌丸的兵力夺回失去的地盘,因而多次入塞为害。比如,建安十年(205),三郡乌丸攻打曹操在幽州的代理人鲜于辅于犷平(属渔阳郡,故城在今北京市密云东北),曹操亲自渡河救犷平。本已投降曹操的并州刺史高幹（袁绍外甥）闻讯后叛变，举兵自守。这说明袁氏残余势力与三郡乌丸勾结，成为北方严重的威胁。不解决三郡乌丸，幽、冀二州极有可能得而复失，曹操也腾不出精力来对付南边荆、扬二州和西边关中、凉州的割据势力。

田畴当初之所以避难徐无山中，除了公孙瓒的因素外，很大程度上也是因为幽州边境郡国深受乌丸等少数民族侵略之害，人民被迫背井离乡。田畴常常愤恨乌丸残杀了右北平郡不少官吏，一直想讨伐他们而力量不足。曹操北征三郡乌丸，正合田畴心意。曹操主观上是为了消灭袁绍残余势力及其凭仗，但客观上为幽州人民恢复了安定的生活环境、保护了他们的生命财产安全。因此，这场战争具有统一战争的性质，是正义的。

曹操大军还没到达无终县，先派使者来礼辟田畴。正所谓英雄惜英雄，田畴马上就跟随使者前去见曹操。田畴的门人不解地问他，当年袁绍礼命五至，您都不应召；而曹操的使者一来，您急急忙忙赶去还似乎担心来不及，这是为什么呢？田畴笑着回答说："此非君所识也。"曹操本来任命田畴为司空户曹掾，见到本人后，与语大悦，第二天就发出命令，"田子泰非我所宜吏者"，举田畴为茂才，拜为蓨（今河北景县南）县县令，但不上任，而是让他随军讨伐乌丸。

当时正值夏季，霖雨不止，再加上幽州环渤海湾一带地势低凹，去往东北的常规线路滨海道积水泥泞，浅不通车马，深不载舟船，曹操大军无法前进。曹操问计于田畴。田畴向曹操介绍说，他知道一条故道，已经废弃两百年，但实际上仍有小路可以通行。田畴建议假装退兵，然后迂回出击，乘其不备，出其不意，必可获胜，"蹋顿之首可不战而禽也"。曹操大喜，依计而行，率军返程，并在水侧路旁立木写上告示，"方今暑夏，道路不通，且俟秋冬，乃复进军"。乌丸的侦察骑兵见到后，都以为曹操已经退军，因此不再戒备。曹操以田畴为向导，带五百人在前方开路。田畴引导大军上徐无山，北出卢龙塞（今河北喜峰口），"堑山堙谷五百余里"，经白檀（故城在今河北省承德市滦平县境内），然后迂回向东，历平冈（故城在今辽宁省朝阳市喀喇沁左翼县境内），直趋柳城（今辽宁省朝阳市西南）。离柳城二百里时，乌丸才发现曹军踪迹，大惊失色。八月，双方在白狼山爆发遭遇战。战局跟田畴事前预计的完全一样。曹军大获全胜，斩蹋顿单于，胡、汉降者二十余万。袁尚兄弟逃奔辽东，后被公孙康所杀，送首曹操。

此役意义重大。曹操一举肃清了袁氏残余势力，威振乌丸、鲜卑，基本统一了北方，为次年南征荆州解除了后顾之忧。田畴无疑当居首功。北方的和平，避免了军阀内战和少数民族侵扰，符合广大人民群众的利益。田畴为曹军当向导，是有进步意义的。

曹操得胜回朝，论功行赏，认为田畴"文武有效，节义可嘉，诚应宠赏，以旌其美"，封田畴为亭侯，邑五百户。田畴认为自己本来是想为刘虞复仇才遁逃到徐无山中，但是没有达到复仇的目的，"志义不立"，现在却利用这个地理条件换取赏赐，并非自己的本意，所以坚决不接受封赏。曹操很敬佩田畴的操守，也不勉强。田畴带着家属及宗人三百余家离开徐无山坞堡，移居邺城。曹操赏赐田畴车马谷帛等财物，田畴都慷慨地分给了宗族和故旧。

建安十三年（208），田畴跟随曹操征荆州归来，曹操追念田畴之功,又提出要封赏他。曹操认为,上年同意田畴辞封是成全了田畴一个人的品德,但是损害了国家制度,实际上得不偿失。田畴上疏陈让,仍然坚辞不受。曹操不听,多次提出要封赏他,他始终不接受。双方僵持不下。田畴让封,成了一件令朝廷头疼的大事。

有关部门认为田畴"狷介违道,苟立小节",提出处理意见,"宜免官加刑"。不服从组织决定,那么不光要免去官职,还要追究责任。曹操对此事极其重视,对于怎么处理也拿不定主意,"依违者久之"。他决定集思广益,将此事交给世子曹丕以及大臣进行大讨论,听听大家的意见。曹丕认为田畴逃禄,是高尚之举,可以"激浊世,厉贪夫",比尸禄素餐的人强多了,免官加刑的处理太重了。荀彧认为,君子无论当不当官,只要主观出发点是好的,那就应该尊重,"或出或处,斯于为善而已"。钟繇表示,"畴虽不合大义,有益推让之风",同意世子曹丕的意见。几位"大 V"一致认为可以尊重田畴的选择,不必强迫他受封。

曹操仍不死心,仍然想封赏田畴。他又派跟田畴关系很好的夏侯惇去做田畴的思想工作,让他给曹操面子接受封赏。田畴以死自誓,始终不为所动。曹操知其志不可屈,最后没有坚持,田畴只接受了一个议郎的虚职。

孔夫子说:"不义而富且贵,于我如浮云。"历史上能够真正做到浮云富贵的人,并没有几个,多的是见利忘义之辈。何况在当时的旁人和今天的我们看来,田畴确有大功,他接受封赏,理所当然。但是在田畴内心深处,他有着极高的道德标准。在王道陵夷、道德沦丧的三国乱世,不管其他人采取什么样的行为准则，田畴始终坚持着自己的底线。他临危受命，出使长安；隐居深山，守志不屈；乐为向导，大败乌丸：完成的这三件壮举，都一以贯之地闪耀着"侠义"二字。

后世对田畴的评价总体上也都是正面的。陈寿《三国志》评论说："田畴抗节……足以矫俗。"王嘉《拾遗记》评论说："田畴事死如生，守以直节，精诚之至，通于神明。"陶渊明在《拟古九首（其二）》中表达了自己对田畴的崇拜向往之情。

> 辞家夙严驾，当往至无终。
> 问君今何行？非商复非戎。
> 闻有田子泰，节义为士雄。
> 斯人久已死，乡里习其风。
> 生有高世名，既没传无穷。
> 不学狂驰子，直在百年中。

陶渊明在诗中写道，自己一大早就收拾行装车具，准备辞别家乡，既不是去经商，也不是去打仗，而是前往无终。为什么要去无终呢？因为这是义士田畴的家乡。田畴是士大夫的楷模，虽然已经去世很久，但他的节义之风仍然在其故乡流传。时间是最好的试金石。田畴活着的时候有高名，死后仍然流芳百世；而那些为名利疯狂奔走的"狂驰子"，他们的影响连一百年都挨不过。

只有裴松之对田畴吊祭袁尚一事略有微词。公孙康杀袁尚兄弟后将其首级送给曹操。曹操下令，"三军敢有哭之者斩"。田畴因为曾为袁尚所辟，当时虽然没有接受，但感念这份情谊，仍然前往吊祭。裴松之认为，田畴不应袁绍父子之命，原因是"以其非正也"，所以给曹操当向导，结果导致袁尚败逃被杀。既然田畴认为袁尚是"贼"，那么就不该去吊祭他。如果田畴感念当年辟命之恩，那么就不该为曹操出谋划策，使袁尚命丧辽东。在裴松之看来，田畴这么干，无疑是自相矛盾，是"进退无当"。笔者认为，裴松之采取的是一种非此即彼的极端化思维方式——田畴要么就不该为曹操出主意（殃及袁尚），要么就不该去吊祭袁尚。这种思维方式表面上爱憎分明，实际上混淆了公义与私恩的关系，是相当迂腐的。田畴支持曹操北征三郡乌丸，是符合道义的，他为此而积极献策献力，是正确的。我们不能要求田畴因为袁尚对他曾有私恩，就舍公义、大局而不顾，就不去帮助曹操。至于袁尚因此而死，并非田畴主观所能预见或者乐见的，也就不能完全把责任归咎到田畴身上。他最后吊祭袁尚，本身就违反曹操的禁令，冒着杀头的风险，非义士不能为、非勇士不敢为，不但不该被质疑，反而应该被褒扬。曹操对田畴吊祭袁尚的行为采取"不问"的态度，说明比裴松之见识高。田畴秉持公义而又兼顾私恩，他的行为选择始终维持着很高的道德水准，值得后世永久效法。

建安十九年（214），田畴去世，时年四十六岁。他的儿子早死，后嗣断绝。曹丕代汉后，推崇田畴德义，赐田畴从孙田续为关内侯，以奉其嗣。这彰显的是田畴道德的力量。

荀彧：谋士谋国不谋身

每读《三国志·荀彧传》至裴注"太祖馈彧食，发之乃空器也，于是饮药而卒"，未尝不掩卷叹息。

君子绝交，不出恶声。通过一件食器的无声传递，两位三国一流人物毅然决然地结束了二十余年亲密无间的合作关系，其中一位更是付出了惨痛的生命代价。一切都在不言中。曹操不说话：芝兰当道，不得不除，既然你坚决不肯改变立场，那也不能怪我不念旧情；荀彧也不说话：道不同不相为谋，身可灭而道不可废，事已至此，夫复何言！

曹操与荀彧之间不可调和的矛盾立场、共事多年的深厚情谊、彼此敬重的师友关系、渐行渐远的心理距离，复杂而又微妙地交织在一起，注定了这个无言的结局。

荀彧的悲剧命运，一千八百年后读来，依然让人为之垂泪。

荀彧无疑是三国时期一位卓越的人物。无论是道德还是才能，他都获得了生前身后极高极广泛的认同。与他同时代的钟繇评论说，颜回死后，"能备九德，不贰其过"，只有荀彧。司马懿对荀彧推崇备至，认为"吾自耳目所从闻见，逮百数十年间，贤才未有及荀令君者也"。北宋司马光高度评价荀彧："其功岂在管仲之后乎？""其仁复居管仲之先矣！"苏轼评价荀彧："才似张良而道似伯夷。"我国现代著名历史学家何兹全教授将荀彧与诸葛亮并称为"双璧"，认为三国其他人物都在二人之下。

半生追随曹操建功立业的荀彧，为什么要反对曹操封魏公加九锡呢？这要从荀彧的出身说起。

荀彧（163—212），字文若，出身东汉世家大族。他的祖父荀淑，博学多才，德高望重，曾任郎陵令，当时号为"神君"。荀淑有八个儿子，都很有名气，时人谓之"八龙"，其中第六子荀爽官至司空。荀彧的父亲荀绲是荀淑的次子，曾任济南相。史载荀彧"为人伟美""瑰姿奇表"，连喜欢吹毛求疵的祢衡在评论荀彧时都说可"借面吊丧"，说明荀彧确实是一位"男神"级的帅哥。南阳名士何颙称赞荀彧是"王佐之才"。东晋习凿齿《襄阳耆旧记》引西晋名将刘弘语："荀令君至人家，坐席三日香。"这说明荀彧很注重自身形象，穿着的衣物熏过香，或者随身佩带有香囊。这在今天可能略显"娘炮"，但在当时的社会文化环境中，无疑更增添了荀彧风流蕴藉的贵族气息和个人魅力。遥想青年时代的荀彧——外形英俊潇洒、玉树临风，内在才华横溢、谈吐高雅，更兼衣带飘然、清香袭人——好一位浊世佳公子，真像是神仙中人。

永汉元年（189），荀彧举孝廉，不久被任命为守宫令。守宫令虽然只是六百石，官并不大，但"主御纸笔墨，及尚书财用诸物及封泥"，是直接服务皇帝及"中央机关"的行政后勤干部。董卓进京后，荀彧敏感地意识到时局将乱，主动要求下到基层任职，被任命为亢父县（属兖州任城国，故城在今山东济宁市南五十里）县令，不久即弃官归乡里。荀彧判断颍川是四战之地，"常为兵冲，宜亟去之"，不可久留。正逢同郡冀州牧韩馥派人回故乡邀请大家去冀州，乡人多留恋故土不肯离开，荀彧独率宗族前往。这两次主动迁移，充分体现了荀彧超强的预见能力和果断的行动能力。他离京不久，董卓即胁迫汉献帝西迁长安，不少京官被迫跟随，死于乱兵和饥饿者不可胜数。他前往冀州不久，"怀土犹豫"而留在颍川的同乡多被董卓部将李傕所杀略。等荀彧到达冀州的时候，韩馥已让州于袁绍，荀彧遂依于袁绍。

荀家世受汉恩，跟刘汉皇室是利益共同体，荀彧有着很深的汉室正统情结，"见汉室崩乱，每怀匡佐之义"。范晔《后汉书》将荀彧与郑泰、孔融列为一传，就是看到了他们同样出身世家大族又同样忠于汉室这两个共同点。建安初年，曹操将出身世家大族的太尉杨彪投入大狱，荀彧与孔融都找许县县令满宠打招呼，一起积极营救，充分证明了他们相同的出身和立场。起初荀彧把匡济汉室的希望寄托在同为世家大族的袁绍身上，但是他很快发现袁绍能力有缺陷，判断"绍终不能成大事"，而听说曹操"有雄略"。初平二年（191），荀彧离开袁绍，投奔曹操。曹操当时行奋武将军，刚从河内郡转战到兖州东郡，只有几千兵士，势力微弱。曹操得荀彧大喜，称他为"吾之子房"，比作刘邦的军师张良，用为司马（相当于参谋长）。这一年，荀彧二十九岁，曹操三十七岁。从此，荀彧追随曹操，为曹操出谋划策，立下赫赫功劳。

荀彧的第一大功劳，是帮曹操树立了根据地意识，并且保住了兖州根据地。

兴平元年（194），曹操自兖州东征徐州陶谦，部将张邈、陈宫叛迎吕布，兖州百城皆应。曹操后院起火，进退失据。危难时刻，荀彧一方面自己坚守鄄城，智退豫州刺史郭贡率领的大军；另一方面派程昱抚宁范、东阿两县，终于为曹操保住了这三座城池。此役如果无荀彧，曹操很可能一败涂地，完全丧失兖州，而不得不北投袁绍为其部将。

兴平二年（195），曹操打算利用徐州牧陶谦病死的契机，先取徐州，再定吕布。荀彧认为宜先定吕布，在兖州建立巩固的根据地，效法刘邦和刘秀，"深根固本以制天下"，然后再攻徐州。曹操按照荀彧的建议，果然顺利地先后平定了兖、徐二州。荀彧及时为曹操调整了作战方向，曹操如果先攻徐州，很可能进无所获，退失所据，再次遭遇大溃败。

荀彧的第二大功劳，是建议曹操奉迎汉献帝，在诸侯混战中赢得了无与伦比的政治优势。

建安元年（196），历经劫难的汉献帝在杨奉、董承等护卫下，终于从长安东归洛阳。在要不要奉迎天子的问题上，曹操阵营内部出现了不同意见，部分人认为己方实力不济，反对奉迎献帝。而荀彧高瞻远瞩，力主迎汉献帝都许，对曹操说："奉主上以从民望，大顺也；秉至公以服雄杰，大略也；扶弘义以致英俊，大德也"，认为可以顺民意、令诸侯、致人才，是具有重要意义的大战略、大德行。事实证明，奉迎献帝是"牵一发而动全身，下一子而活全局"的高招，是决定曹操一生事业成败的关键。在汉献帝的汉室正统金字招牌感召下，一大批人才投奔到曹操麾下。"奉辞伐罪"也就成为曹操兼并其他割据势力时冠冕堂皇的理由。从此，曹操取得了"挟天子以令诸侯"的政治优势，事业驶入快车道，终于从众多诸侯中脱颖而出。袁绍的谋士郭图、淳于琼政治上短视，反对袁绍奉迎献帝，导致袁绍丧失了全局性的战略主动，最终在曹袁相争中彻底失败。献帝都许之后，曹操任命荀彧为侍中、守尚书令。这是一个非常重要的职位，体现了曹操对荀彧的充分信任。

荀彧的第三大功劳，是积极出谋划策，帮助曹操在战争中从一个胜利走向另一个胜利。

建安二年（197），曹操征张绣，大败于宛，自己被流矢所中，子、侄遇难。"绍益骄，与太祖书，其辞悖慢"。曹操大怒，决心剪除袁绍。但当时袁绍新并河朔，黄河以北基本上都是他的地盘，兵强马壮，实力天下最强。曹操阵营对击败袁绍信心不足，曹操自己心里也没底。荀彧认为曹操与袁绍相比，有度胜、谋胜、武胜、德胜等四胜，坚定了曹操战胜袁绍的信心。荀彧同时建议先定吕布，然后北向。曹操从其计，建安三年（198）擒杀吕布，解决了东顾之忧。

建安四年（199），曹操即将与袁绍兵戎相见，曹操颇以关中为忧，担心他们倒向袁绍，使自己陷入包围之中。荀彧分析道："关中将帅以十数，莫能相一，唯韩遂、马超最强。彼见山东方争，必各拥众自保"，主张对他们采取安抚政策，促使他们在袁曹相争中保持中立。荀彧同时向曹操推荐钟繇，"可属以西事"。曹操听从荀彧的建议，命钟繇以侍中领司隶校尉，持节督关中。钟繇到达长安后，致信韩、马，"为陈祸福"。于是，韩、马归顺曹操，各送一子到朝廷为人质。荀彧这一计策为曹操免除了西顾之忧，为即将到来的官渡之战营造了相对稳定的外部环境。

曹操征伐在外，军国大事仍然写信与荀彧商量。建安五年（200），曹操与袁绍在官渡相持，兵少粮尽，一度打算退军。荀彧写信给曹操，认为不可退兵，并建议曹操"此用奇之时，不可失也"。曹操从其计，出奇兵烧袁绍粮草，方才取得官渡之战的胜利。建安六年（201），曹操打算南向讨伐荆州刘表。荀彧认为应该乘胜平定北方，否则在讨伐刘表时很可能被袁绍从背后袭击。曹操再次听从了荀彧的建议，顺利取得了青、冀、幽、并四州。曹操高度评价荀彧的这两次建议，在给汉献帝的表文中写道："彧建二策，以亡为存，以祸为福"，肯定其转败为胜的重大战略意义，并且诚恳地表示"谋殊功异，臣所不及"。

建安十三年（208），曹操伐刘表，荀彧建议出其不意，攻其不备，"显出宛、叶而间行轻进"，刘琮果然望风而降。

荀彧的第四大功劳，是向曹操推荐了荀攸、钟繇、郭嘉、陈群、杜袭、司马懿、戏志才等大量人才，为曹操的成功提供了雄厚的人才保障。

可以说，在曹操统一北方的进程中，荀彧作出的贡献最大。他的智力支持，极大地加速了曹操的成功。陈寿《三国志·魏书》在本纪、后妃、诸侯、宗室之后，将荀彧放在功臣第一的位置，是恰如其分的安排。

曹操在写给荀彧的书信中，称他有"匡弼、举人、建计、密谋"四大功绩。曹操多次为荀彧向汉献帝请功、增封，给予他极高评价："臣自始举义兵，周游征伐，与彧勠力同心，左右王略，发言授策，无施不效。""荀彧自在臣营，参同计划，周旋征伐，每皆克捷，奇策密谋，悉皆共决。""彧与臣事通功并，宜进封赏。""天下之定，彧之功也！"荀彧被封为万岁亭侯，邑二千户。曹操还将女儿嫁给荀彧的长子，与荀彧结成儿女亲家。在曹操眼里，荀彧是首席谋士，是最重要的助手，也是最可信赖的人。

正因为荀彧一直是曹操的左膀右臂，不少人比如唐代大诗人杜牧，据此骂荀彧虚伪：先不遗余力帮着篡贼曹操打天下，到后来又想博取汉室忠臣的名声立牌坊。北宋苏辙认为，荀彧是支持曹操篡汉的，只不过荀彧主张慢慢来，"徐而俟之"，而曹操等不及，"志于速得"，二人产生矛盾，导致了荀彧的死亡。元代郝经认为，荀彧不同意曹操受九锡，是"以为不必受，有其实不必有其名"，意思是荀彧认为曹操得到实权就可以了，不必追求名分，荀彧是"以死事魏，非死汉室也"。明末清初的思想家王夫之评论说，荀彧这么聪明，难道不知道曹操的野心吗？难道不知道违其九锡之议必不能为其所容吗？只不过荀彧天良未灭，留连汉室之情不能自已。荀彧的过失在于不该"委身于操而多为之谋"。何兹全教授替荀彧辩解说，这不怪荀彧，要怪只能怪曹操，不该让荀彧干侍中、守尚书令这个直接服务汉献帝的官职，逼得荀彧不得不忠于汉室。言下之意，似乎荀彧如果不干这个职务就会赞同曹操篡汉。窃以为，这些评论都不太恰当。

笔者认为，荀彧自始至终都是忠于汉室的！他投奔曹操，就是想辅佐曹操来澄清汉末乱世。曹操也并不是一开始就想篡汉。他在《自明本志令》中说，黄巾之乱后，"欲为国家讨贼立功，欲望封侯做征西将军……此其志也"。关东诸侯讨伐董卓，屯兵十余万于酸枣，各怀异计，每天置酒高会，不图进取，只有曹操孤军出击,真心勤王,结果兵败汴水,自己为流矢所中,险些丢了性命。王夫之自己也承认:"当斯时,操固未有擅天下之心可知也;以操为早有擅天下之心者,因后事而归恶焉尔。"初平三年(192),时为黄门侍郎的钟繇评价说:"方今英雄并起,各矫命专制,唯曹兖州乃心王室。"在周边诸侯都对颠沛流离的汉献帝不管不顾的情形下,又是曹操将献帝奉迎到许县安顿下来。荀彧劝曹操迎献帝时对他说:"自天子播越,将军首唱义兵,徒以山东扰乱,未能远赴关右,然犹分遣将帅,蒙险通使,虽御难于外,乃心无不在王室,是将军匡天下之素志也。"因此,曹操刚开始不仅不是野心勃勃的篡臣,甚至可以说是扶汉室之将倾的忠臣。在建安初年以前,不仅是荀彧一个人这样看待曹操,这是当时普遍的社会评价。建安元年(196),孔融当面对曹操说:"所以瞻仰明公者,以公聪明仁智,辅相汉朝,举直厝枉,致之雍熙也。"建安四年(199),袁术在归帝号于袁绍的信中写道:"曹操欲扶衰拯弱,安能续绝命、救已灭乎?"孔融是世家大族的代表,袁术是曹操的死敌,他俩对曹操的看法很有代表性和说服力,说明当时大家都认为曹操是匡复汉室、兴灭继绝的忠义之士。

可见,荀彧与曹操起初是志同道合的。荀彧辅佐曹操,无可厚非。司马光说得好:"汉末大乱,群生涂炭,自非高世之才不能济也,然则荀彧舍魏武将谁事哉!"荀彧劝曹操迎献帝都许,担任守(代理)尚书令兢兢业业,屡次推辞加官晋爵,都体现了他对汉室的忠诚。荀彧的初心和使命,就是通过辅佐曹操来匡复汉室。荀彧真正是"身在曹营心在汉",甚至可能在他心中,曹营本就属于汉营。

因此，当曹操逐渐显露出不臣之心之后，荀彧与他亲密无间的合作关系开始产生裂缝，并且终于到了难以弥合的地步。荀彧先后在三个重大政治问题上显示出与曹操逐渐离心离德。

一是反对复置九州。建安九年（204），曹操攻下袁绍集团的大本营邺城，平冀州，这标志着曹操真正成为天下诸侯最强者。曹操自领冀州牧而让还兖州。这时候，有给曹操抬轿子的人跳出来建议复置古九州。东汉末年天下分为十四州，这个建议的真实目的就是要减省幽、并等数州，扩大冀州的地盘，名正言顺地将袁绍原来的地盘曹操化，从而增强曹操的实力。毕竟曹操不可能一人身兼数州州牧，那容易授人以柄。这个建议无疑迎合了曹操的利益，曹操"将从之"。荀彧反对这个建议，理由是这样会搞得天下诸侯人人自危，害怕土地被夺，激起他们的对抗情绪，增加统一天下的难度。荀彧认为现在复置九州时机不对，等"海内大定，乃议古制"，才符合国家长远利益。曹操"遂寝九州议"，但心里肯定已经明白荀彧不支持他扩张个人势力。

二是隐瞒伏后书信。建安五年（200），献帝董贵人之父董承与刘备等人欲诛曹操，谋泄，曹操杀董承，并且不顾献帝哀求，杀有孕在身的董贵人。伏皇后兔死狐悲，"自是怀惧"，写信给父亲伏完，"言曹操残逼之状，令密图之"。伏完将伏后来信给荀彧看，荀彧"恶之，久隐而不言"。这封信严重威胁曹操的人身安全，荀彧正常反应是应该立即报告曹操，好让曹操有所准备。他的"久隐而不言"，表明他对曹操一贯拥护的立场发生了微妙的变化。伏完又将信给妻弟樊普看，樊普将信件封呈给曹操，曹操"阴为之备"。荀彧担心将来事情发觉牵连自己，企图瞒天过海。他劝曹操废伏后,理由是"伏后无子,性又凶邪,往常与父书,言辞丑恶"。曹操非常精明,反问荀彧,这封信的事,你原来为什么不说?荀彧装着吃惊的样子回答说,我过去跟您说过呀!曹操说,这难道是小事,我会忘吗?荀彧只好承认并解释道,我确实没说,当时您在官渡与袁绍相持,我怕增加您的内顾之忧,所以没有说。曹操步步紧逼,追问,官渡战后为什么不说?荀彧无辞以对。曹操"以此恨彧",但他很有城府,"外含容之",表面上对荀彧还是客客气气的,"故世莫得知"。这起事件,标志着曹操已经不再信任荀彧,荀彧也已经不再忠诚于曹操。

三是反对称魏公、加九锡。建安十七年(212)正月,曹操取得了"赞拜不名、入朝不趋、剑履上殿"的特权。董昭等人又进一步建议曹操称魏公、加九锡。这是一个极其大胆的突破性建议。汉制公爵不常设,为曹操专门设计魏公一职,实质就是要用古五等爵制(公、侯、伯、子、男)这个旧瓶,装入新酒,使曹操能够合法地在东汉朝廷建立国中之国,在中央政府之外建立一个完全听命于曹操个人的小政府(这些人不再是汉臣,而是魏臣),然后待时机成熟时取而代之。九锡本来是古代天子赐给诸侯、大臣的九种器物,是一种特殊礼遇。加封九锡,意味着人臣就享有了近似天子的权威。历史上在曹操之前称公、加九锡的大臣是王莽,不久之后就废汉室、建新朝。称魏公、加九锡是曹操代汉的重要政治步骤。曹操显然已不是当年那个"让县自名本志"、连食邑三万户都嫌多、谦抑自守的武平侯了。聪明如荀彧,当然能看出这背后的玄机。曹操就此事秘密征求荀彧的意见。荀彧试图用道德约束曹操,声称曹操"本兴义兵以匡朝宁国，秉忠贞之诚，守退让之实"，并且明确表态，"君子爱人以德，不宜如此。"我反对您是因为我对您的爱护！史载，"事遂寝"，因为荀彧的反对，这件事搁置起来了，而曹操"心不能平"。这充分表明，荀彧已经走完了与曹操作为同路人的旅程，他们开始分道扬镳。

荀彧是拥汉派的首领，又是曹操第一功臣，德高望重，他的立场和意见很有分量。如果他反对曹操篡汉，曹操很难继续往前推进。曹操曾经积极争取过荀彧的支持，但是无法改变他拥汉的坚定立场。荀彧不爱钱，"谦冲节俭，禄赐散之宗族知旧，家无余财"。荀彧也不贪图当多大官。曹操多次为向汉献帝请爵、增封，甚至推荐荀彧担任三公，荀彧大都推辞不受。从献帝都许之后，荀彧一直干着侍中、守尚书令的官职，十七年没有换岗位，他甚至连转正即真都不同意。曹操"欲授以正司，或使荀攸深自陈让，至于十数，乃止"。这实际上也是对曹操代汉的一种无声抗议：我们都应该"秉忠贞之诚，守退让之实"，不应该贪婪地追求政治地位的不断上升。

曹操无可奈何，决定诛杀荀彧。荀彧有功无过，"显戮"难以找到借口。并且，荀氏家族已经与曹操家族深度结合，打断骨头连着筋，不宜牵涉太广。更重要的是，荀彧具有广泛的影响力，"彧德行周备，非正道不用心，名重天下，莫不以为仪表，海内英隽咸宗焉。"如果处理不慎，可能引发重大的政治风波。曹操权衡再三，选择了"隐诛"的方式。他要荀彧死，并且要把消极影响控制到最小。他太了解荀彧，他知道怎样利用荀彧清高的性格来达到目的。

建安十七年（212）冬十月，曹操南征孙权，表请荀彧到一线劳军。荀彧一直在许都留守中枢，已经十几年没有跟随曹操征伐。曹操这一举动非比寻常，是深思熟虑的结果。荀彧到达军中，曹操使出第二招，表请荀彧留参丞相军事，免去了他守尚书令的职务，改任光禄大夫，剥夺了他的实权。曹操用积极支持自己篡汉的华歆为尚书令。睿智的荀彧，显然已经明白了曹操的用意。他万万没想到曹操居然这样对待自己，忧愤成疾。曹操大军继续南下，将病恹恹的荀彧留在了寿春。对于荀彧而言，这是一生中最后也是最寒冷的一个冬天。穷尽毕生才智、志在匡扶汉室的荀彧，在寿春病榻上等到的是战友曹操派人送来的空空如也的食盒。曹、荀共事多年的默契，决定了他们之间已经不需要语言就能沟通。荀彧读懂了曹操的暗示，而曹操也明白荀彧一定会照做。荀彧匡扶汉室的政治理想完全破灭，他毅然选择了殉道而死。于是出现了本文开头的一幕：荀彧饮药而卒，时年五十岁。

荀彧内心深切的痛苦令人不忍细思。东汉末年的刘汉皇室就像是一棵即将枯死的大树，曹操原本像是从枯萎的树身上发出的一株幼苗，而荀彧就像一位勤劳的园丁，他抱着无限的希望，倾尽心力浇水、施肥、正枝、守护，盼望这株幼苗能够长成参天大树，重现当年绿荫如盖的盛况。孰能想到，在这株幼苗吸收了枯树的营养长大之后，园丁才发现这其实是一棵寄生树，它最终要摆脱老树的纠缠，独立成长为另一棵大树。原以为是枯木逢春，哪承想此树已非彼树！园丁越努力，新树长得越快，而离老树彻底死亡的日期就越近。这完全不是园丁的初衷！人世间的痛苦莫过如此：拉着车拼命往前走，原以为离目标越来越近，快到了才发现其实是南辕北辙。

荀彧平生算无遗策,但是他始料不及的是,随着曹操功劳的累积,他的野心也随之增长。这其实怪不得曹操,北方本就是曹操平定的,汉献帝也是他保全了二十多年,为啥就当不得皇帝?东汉刘秀平定了天下,也没有请西汉元帝的子孙出来当皇帝。就因为曹操不姓刘吗?这就是封建"家天下"观念和世家大族身份对荀彧思想的禁锢。当然,站在荀彧的时代,你必须承认他代表着当时的主流价值观,是汉室的忠臣、贞臣、纯臣。荀彧对曹操的期望,就是要曹操做汉献帝的诸葛亮,鞠躬尽瘁,死而后已,既要马儿跑得快,又要马儿不吃草。可是,曹操这匹马儿在想,整个草原都是我打回来的,我非要多吃点草不可。荀彧只有两种选择,要么支持,要么反对,这中间并没有第三条道路。以荀彧的智慧,难道不知道自己如果支持曹操篡汉,将是开国第一元勋吗?而反对,那便只有死路一条。

《三国志·荀彧传》为曹魏讳,写为"彧疾留寿春,以忧薨"。如果没有裴松之注引《魏氏春秋》,后世读者很可能都会以为荀彧是正常死亡。历史是一个多重世界,作为最本原的史实,很可能被史书掩盖或者扭曲,至于位于第三重的史评,则更是见仁见智莫衷一是。《后汉书·荀彧传》在荀彧饮药而卒之后耐人寻味地加了一句"帝哀惜之,祖日为之废燕乐"。荀彧死了,最痛苦的人是汉献帝。汉室最后的一根支柱轰然倒塌,汉献帝离逊位的日子也不远了。

荀彧死后,曹操不动声色,他掌控的东汉朝廷仍给荀彧赠谥曰"敬侯",荀氏家族其他人也没有受到影响。曹操成功地将"隐诛"荀彧的负面影响控制到了最小。但是,在曹操及其子孙心目中,已经将荀彧排斥在魏臣行列之外。青龙元年(233)、正始四年（243），曹魏分两次公布了23名配飨太祖（曹操）庙庭的功臣名单，有夏侯惇、曹仁、程昱、陈群、钟繇、张辽、乐进、华歆、王朗等文臣武将。这些都是盖棺论定的"大魏元功之臣功勋优著，终始休明者"。而唯独没有功勋最为卓著的荀彧。这绝非遗漏。唯一的解释是，荀彧虽然"功勋优著"，但没有做到"终始休明"。这也从侧面证明了荀彧反对曹操篡汉的立场，在他死后几十年仍然记录在曹魏政权的账簿之上。一直到魏晋禅代的咸熙二年（265），荀彧才被追赠为太尉。这显然是与荀家关系良好的司马氏所为，而非魏帝之本意。

南宋理学家陈普有诗评荀彧："乱离拣得一枝栖，得路争知却是迷。曹操若逢诸葛亮，暮年当作汉征西。"这首诗高估了诸葛亮的影响力，而忽视了曹操渐进式篡汉的必然性。在辅佐曹操匡扶汉室这个重大问题上，荀彧想到了开头，但没有想到结局——从前与荀彧勠力同心匡振汉朝的曹操，最后打起了自己的小算盘。这就是荀彧命运的悲剧性所在。

贾诩：跳槽全凭智慧高

中国有一句古语，叫作"智者千虑，必有一失"。细想的确是这么个理儿，谁也不能睁着眼睛睡觉。诸葛亮聪明吧，也有挥泪斩马谡的时候；荀彧聪明吧，最后被曹操逼得仰药而死；司马懿聪明吧，曹操用逮捕相威胁让他出来效力，他便只有乖乖就范一条道。然而，三国时期就有这么一位人物，处于危机四伏的乱世，不时近距离与"群狼"共舞，不仅言无不听计无不用，而且全身有道富贵寿考，真正可以说是算无遗策、千虑不失，堪称超一流智者。

在英雄辈出的三国，他的名气并不太响亮，甚至一定程度上还存在争议。但是，当我们细心地拨开一千八百多年来岁月尘封的蛛网，依然能看到非凡的智慧在他身上熠熠生辉。这位神奇的人物，就是——贾诩。

贾诩（147—223），字文和，凉州武威郡姑臧（今甘肃武威市凉州区）人。《三国志·贾诩传》没有介绍贾诩的家世。《新唐书·宰相世系五下（卷七十五下）》载，贾诩是西汉名士贾谊之后；贾诩曾祖父贾秀玉，曾任武威太守；祖父贾衍，兖州刺史；父亲贾龚，轻骑将军，徙居武威；贾诩还有一个哥哥名叫贾綵。笔者据此推断贾诩出身于东汉一个没落的官宦家庭。他父亲的官职十分可疑——轻骑将军为十六国时前秦所置的杂号将军，东汉无此将军名号——很可能贾龚并没有担任过任何值得一提的官职，甚至终其一生只是个布衣。笔者怀疑后世为了维持贾氏"历代仕宦"的虚荣，给他捏造了这个官位。但是，因为贾秀玉曾经担任过武威太守，在当地的门生故吏以及姻亲通家应该不少，推断贾氏在武威仍然残留一定的影响力。贾诩曾经"察孝廉为郎"的经历似乎可以为之佐证。这也可能正是他的父亲贾龚之所以要徙居武威的原因。

贾诩年轻的时候，并没有多少人了解他。只有一个叫阎忠的人慧眼识才，称他有张良、陈平之奇。贾诩因为生病辞去郎官之职，从都城洛阳返回家乡武威，西行至汧（今陕西省汧阳县境），途中遇到少数民族氐人叛乱，与贾诩一起同行的数十人都被抓了起来。贾诩急中生智，对他们说："我是段颎的外孙。只要你们不伤害我，我家里肯定愿意花重金来赎票。"段颎久为边将，与羌人作战先后达一百八十次，斩杀近四万人，最终平定西羌、击灭东羌，威震西陲，当时任东汉太尉（国家最高军事长官）。贾诩与段颎是同乡，但并非亲戚。贾诩这么说，纯属扯虎皮作大旗。果然，叛氐被唬住了，不光不敢伤害贾诩，还客客气气地送他离开，同行的其他人则全部被杀害。

段颎两任太尉，一次是熹平二年（173）五月至十二月，另一次是光和二年（179）三月至四月间，仅十七天。前一次，贾诩二十七岁；后一次，贾诩三十三岁：无论哪一次，贾诩当时都很年轻。贾诩的危机处理能力于此事可见一斑。生死关头，有人会胆战心惊磕头求饶甚至吓得尿裤子,有人无计可施像沉默的羔羊任凭宰割,有人会冲动莽撞奋起反抗加速死亡。像贾诩这样,轻飘飘说一句话就保全了自己的性命,靠的是无比的勇气和智慧。有勇气,才能在刀口下保持冷静想到主意;有智慧,才能知道说什么话能起到震慑作用。这时候,如果贾诩说"我爸是李刚",估计只能身首异处。

中平六年(189),董卓进京,九月自为太尉。董卓是凉州人,部下也多为凉州人。同为凉州人的贾诩很自然地也在董卓麾下效力,"以太尉掾为平津都尉"。贾诩此时刚过不惑,正是一个智囊的黄金年龄。董卓迫于当时的政治形势,并没有重用凉州人,"卓所亲信,但将校而已"。可能是董卓认识不到贾诩的价值而没有重用贾诩,也可能是贾诩看出了董卓暴虐不仁终将败亡而主动跳槽,总之,贾诩并没有留在董卓身边为其出谋划策。当时董卓的女婿牛辅屯于陕县(洛阳与长安之间的交通要冲),贾诩转入牛辅军中,担任讨虏校尉。初平三年(192),司徒王允利用吕布诛董卓,牛辅也被乱兵所杀。如果当时贾诩留在长安城中,很可能也被吕布等人所杀。吕布劝王允尽诛董卓部曲;老百姓恨透了董卓,民间也传言要尽诛凉州人。董卓旧部"转相恐动,皆拥兵自守"。牛辅手下将校李傕、郭汜、张济等人遣使到长安请求朝廷赦免。缺乏政治智慧的王允以"一岁不可再赦"为由,拒绝赦免。整个凉州军团人心惶惶,处于树倒猢狲散的危险边缘。李傕、郭汜等人准备解散部队,从小路逃回凉州。

这时候贾诩登场了。他对李、郭等人说:"如果你们弃军单行,那么一个亭长(相当于派出所所长)就能把你们抓起来;

不如大家联合起来,西攻长安,为董卓报仇。如果成功,尊奉皇帝以征天下;如果失败,再逃命不迟。"凉州军将认为贾诩言之有理,相与结盟,率军数千,日夜西行。王允听到消息后,派凉州籍将领胡轸、杨定去做李、郭的解释说服工作,但对凉州军团的态度依然简单、粗暴、蛮横,"不假借以温颜"。胡、杨二人自然懂得唇亡齿寒的道理,他俩加入李、郭阵营,一道反攻长安。

事情的演变正如贾诩所料,李傕、郭汜攻陷长安,败吕布,杀王允,控制了朝政。李傕、郭汜等人不仅转危为安,还从普通校尉一跃而为执政,心里对贾诩的感激肯定是难以言表。他们先任命贾诩为郡守,又想封他为侯,贾诩十分清醒,说:"此救命之计,何功之有",固辞不受。李、郭又要用他为尚书仆射,贾诩认为"尚书仆射,官之师长,天下所望,诩名不素重,非所以服人也",坚决推辞过分的奖赏,只接受了尚书的官职。在担任尚书期间,贾诩"典选举,多所匡济","多选旧名以为令仆,论者以此多诩",当时舆论认为贾诩是很称职的。

李傕、郭汜等人执政后,匪气十足,纵兵劫掠,老百姓深受其害;又不能团结,甚至一方胁天子、一方劫公卿,互相争斗。董卓死后,天下不光没有安定下来,反而更乱了。裴松之评论说:"邦国遘殄瘁之哀,黎民婴周余之酷",这都是贾诩建策李、郭西攻长安,"片言"惹来的灾祸;"自古兆乱,未有如此之甚",贾诩罪大恶极,应该承担主要责任,"诩之罪也,一何大哉"。裴松之将天下大乱的责任,完全归咎于贾诩,对他大加鞭挞。裴松之甚至认为,陈寿将贾诩与荀彧、荀攸合为一传,是重大失误;像贾诩这样的谋士,曹魏多得很,跟程昱、郭嘉编在一起就可以了；贾诩与荀攸相比，就像是蒸烛比于夜光，看起来"其照虽均"，其实"质则异焉"。后世不少学者持相同或相似看法。比如南宋陈亮说："汉室再乱于贾诩，终于董昭。"明朝朱明镐《史纠》批评更尖锐："贾、荀合传，尤为不伦，贾诩为傕、汜谋主，身代董卓报仇，元凶甫夷，逆祸重结，致使行在两辱，郎官采稆，阅《献帝本纪》，发恒上冲，则贼汉者文和，忠汉者文若，忠逆同区，何以垂训？"朱氏甚至认为裴松之把贾诩跟程昱、郭嘉编为一传的意见也是错误的，贾诩传只能附在董卓传末尾。

笔者以为，对贾诩的此类批评，责之太苛，有失偏颇。东汉末年出现混战局面，国家和人民遭受了深重的灾难，根本的原因是政治腐败、皇权失驭、官逼民反，统治阶级丧失了掌控局面的能力，各种分裂势力方才纷纷跳上历史舞台争斗不休。李、郭进长安之前，先是关东诸侯讨董卓，接着关东州郡内讧；李、郭死之后，北到公孙瓒、刘虞、韩馥、袁绍，中间曹操、吕布、陶谦、刘备，南边刘表、孙策，战争一直没有停止过。这跟贾诩有何关系？

李、郭等人入长安后造成的战乱，也不能简单归咎于贾诩。主要责任还是因为王允缺乏政治才能，没有及时有效地安抚好凉州军团。"一年不可再赦"，思维多么机械、陈腐！还有什么比稳定大局更重要吗？王允完全可以颁布赦令，或者让在凉州军中享有崇高威望的皇甫嵩来统领董卓余部，甚至可以用他们勇悍的战斗力来帮助汉献帝讨平天下。狗急了跳墙，兔子急了咬人，李、郭等凉州军将在求赦被拒、生命受到威胁的时候，为求自保，集结起来西攻长安，有什么错呢？难道要他们都放下武器，束手就擒，坐等王允的屠刀？贾诩身为凉州军团的一员，如果他不建此策，他个人的生命安全也没有保障。他又有什么错呢？再说了，若论承担一件事情的后果，是决策者的责任大，还是参谋者的责任大？李傕、郭汜等人入长安后不成气候，互相争斗不休。这是贾诩之前不可能预料到的。贾诩本来是向他们建议，若事济，"奉国家以征天下"，结束分崩离析的动乱局势。他们入长安之后犯下的滔天罪行，已经完全超出了贾诩献策的范围，责任应该由他们自己承担，而不能再责怪贾诩。

事实上，贾诩入长安担任尚书不久，就因母丧去官。李、郭相争，贾诩不仅毫无责任，而且贾诩在其中做了不少劝说调解工作。李傕、郭汜、樊稠等人"互相违戾，欲斗者数矣"，贾诩经常"以道理责之"，劝阻他们争斗，"颇受诩言"。李傕想将献帝劫持到他的军营中，问贾诩意见，贾诩明确反对，说"不可，胁天子，非义也"，但李傕不听。张绣建议贾诩离开李、郭等人，贾诩回答说："吾受国恩，义不可背，卿自行，我不能也"，不肯离开危难中的汉献帝。李、郭要杀大臣，贾诩也常予以佑护。李傕、郭汜凶暴残忍无比，但对贾诩都是敬惮有加。处于凉州"群狼"中的贾诩，靠着自己的智慧建立起威信，立于危墙之下而性命无虞。

兴平二年（195），汉献帝终于摆脱李傕、郭汜的控制，离开长安，东归洛阳。这中间贾诩发挥了积极作用。这时候贾诩方才"上还印绶"，免除了自己对汉献帝的义务，开始谋求自己的乱世发展之路。此后，贾诩连续进行了三次主动跳槽：先是主动脱离李傕阵营，往依将军段煨，又主动改投南阳张绣，最后劝张绣投降曹操。段煨屯兵于华阴县,"修农事,不虏略"。贾诩这一跳槽,看似轻描淡写,实际上充满先见之明,非智者不能为。李傕、郭汜、张济不久都死于非命。贾诩到华阴后,段煨对他很敬重很客气,但是贾诩很快就嗅到了危机,认为段煨"性多疑","不可恃",时间长了自己会有生命危险,于是主动结好张绣,迅速改换门庭。这次跳槽实现了三方共赢的结果:贾诩转危为安,生命安全有了保障;段煨靠贾诩得到张绣这个强援,于是对贾诩的家属照顾有加;张绣急需贾诩这样的智囊,求之不得。

贾诩三次跳槽都表现出超凡的洞察力、判断力和把握时机能力。尤其是贾诩劝说张绣第二次投降曹操,粗看匪夷所思,细想妙不可言。建安二年(197),张绣曾经投降过一次曹操。但是后来好色的曹操纳了张绣寡居的婶娘为小老婆,当上了张绣的便宜叔叔。张绣大怒,兴兵袭击曹操。此役曹操大败,自己被流矢所中,长子曹昂、侄儿曹安民和猛将典韦战死。建安三年(198),双方再战,曹操撤退。张绣主张追击,贾诩认为不可,劝阻无效,张绣果然大败而还。更奇的是,贾诩此时竟然建议失败的张绣二次追击!一头雾水的张绣硬着头皮前往,果然大胜而还。张绣大惑不解,请教贾诩:第一次以精兵追退军,您说会失败;第二次以败军追胜兵,您说能赢。为什么呢?贾诩解释说,第一次追击,曹军初退,曹操亲自断后,故张绣败;第二次追击,曹操见已取得胜利,必轻军速进,而留其他将领断后,故而能胜。贾诩说起来轻描淡写,但这其中对曹操用兵手法预见之准,败而复进胆气之豪,岂是一般人能够做到的?张绣从此对贾诩五体投地,言无不从。

建安四年（199），官渡之战前夕，曹袁对峙，袁绍坐拥四州，兵多粮足，实力处于上风。袁绍派使者劝说张绣加入己方阵营，并亲自给贾诩写信希望促成此事。按说张绣与曹操有杀子之仇、夺婶之恨，再加上袁强曹弱，倒向袁绍是最正常不过的选择。这时候又是贾诩站了出来，献上奇策，力主回绝袁绍、投降曹操。贾诩的理由有三：一是曹操奉天子以令天下，处于道德正义的一方；二是袁绍强盛，得到我们这点队伍不会重视，而曹操处于弱势，得我必喜；三是曹操有大志，不会计较从前跟我们的私怨，并且再次接纳我们可以让他取得良好的声誉。张绣对贾诩言听计从，于是归顺曹操，曹操跟他结成儿女亲家，赏赐特别优厚，张绣后来得以善终。曹操见到贾诩，大喜过望，拉着他的手说："使我信重于天下者，子也。"曹操任命贾诩为执金吾、封都亭侯，后迁为冀州牧，因为"冀州未平，留参司空军事"。贾诩从此结束了颠沛流离的生活，成为曹操的谋士，一步步成长为曹魏重臣。

乱世三国，好比一片波涛汹涌的大海，阴云密布，看不到周围陆地的方向，能在沉船之前抢先跳上一块又一块浮板，最终安全着陆，无疑是对智力的最大挑战，要知道任何一步行差踏错，都可能葬身大海。然而，这种貌似不可能完成的任务，贾诩奇迹般地做到了。

贾诩在曹操父子麾下，又建立了不少殊勋。凡是他参与谋划的，必然成功，比如建安五年（200）官渡之战中，认为不可"顾万全"，而应该"决其机"，则"须臾可定也"，建议主动寻找战机，果然大败袁绍；建安十六年（211）献离间计破韩遂、马超，一举平定关中；凡是他反对的，必然失败，比如建安十三年（208）曹操取荆州后顺江东下攻孙吴，贾诩认为"抚安百姓，使安土乐业，则可不劳众而江东稽服矣"，曹操不听，结果赤壁之战铩羽而归；黄初三年（222）曹丕欲征东吴，贾诩认为时机不成熟，建议"先文后武"，曹丕不听，果然无功而返。

当时曹丕与曹植争为太子，曹丕向贾诩请教制胜之道，贾诩回答说："恢崇德度，躬素士之业，朝夕孜孜，不违子道，如此而已。"曹丕听从了贾诩的教诲，"深自砥砺"。一次，曹操出征，曹丕和曹植一起去送行。曹植大拍马屁，"称颂功德，发言有章，左右属目"，曹操也十分高兴。而曹丕选择"泣而拜"，曹操及左右都感动唏嘘。于是大家都认为"植辞多华，而诚心不及也"。《三国志·陈思王传》载，曹丕"御之以术，矫情自饰"，与"任性而行，不自雕励，饮酒不节"的曹植形成鲜明对比，"故遂定为嗣"。这不能不说其中有贾诩的功劳。

一次，曹操咨询贾诩该立哪个儿子为太子，贾诩沉默以对。曹操追问他为什么不回答，贾诩说我在思考袁绍和刘表父子的故事。曹操大笑，"于是太子遂定。"其实，当时曹操就立嗣问题征求过不少大臣的意见。比如，桓阶、崔琰、毛玠、邢颙等人都主张立嫡立长，认为曹丕聪明仁孝，宜为储副，崔琰甚至态度坚决地说："琰以死守之。"曹操宠爱曹植，听了这些话，尽管无法反驳，但心里肯定是不舒服的。只有贾诩回答非常有技巧，语言含蓄，但是态度鲜明，以曹操亲眼所见的袁绍、刘表两家故事，来传递自己的意见。曹操听起来没有一点儿抵触情绪，因此收到了良好的劝谏效果。而贾诩也很好地保护了自己，对于他的回答，可以理解为倾向性很明显，也可以理解为他根本就没有发表过意见。

贾诩不是曹操的旧臣，曹操对他一直是采取利用加防范的态度，并没有给予重用。建安九年（204），曹操占据邺城后，亲自领冀州牧，转贾诩为太中大夫。贾诩担任这一闲职长达十七年之久。曹操封魏公后，贾诩也没有在魏国占据一席之地，可见他并不是曹操的心腹大臣。贾诩深谙全身之道，他不像荀彧一样被名节束缚，誓死捍卫汉室，而是"经权达变"，对曹魏代汉采取务实的态度。他知道自己"策谋深长"，太过冒头，只会引来猜忌，平时阖门自守退无私交，男女嫁娶不结高门。因此，终曹操在位，贾诩虽然没有当多大的官，但因为言行十分低调谨慎，在历次政治斗争中得以平安无恙。

曹丕称帝后，感激贾诩的指教和支持，用贾诩为太尉，贾诩的官职一跃而居群臣之首。当时孙权听到这个消息，嘲笑曹魏"用非其人"。这当然也是一个见仁见智的问题。但以贾诩的政治智慧而论，他是完全能够胜任这个职位的。

黄初四年（223）六月，一颗睿智的心脏停止了跳动。贾诩享年七十七岁，这在三国乱世是不多见的高寿。曹魏赠贾诩谥号为肃侯，数年后又让他配享曹丕庙庭。这都是一般大臣不可得的殊荣，代表了曹魏政权对贾诩一生的高度肯定。老子说，知者不言，言者不知。孔子说，知我罪我，其唯春秋。对于自己的千秋功过，睿智如贾诩，想必是沉默不言，留待后世褒贬吧。

刘备：草根逆袭皇帝梦

一

建安二十五年（220）十月，曹丕篡汉。曹丕并没有杀害汉献帝，而是将他降封为山阳公，这个消息应该很容易求证。即使汉献帝已死，他也仍有子孙在世可奉为汉室正统。但是，刘备（161—223）已经等不及了。他抢着为汉献帝发丧，营造出"上无天子"的舆论氛围。经过半年精心准备，黄初二年（221）四月，在各种祥瑞的指引下，在蜀汉群臣的拥戴下，刘备打着"天命不可以不答，祖业不可以久替，四海不可以无主"的高尚旗号，在成都称帝。奋斗大半辈子、转战大半个中国的刘备，在六十岁这一年，终于实现了自己的终极梦想——登上了皇帝宝座。

这虽然是一个掩耳盗铃般的称帝模式，但对草根刘备而言，无疑是一个了不起的成就。用艰苦奋斗、惨淡经营这八个字来形容刘备一生，再恰当不过。没有任何势力可资凭借，完全是通过个人坚持不懈、艰苦卓绝的奋斗来最终实现自己的理想，这是刘备高于曹、孙之处。

曹丕称帝,是全盘继承曹操打下的基业。而曹操出身于一个显赫的家庭。曹操的祖父曹腾担任过中常侍大长秋,相当于皇后办公厅主任,是极有权力的大宦官。曹操的父亲曹嵩更是担任过太尉,位居三公之列,并且他这个太尉是靠巨额行贿买来的,他后来被杀也是因为陶谦部将贪其财货,说明曹家广有钱财。曹操起兵之时,队伍中有曹仁、曹洪、曹真、曹休等曹氏多人追随,另外与曹氏世为婚姻的夏侯氏也有夏侯惇、夏侯渊、夏侯尚等多人在曹操阵营中效力。这些人都是曹操的铁杆支持者,曹操有强大的宗族势力可以依仗。

孙权称帝,也是继承并发展了父兄开创的事业。孙权的父亲孙坚在东汉末年威名赫赫,多立军功,被任命为长沙太守、封乌程侯。孙坚死后,仍遗有部曲数千人,程普、黄盖、韩当、朱治等都是他的旧将。孙策领父兵转战江东,占据六郡,麾下人马进一步扩张,文有张昭,武有周瑜,基本建立起一个粗具规模的割据政权。孙坚、孙策父子两代都兄弟众多,孙坚刚起事时,他弟弟孙静"纠合乡曲及宗室五六百人以为保障",说明孙氏的宗族势力也颇可观。

而刘备一无所有,唯一的资本是一个疏远的刘汉宗室身份。他是幽州涿郡涿县(今河北保定涿州市)人,据称是汉景帝子中山靖王刘胜之后,但是世系不明。刘备称帝时,就出现了"不知以何帝为元祖以立亲庙"的尴尬局面。

《三国演义》第二十回写汉献帝接见刘备,取出宗族世谱检看,"则玄德乃帝之叔也","自此人皆称为刘皇叔"。这纯属无稽之谈。首先,这份族谱详细记载了自中山靖王刘胜子陆城亭侯刘贞至刘备曾祖刘惠数代的姓名,人人都封侯并且封地各不相同，实际上刘贞后来"坐酎金失侯"，其子孙后代不可能再被封侯，更不可能代代都被封为不同的侯。陈寿写作《三国志》时都无法知晓刘备祖上世系，一千多年后的罗贯中如何能够知悉？显是杜撰无疑。再次，依这份族谱推算，刘备为汉景帝第十九世孙，而正史详载光武为汉景帝七世孙，汉献帝为光武八世孙，累计献帝为汉景帝第十四世孙。汉献帝高出刘备数辈，何"皇叔"之有？所以，赫赫有名的所谓"刘皇叔"完全是后世尊刘抑曹的文人们编造出来的，目的是仿照刘秀的前例，增强刘备兴复汉室称帝的正统合法性。

史书只记载了刘备父祖两代，说是"世仕州郡"。刘备的祖父刘雄曾举孝廉，官至东郡范县县令；史书没有记载刘备父亲刘弘的具体官职，他极有可能终身只是一介布衣，没有担任过任何官职。刘备自幼丧父，家庭贫困，与母亲"贩履织席为业"。这个职业已经是当时社会的最底层，说明家中没有或者甚少田地，绝对是如假包换的草根百姓。他跟随卢植读书，学费、生活费常靠同宗刘元起资给，可见家中经济的确困难。在刘备的创业过程中，始终不见家族势力的影子。用西晋李密《陈情表》中"零丁孤苦，至于成立，既无伯叔，终鲜兄弟，门衰祚薄，晚有儿息，外无期功强近之亲，内无应门五尺之僮，茕茕孑立，形影相吊"来形容刘备，十分合适。

二

青年时代的刘备，"不甚乐读书，喜狗马、音乐、美衣服"，并且"好交结豪侠，年少争附之"，怎么看都像个不良少年，通俗来说就是个混混。中山富商张世平、苏双等人在涿郡贩马，拿出大笔钱财给刘备。《三国志》将其美化为"见而异之，乃多与之金财"，归结为刘备的个人魅力。冷静思考，刘备怎么都脱不了敲诈勒索收保护费的嫌疑。刘备有了这笔巨款，"由是得用合徒众"。用今天的话来讲就是招兵买马，形成了一个以刘备为领导者的具有黑社会性质组织的团伙。关羽和张飞就是这时候加入刘备团伙的。关羽是并州河东郡解县人，"亡命奔涿郡"，属于逃亡到幽州的犯罪分子。张飞是刘备的涿郡老乡，显然也是"年少、豪侠"之人。可见刘备阵营，最开始就是由一伙不安分的社会底层青年组成，具有明显的草根属性。

中平元年（184），黄巾起义爆发。刘备团伙加入镇压黄巾军的队伍中。先随校尉邹靖征讨黄巾，后随都尉毌丘毅到扬州募兵，因战功得任安喜尉、下密丞、高唐尉，历佐三县，才当上高唐县令。刘备起步很低，与袁绍、曹操不可同日而语，与孙坚早年经历倒十分相似。此后十数年，刘备转战北方数州。为了生存和发展，刘备忍辱负重、寄人篱下、颠沛流离，足迹遍布大半个中国。建安五年（200），刘备投荆州刘表，过了几年安稳日子。直到建安十三年（208）赤壁之战之后，四十八岁的刘备奋斗了二十五年，才终于在荆州拥有了一块真正属于自己的地盘。自古创业之难，未有如刘备者。

刘备在三顾茅庐时对诸葛亮评价自己，"欲信大义于天下，而智术短浅，遂用猖蹶，至于今日"，认为"智术短浅"是自己一直不能成功的主要原因。陈寿评论刘备"机权干略，不逮魏武，是以基宇亦狭"。除了跟曹操有谋略上的差距外，草根出身是刘备的又一重大短板。东汉末年是门阀政治的萌芽时期，社会十分讲究出身门第。"四世三公"的袁氏"门生故吏遍天下",袁绍据此轻易取得幽、并、青、冀四州,最有条件统一中国。荀彧等世家大族最开始都把希望寄托在袁绍身上。曹操出身宦官家庭,虽有实力,但为人所不齿,到老还被骂作"阉竖遗丑"。杨彪、孔融等人始终不愿意跟他合作,司马懿刚开始对曹操也采取骑墙观望态度。因此,草根出身的刘备更不可能吸引到世家大族的人才。

刘备自称"帝室之胄",实际上出身"边地"布衣,黄巾起义爆发前既没有举过孝廉、茂才,也没有出任过一官半职,是不折不扣的草根。刘备对此心知肚明,很有些自卑。名士孔融任北海相时,被黄巾军管亥部围于都昌县,派太史慈去向当时驻扎在平原郡的刘备求救。刘备受宠若惊,喜道:"孔北海乃复知天下有刘备邪",为孔融居然知道自己而十分兴奋,当即派出三千援军将黄巾击退。陶谦死后,糜竺、陈登等人准备拥戴刘备为徐州牧。刘备对陈登说:"袁公路近在寿春,四世五公,海内所归,君可以州与之",可见内心对自己的出身也是不自信的。袁术得知刘备领徐州后大怒,在给吕布的信中说:"术生年以来,不闻天下有刘备",对刘备的轻视溢于言表。

刘备的核心领导集团都由底层平民和下等武人组成,前者如关羽、张飞,后者如赵云、黄忠。因此世家大族看不起他,中原地区的地主阶级知识分子都不愿意降尊纡贵追随他。只有与刘备同一阶层,"臣本布衣,躬耕于南阳"的诸葛亮,看在他是皇室宗亲和三顾茅庐的份上,选择了出山辅佐。除了诸葛亮,刘备集团再没有什么杰出的人才。关羽、张飞虽然号称"万人敌",但没有战略格局;赵云除了被夸张了的长坂坡救阿斗,并无其他显著事迹，盛名之下其实难副；黄忠定军山一战成名，但翌年即死；马超自汉中投蜀后，也没有什么大的作为。曹操阵营人才济济尚且不论，就连能与孙吴周瑜、鲁肃、吕蒙、陆逊比肩的人物，蜀汉也难以列举。刘备的草根出身对人才缺乏号召力和吸引力，这就是他苦苦奋斗四十年最终也只能占据一州的重要原因。

另外一个重要原因，刘备是边地武人，他的团队俨然是一支流动作战的游击队，在得到诸葛亮之前没有根据地意识，也没有明确的战略发展方向。曹操，是豫州沛国谯县人，谯县处于兖、徐、豫三州中心地带。曹操先后做过兖州东郡顿丘县令、青州济南国相和东郡太守。因此，他在这一区域是有相当根基的，并且他很早就听从荀彧的建议，有意识地经营兖州作为根据地。孙权祖籍扬州吴郡富春，本来就是江东人。其父孙坚担任过徐州淮泗地区三县县丞及荆州长沙太守。孙家在淮泗及扬州有深厚基础。曹、孙相当于都是在老家附近地区发展，与当地有千丝万缕的联系。而刘备则是从遥远的幽州北方辗转来到徐州和荆州的，徐、荆都是四战之地，易攻难守，三国时期一直是拉锯争夺之地，谁都不能在此建立稳固的根据地。刘备直到建安十九年（214）占据益州，才真正安顿下来。

三

那么，刘备作为社会最底层的一名"草根"，是如何一步步攀登到阶级社会的最顶端，最终实现逆袭当上皇帝的呢？他凭借的是什么？或者说，他的成功之道是什么？笔者认为，有这么几个重要因素：

刘备的第一个优点是目标坚定，意志力十分强大。

《三国演义》中张飞因为吕布曾先后背叛丁原、董卓而骂其为"三姓家奴"。实际上，三国改换门庭次数最多的人，是刘备。刘备在高唐县令任上，"为贼所破"，待不下去，投奔自己的老同学中郎将公孙瓒，受命随田楷驻扎在青州，接着转入徐州陶谦麾下，陶谦死后被吕布攻破，投降吕布，后与吕布相攻，败投曹操，不久又背叛曹操，北投冀州袁绍，官渡之战后南奔荆州刘表，在当阳为曹操所破，原计划南投苍梧太守吴巨，后听从鲁肃建议求援于东吴孙权，赤壁之战后受益州刘璋之邀入蜀。

这些人大多待刘备是极好的。比如公孙瓒是刘备幽州老乡，又是少时同学，瓒年长，刘备"以兄事之"。刘备败投公孙瓒，公孙瓒表刘备为别部司马，让他领军随青州刺史田楷夹击袁绍。在公孙瓒、田楷的扶持下，刘备做到了平原相的高位。刘备败投曹操，曹操"厚遇之，以为豫州牧"，后又上表荐刘备为左将军，"礼之愈重，出则同舆，坐则同席"，可谓青眼有加。刘备叛曹投袁绍，袁绍派遣手下将领在途中迎接，自己离开邺城二百里，与刘备相见，"绍父子倾心敬重"。刘备投刘表，刘表也是亲"自郊迎，以上宾礼待之"。刘备应邀入蜀，刘璋"前后赂遗以巨亿计"，推刘备行大司马，领司隶校尉。刘备只要安于现状，有很多坐享荣华富贵的机会，根本不需要把日子过得这么艰难。那他为什么还要频繁跳槽，有时候甚至不惜觍颜事敌？这都是因为刘备目标远大，梦想之火始终在他心中熊熊燃烧，他坚持要自己当老大、当皇帝，不达目的决不罢休。每一次的屈居人下，高官厚禄也好，忍辱负重也好，在刘备心里都只是权宜之计。刘备就像是湖底草丛中的一条鲤鱼，不管中途困难多大，他都将伺机而动，劈波斩浪，朝着龙门坚定地游去，然后一跃而起，变身为龙。

孙吴大都督陆逊评价刘备"前后行军，多败少成"，曹魏丞相掾赵戬评价刘备"拙于用兵，每战则败，奔亡不暇"，并不算是诋毁。有学者统计，刘备指挥或参与的战争，失败的占比接近三分之二。他唯一值得夸耀的战绩是夺取益州和汉中。在多年的群雄混战中，刘备可以说是屡战屡败、败多胜少，经常被人打得丢盔弃甲、狼狈而逃，甚至多次在败军中失去妻、子。比如，建安元年（196），刘备在徐州与袁术相持，吕布偷袭其大本营下邳，"虏先主妻子"。建安三年（198），吕布遣将高顺击刘备，"复虏备妻子送布"。建安五年（200），曹操东征刘备，"尽收其众，虏先主妻子，并禽关羽以归"。建安十三年（208），曹操南征荆州，在当阳长坂大破刘备，"先主弃妻子"，与诸葛亮、张飞、赵云等数十骑脱身逃走，曹操"大获其人众辎重"。史载，刘备"数丧嫡室"，至荆州时年过四旬"未有继嗣"。"数丧嫡室"绝不是因为正常死亡，"未有继嗣"也绝不是因为没有生育。这中间的屈辱和辛酸，需要一颗极其强大的心脏，才能够承受得住。

对于刘备而言，无论战败多少次、队伍被打散多少次、老婆孩子失去多少次、自己寄人篱下多少次，都不能动摇他追求目标的决心。但是，当他看到自己因为久不骑马、髀肉复生时，却忍不住"慨然流涕"。刘表问他为什么，他回答说："日月若驰，老将至矣，而功业不建，是以悲耳。"真正令刘备痛苦的，是事业目标迟迟不能实现。夷陵惨败后，刘备不还成都，而是留住白帝城，至死他都保持着不妥协的战斗姿态。这份坚韧，的确是非常人所能及。陈寿评价他"折而不挠，终不为下"，是恰如其分的。

四

刘备的第二个优点是礼贤下士，善于识人用人。

诸葛亮在《隆中对》里，称赞刘备"信义著于四海，总揽英雄，思贤如渴"，虽然有奉承的意味，但也并非虚言。赵翼《廿二史劄记》指出："人才莫盛于三国，亦唯三国之主各能用人，故得众力相扶，以成鼎足之势，而其用人亦各有不同者，大概曹操以权术相驭，刘备以性情相契，孙氏兄弟以意气相投。"这个评价虽然不一定完全准确，但对刘备能用人是充分肯定的。刘备是草根出身，吸引不了世家大族的人才，他的做法是放低身段，或称兄道弟，或礼贤下士，厚树恩德以凝聚人心。

刘备在年少时，虽然"少言语"，然而"善下人"，"好交结豪侠，年少争附之"，就很擅长收揽人心。关羽、张飞自从追随刘备后，刘备"与二人寝则同床，恩若兄弟"。二人一辈子对刘备忠心耿耿，不离不弃。曹操擒关羽，"拜为偏将军，礼之甚厚"，但关羽不为所动，终不肯留，最后仍然选择回到刘备身边。正因为三人有深厚的感情基础，所以《三国演义》虚构出"桃园三结义"，并不让人们觉得突兀。赵云原为公孙瓒部属，刘备慧眼识才，"每接纳云"，用心笼络，赵云终弃瓒归备，刘备对其信任有加，"与云同床眠卧"，入蜀时以赵云为留营司马，

"特任掌内事"。

刘备担任青州平原相时,"士之下者,必与同席而坐,同簋而食,无所简择,众多归焉",礼贤下士,赢得了士人的拥护和支持。刘备到荆州后,开始有意识地招揽人才为己所用。刘表命他屯于新野,"荆州豪杰归先主者日益多"。徐庶来投,"先主器之"。流寓荆州的山阳人伊籍"常往来自托"。刘备访世事于司马徽,司马徽说"识时务者在乎俊杰",向他推荐了诸葛亮和庞统。

诸葛亮隐居隆中,年纪轻轻,寂寂无闻,没有任何军政经验。刘备以左将军之尊,放下身段,三顾茅庐,虚怀求教,赢得了诸葛亮的认可,"由是感激,遂许先帝以驱驰"。诸葛亮辅佐刘备、刘禅父子"鞠躬尽瘁,死而后已",成为千古美谈。这不能不说是刘备用人的极大成功。庞统原为县令,因"在县不治"而免官。鲁肃和诸葛亮都推荐庞统有大才,刘备从善如流,召见庞统跟他谈话,"大器之",用其为治中从事、军师中郎将。庞统建言夺益州以定大事,为刘备入蜀立下大功。

张松、法正原为益州刘璋部下,对刘备一见倾心,都选择了背叛刘璋而帮助刘备入蜀。这一方面是刘璋因为昏庸失去了部属的忠诚;另一方面也说明了刘备具有领袖魅力,能够吸引人才为其效力。张松"为人短小,放荡不治节操",刘璋曾经派他去见曹操,曹操以貌取人,"不甚礼",杨修劝曹操辟张松,曹操不听。刘备在礼贤下士这方面比曹操做得要好得多。"备前见张松,后得法正,皆厚以恩意接纳,尽其殷勤之欢……由是尽知益州虚实也",证明刘备礼敬二人,是有意识的政治行为。

刘巴在荆州时宁可北投曹操、南奔交趾,都不肯追随刘备,刘备深以为恨。后来，刘巴辗转至蜀。刘备定益州，提前号令军中"其有害巴者，诛及三族"。刘巴不得已"释谢罪负"，刘备不计前嫌，予以重用。刘璋主簿黄权反对张松招刘备讨张鲁的建议，被贬为广汉县长。刘备袭取益州时，郡县望风景附，黄权闭城坚守，等刘璋投降后自己才肯归顺。刘备也不计较，对黄权多次提拔重用。刘备惨败夷陵时，黄权受命在江北防备魏军，道路隔绝，军不得还，无奈降魏。有关部门提出要逮捕黄权的妻、子。刘备大度地说："孤负黄权，黄权不负孤也"，继续优待黄权的家属。刘巴、黄权二人曾经都是刘备的敌人，无可奈何归于刘备麾下，但最后都能忠心耿耿为刘备效力，充分显示了刘备用人的雅量。马超离开凉州后，先后投刘璋、张鲁，都不能为其所容，只有投奔刘备后才真正安顿下来。这都反映出刘备识人用人的眼光和手段。

　　刘备知人善任，看人的眼光很准。黄忠于定军山击斩夏侯渊，立下大功，刘备不顾诸葛亮的明确反对，提拔其为后将军，与刘邦用韩信情形相似。邓芝原来只是郫县"邸阁督"，刘备"与语大奇之"，先后提拔他为县令、太守，"所在清严有治绩"。邓芝在刘备死后，出使孙吴，出色地完成了"和合二国"的外交使命，后官至车骑将军，封侯。刘备破格提拔牙门将军魏延镇汉中，当时一军尽惊，实有刘邦拔韩信之奇。事实证明，刘备慧眼独具，魏延确有杰出的军事才能。刘备重用的董和、马良、马忠、霍峻等人，也都很称职。刘备对诸葛亮说，马谡"言过其实，不可大用"，诸葛亮不听，导致街亭失守，北伐无功。

　　刘备夺取益州之后，对于人才更是兼容并蓄，无论是谁，只要有才,"皆处之显任,尽其器能,有志之士,无不竞劝",因此新生的蜀汉政权呈现出勃勃生机。

五

刘备的第三个突出长处是表面标榜仁义,其实十分懂得务实变通。

刘备曾经总结过自己与曹操的差异化竞争战略:"今指与吾为水火者,曹操也。操以急,吾以宽;操以暴,吾以仁;操以谲,吾以忠;每与操反,事乃可成耳。"刘备的意思是,曹操急暴谲诈,自己只有秉持与曹操相反的宽仁忠信方针,才能抗衡曹操。陶谦死,糜竺、陈登等人拥戴刘备领徐州,就是看中了他的宽仁得众。袁绍也称赞"刘玄德弘雅有信义",表示认可刘备领徐州。陈寿评价刘备:"先主之弘毅宽厚,知人待士,盖有高祖之风,英雄之器焉。"总体来说,当时及后世对刘备的评价以正面的居多。

回顾刘备一生行事,他是以仁义自诩的,动辄诉诸高尚,为自己的行为披上道德的外衣;但是,他一点都不迂腐,在重大利益抉择关头,他也绝不会被道德教条所束缚。他是不折不扣的现实主义者:怎么有利怎么干,但是在干的时候,他会寻找一个冠冕堂皇的理由。这就是刘备的高明之处。

刘备受公孙瓒之命随青州刺史田楷到徐州救援陶谦,陶谦"以丹阳兵四千益先主"。刘备当时只有兵千余人,一下子得到四千富有战斗力的丹阳兵,大喜过望,"遂去楷归谦"。刘备此举不仅是背叛了田楷,实质是背叛了跟自己有老交情、对自己有大恩的公孙瓒。这显然是见利忘义。

曹操攻破下邳擒吕布，吕布愿意投降曹操为其效力，曹操对杀不杀吕布犹豫不决。刘备在旁边神补刀，"明公不见布之事丁建阳及董太师乎？"丁原、董卓都被吕布亲手杀死。曹操后背一阵发凉，于是缢杀吕布。吕布并无大恶，袭取徐州之后，仍然收留刘备，并还其妻子。刘备劝曹操杀吕布，属于落井下石，有失仁厚。

刘备归曹操，曹操帮助其攻灭吕布，报仇雪恨，又荐其为豫州牧、左将军，应该说是有恩德于刘备的。但是，刘备到许都后不久就参与了董承衣带诏密谋，企图谋害曹操。董承等人都被曹操处死，刘备事泄前离开许都邀击袁术，逃过一劫。这显然是恩将仇报。当然，刘备事后肯定会说自己的目的是为国锄奸。

刘备被曹操攻破，亡奔袁绍。赵云到邺投奔刘备，刘备"密遣云合募得数百人，皆称刘左将军部曲，绍不能知"，瞒着袁绍偷偷拉起了一支队伍。刘备"阴欲离绍"，在官渡之战前忽悠袁绍说为他去联络刘表，领军前往汝南。官渡之战后，刘备见袁绍开始衰败，果断抛弃袁绍，南奔荆州。刘备这几步精明的算计，让他躲过了袁曹之间的大战，安然全身而退。

刘备在荆州，并不真心为刘表出力，而是广招贤才，偷偷壮大自己的实力。刘备初见诸葛亮时，在隆中对的开场白中将自己打扮成一副为兴复汉室不畏艰难、不怕失败、矢志奋斗的忠臣义士形象："汉室倾颓，奸臣窃命，主上蒙尘。孤不度德量力，欲信大义于天下，而智术短浅，遂用猖蹶，至于今日，然志犹未已！"铁石心肠的人，听到如此高尚的动机、如此诚恳的诉说，都要感动得流下热泪。

曹操南征荆州，刘备从樊城望风而逃。路过襄阳，诸葛亮劝刘备攻刘琮，据有荆州。刘备回答说："吾不忍也。"其实这是一个不折不扣的馊主意。第一，刘备只有数千人马，未必攻得下刘表父子盘踞多年的襄阳。第二，曹操已到宛城，刘备如果此时进攻襄阳，螳螂捕蝉，黄雀在后，很可能腹背受敌。第三，刘备即使攻下襄阳，意味着在仓促之间就要独自面对兵临城下的强敌曹操，恐怕也无力守住城池，只不过是为人作嫁衣裳而已。老谋深算的刘备，显然比诸葛亮看得更远，所以他装出仁义的样子拒绝了诸葛亮的建议。

刘备南逃，刘琮部下及荆州民众很多人来投奔他，到达当阳时，众十余万，辎重数千两，"日行十余里"，前进速度十分缓慢。因为曹操追兵在后，有人劝刘备"宜速行保江陵"。刘备回答说："夫济大事必以人为本，今人归吾，吾何忍弃去。"很多人被刘备这句话欺骗，相信他是历史上一位难得的仁君。习凿齿高度评价刘备"颠沛险难而信义愈明，势逼事危而言不失道"，"其终济大业，不亦宜乎！"可是当曹操在当阳长坂追上刘备时，刘备"弃妻子"，与诸葛亮、张飞、赵云等数十骑逃走。危难之时，妻、子都能忍心抛弃的人，岂会不忍抛下民众？刘备明白没有民众追随的孤家寡人成不了大事的道理，舍不得放弃这些民众，又觉得当阳与江陵近在咫尺，自己只要在曹操追来之前带着这些民众进入江陵婴城固守就安全了。刘备没想到曹操一日一夜行三百余里来得如此神速，因此错判形势，心存侥幸，以为队伍走慢一点儿不打紧，曹操不可能追上自己，所以说出一番漂亮话来掩饰自己真实的想法。

赤壁之战后,刘备在荆州。孙权提出共取益州,刘备自己想独吞益州,他回信孙权:"今同盟自相攻伐,借枢于操,使敌承其隙,非长计也",义正辞严地回绝了孙权的提议。孙权欲发兵强取益州,刘备立即派兵阻止,还发誓说:"汝欲取蜀,吾当被发入山,不失信于天下也。"刘备把自己打扮成一个道德高尚的仁厚之士,一定程度上麻痹了孙权和刘璋。

刘璋听从张松的建议,邀请刘备入蜀帮助讨伐张鲁,为其增兵,"前后赂遗以巨亿计"。按理说,食人之禄,忠人之事,刘备理当效力。但是,刘备北到葭萌,并不讨鲁,而是"厚树恩德,以收众心"。庞统劝刘备乘机袭取益州。刘备假惺惺地说:"今以小故失信义于天下者,吾所不取也。"庞统安慰他说"逆取顺守,报之以义,封以大国,何负于信"。刘备很快克服了道德障碍。或者说,他其实根本就没有道德障碍,只不过是在等待合适的时机而已。次年,刘备借口要出川救孙吴,又向刘璋索要兵士钱粮。刘璋没有完全满足,刘备怒而举兵向璋,最终夺取了益州,而将刘璋迁往南郡公安。这是诠释成语引狼入室的最佳案例。刘备的"信义"人设,至此完全崩塌。孙权闻刘备取蜀,怒骂其为"猾虏"。

草根出身的刘备,毫无道德包袱。接下来,他巧妙利用自己帝室之胄的身份,打着镇卫社稷、延续汉祚的旗号,先是自立为汉中王,接着自立为帝,一步步实现了自己的人生终极目标。

纵观刘备整整四十年(184—223)的奋斗生涯,堪称戎马战斗的一生。刘备对理想矢志不渝的追求、百折不挠的坚韧、能屈能伸的度量、屡败屡战的勇气、知人下士的谦逊、务实变通的手腕，是其从平民而成为皇帝的成功秘诀。

曹操曾对刘备说："今天下英雄，唯使君与操耳。本初（袁绍）之徒，不足数也。"这是英雄惺惺相惜的高度评价。与曹操同时代的英雄人物，的确只有刘备才可以与曹操差相匹敌。

司马懿：醉心演技五十年

正始十年（249）正月初六，春寒料峭，黄河的浮冰还没有完全融化，滔滔河水裹挟着大大小小的冰块一刻不停地向东流去。黄河南岸的曹魏都城洛阳，沉浸在一片安静祥和的氛围之中，百官臣民都在忙着走亲访友，共贺岁首。一大早，大将军曹爽兄弟就簇拥着十八岁的魏帝曹芳出城去拜谒高平陵。高平陵是魏明帝曹睿的陵墓，位于洛阳城东南九十里。鲜衣怒马、踌躇满志的曹爽兄弟怎么也想不到，这次寻常的谒陵之举，踏上的竟然是一条让他们悔之无及的不归路。

装病已逾二十个月的太傅司马懿（179—251）一直在等待这个机会。他像一头捕食的饿虎，不顾七十高龄，从病床上一跃而起。他首先部勒兵马，亲自去占领了存放兵器的武库；然后命弟司马孚、长子司马师领兵屯司马门，次子司马昭带兵控制二宫；又派司徒高柔代理大将军，占据曹爽军营，太仆王观代理中领军，占据爽弟曹羲军营。在控制了洛阳城内这些战略要地和全部军事力量之后，司马懿急驰永宁宫，面见郭太后。

司马懿以四朝元老、顾命大臣的身份，向太后痛陈大将军曹爽种种专权跋扈的罪行，认为曹爽"背弃顾命，败乱国典，内则僭拟，外专威权，群官要职，皆置所亲，宿卫旧人，并见斥黜"，结党营私，窥伺神器，有无君之心，兄弟不宜继续典兵宿卫，请求太后下令免去他们的官职和兵权；而自己受先帝忍死把臂之托，有责任维护皇帝权威，绝不允许任何权臣篡政。讲到动情处，白发苍苍的司马懿涕泗横流。太后望着"带病"跪在榻前慷慨陈词的老太傅，句句言之凿凿，字字合情合理，不禁感动得流下了泪水，暗暗庆幸大魏有这么一位年高德劭的大忠臣，自己孤儿寡母才有了依靠，于是心甘情愿地同意了司马懿的所有奏议。

如果只"听其言"，我们所有人都会被司马懿蒙蔽：德高望重的太傅司马懿为了避免跟跋扈将军曹爽正面冲突，已经称病一年多不问政事了，这次为了阻止神器旁落，"力疾"挺身而出"清君侧"，功劳堪比西汉诛吕安刘的太尉周勃，的确是令人敬佩。但是，我们如果仔细"观其行"，考察司马懿随后的行为表现，这显然是一次十分成功的表演。从政变之前的形势看，曹爽虽然专权，但表面上对年德并高的司马懿仍然礼敬有加，也没有威胁到他的生命和家族安全，仍然让他的弟弟司马孚和长子司马师分别担任着尚书令和中护军的重要职位。如果司马懿不与曹爽争权，以年老为由致仕，就此体面地退出政治舞台，也未必不是一种明智的选择。从政变之后的情况看，司马懿要求罢免曹爽，绝不是为了拱卫皇帝这么简单，他真正的目的是要重新夺回被曹爽排挤而失去的权力。司马懿对曹爽的处置，也绝不是嘴里说的"罪止免官"，"以侯就第"。他下一步的目标是要置曹爽及其党羽于死地，然后独霸辅政大权。一场貌似高尚和正义的高平陵政变，实质是曹、魏两大辅臣之间你死我活的权力争夺战，毫无正义可言！通过声泪俱下的演说来博取太后的支持，从而达到自己不可告人的目的——司马懿的表演无疑十分到位。

在迅速控制京城防务并取得太后许可之后，司马懿派人通知曹爽兄弟，皇太后已经下旨罢去他们的兵权，各以本官侯就第，同时要求他们赶紧送还皇帝，否则军法从事。与此同时，司马懿与太尉蒋济屯兵于洛水浮桥，名为出迎天子，实则扼制曹爽归路，随时准备对付曹爽的反扑。司马懿自从由太尉转任太傅之后，远离权力中心已逾十年，手中能够掌握的资源十分有限，他乘皇帝外出发动兵变，控制京城，闭门截桥，其实与造反无异，一旦失败将有倾家覆族之祸；而曹爽手中挟持着皇帝，他是名正言顺的大将军、头号辅臣，合法掌握着全国军事、行政、财政力量，如果奉车驾回京，兴师问政变之罪，号令天下以正讨逆，胜负很难预料。政变过程中大司农（掌管天下钱谷）桓范从洛阳城出奔曹爽，劝曹爽奉天子至许昌，然后"移檄征天下兵"，召集全国军事力量与司马懿对抗，而他自己随身带有大司农印章，有权调发全国粮食，可以为战争提供后勤保障。如果曹爽依此策施行，那么到时候司马懿就是据洛阳一城而抗全国，力量悬殊，结局可想而知。可见，司马懿发动高平陵政变不仅并无胜算，甚至可以说形势极端凶险。

如何不用一兵一卒完胜曹爽？老谋深算的司马懿，开始了第二轮表演。当晚，曹爽派侍中许允、尚书陈泰来探听虚实，司马懿看准了曹爽贪生怕死的心理，让他们传话：只要曹爽尽早认罪，送还皇帝，那么只罢免官职，仍然以侯还第。司马懿还让太尉蒋济给曹爽写信,并让曹爽信任的殿中校尉尹大目去告诉曹爽:"唯免官而已,以洛水为誓。"司马懿一而再,再而三地重复着同样的谎言,信誓旦旦并且口径一致,所有的人包括曹爽都相信了他的话。愚蠢懦弱的曹爽以为太傅"欲夺我权耳",自己即使被罢官,但仍不失为富家翁,要他带兵跟战功赫赫的司马懿直接对抗,说实话他心里发怵。于是曹爽放弃了抵抗,奏请皇帝下旨免去自己的官职兵权,灰溜溜地护送皇帝回到了洛阳。桓范苦苦劝谏,曹爽兄弟都不肯听从。桓范哭着骂他们:"曹子丹佳人",居然生了你们这群猪一样的兄弟!我今日要被你们拖累灭族了!曹爽的父亲名叫曹真,字子丹。

曹爽回京后,司马懿派兵围曹爽府第,在其四角起高楼,令人在楼上日夜监视曹爽兄弟举动。曹爽到后园弹雀,监视的人就在楼上高喊:"故大将军东南行!"曹爽愁闷,不知道司马懿会如何处置自己,于是写信试探司马懿的态度,说自己家中断粮了,请求司马懿供给。司马懿装着大惊失色的样子,回信给曹爽说:"初不知乏粮,甚怀踧踖,令致米一百斛,并肉脯、盐豉、大豆",仍然提供丰盛的食物。这当然还是政治表演。曹爽兄弟果然中计,以为司马懿不会杀他们,"即便喜欢,自谓不死"。正月初十,司马懿即以谋反的罪名杀曹爽及其党羽一共八家(包括桓范),皆夷三族,不分男女老少,甚至连这些家族已出嫁的姑、姐、妹、女儿都不能幸免。心肠之狠、处理之速、诛杀之广,在中国历史上都是少见的。蒋济以曹真有大功不可无祀为由,建议司马懿不要将曹爽兄弟赶尽杀绝,司马懿不为所动。蒋济自恨被司马懿所欺,失信于曹爽,以致害了他性命,固辞封赏,愤懑发病而卒。明明是假的,但通过自己的演绎，能让所有人以为是真的——这是一个演员毕生追求的最高境界——司马懿做到了！

　　司马懿发动的高平陵政变之所以能取得成功：一是得益于他的深谋秘策，进行了长期秘密而且周全的准备。曹爽在与司马懿同受顾命之初，因为司马懿"年德并高，恒父事之，不敢专行"，两人合作比较愉快。后来听信谗言，认为司马懿"有大志而甚得民心，不可以推诚委之"，开始猜忌并防范司马懿，很多军国大事都不再跟司马懿商量。司马懿不甘心失去权力，他没有公开与曹爽冲突，而是隐忍多年，"密为之备"，开始秘密策划政变扳倒曹爽。政变前真正参与谋划的，只有长子司马师，连次子司马昭都是在政变前夜才被司马懿告知实情。政变时如何控制京城防务，每一步的先后顺序，由谁实施，计划十分周密。在政变当天，司马师"阴养死士三千，散在人间，至是一朝而集，人莫知其所出也"。这显然也是司马懿的授意。二是司马懿深深地隐藏了自己真实的政变动机，以铲除权臣、扶社稷将倾的忠臣形象，骗取了太尉蒋济、司徒高柔、太仆王观等曹魏大臣的信任，甚至他弟弟司马孚很可能事先也不知道他真实的意图。这些人支持司马懿扳倒专权的曹爽（有些甚至不同意杀曹爽），但绝不会支持司马懿成为第二个曹爽，更不会同意司马氏代魏。但是，他们无一例外地被司马懿的表演所欺骗，支持并参与了政变，不自觉沦为司马懿手中的棋子！司马懿在政变中给曹爽留了一条貌似不错的"退路"，彻底瓦解了曹爽的斗志，兵不血刃赢得了胜利。这也是极其高明的策略。如果司马懿一开始就明确要处死曹爽，那么曹爽很可能狗急跳墙接受桓范的建议。这两点能顺利进行都取决于司马懿扎实的表演功底：

没有人知道他要发动政变，没有人知道他发动政变的真实目的是夺权进而推动易代。

　　表演，从来都是司马懿的特长，他年轻的时候就深谙此道。建安六年（201），河内郡推荐二十三岁的司马懿为上计掾。这是司马懿的第一份工作。司马懿"少有奇节，聪明多大略"，当时的名士杨俊认为他是"非常之器"，崔琰评价他为"聪亮明允，刚断英特"。司空曹操听说了司马懿的名声，打算征辟他为自己的属吏。司马懿的父亲司马防对曹操曾有举荐之恩，司马懿的大哥司马朗一直在曹操麾下效力。这本是曹操报答司马家恩情、司马懿借机攀上高枝的双赢好事。但是，司马懿居然"辞以风痹"，拒绝了曹操的礼辟！司马懿"常慨然有忧天下之心"，他当然不是不想当官。笔者推测，当时官渡之战刚刚结束，曹袁最终胜败还难以预测，司马懿不想过早地投入曹操阵营。因而他采取骑墙观望的立场，以患病为借口，假装不能正常行走，对曹操的辟召采取拖延策略。司马懿就这样开启了自己的表演生涯。曹操自然不相信司马懿年纪轻轻就瘫痪了，派人夜晚偷偷去察看，司马懿"坚卧不动"，成功骗过了曹操派来的探子，一直熬到建安十三年（208）曹操当上汉丞相再次辟召。这时候曹操已经消灭袁绍势力，北伐三郡乌丸也大获全胜，基本统一了北方，称霸华夏的格局近乎明朗。司马懿再不答应就职，就会错过出仕的最佳时机。曹操也威胁说："若复盘桓，便收之"，要逮捕他。司马懿不再装病，果断投杖而起，成为曹丞相麾下的文学掾。长年累月地装病不动，可不是一件容易的事。这需要多么坚韧的意志和高超的演技！这一年，司马懿三十岁。子曰"三十而立"，深受风痹疾病"折磨"的司马懿终于在三十岁这一年站起来了！

可能司马懿的装病观望，给曹操留下了不好的印象。司马懿投入曹操阵营后，曹操刚开始并没有给他什么重要职务，而是派他当曹丕的随从。司马懿很快取得了曹丕的信任，成为太子"四友"之一。曹操看出司马懿有"雄豪志""狼顾相"，对司马懿产生了猜忌之心。司马懿知道后，又开始了表演，"勤于吏职，夜以忘寝，至于刍牧之间，悉皆临履"，玩命地日夜给曹家干活，深入底层，细致周到，不惮劳苦，终于使得曹操"意遂安"。司马懿甚至在建安二十年（215）就表态支持曹操篡汉称帝，终于改变了曹操对他的成见。曹操建立魏国后，司马懿为太子中庶子，直接服务曹丕。《晋书》载："每与大谋，辄有奇策，为太子所信重。"具体是什么大谋、奇策，史书没有详细列出。笔者推测司马懿积极建言献策帮助曹丕挫败曹植、曹彰等人的挑战，争取并巩固太子地位，顺利继承了曹操的王业，因此赢得了曹丕的超常信任。

曹丕继为汉相及篡汉后，司马懿地位扶摇直上，由六百石的太子中庶子，几年工夫就跃升为抚军大将军、录尚书事，兼掌行政和军事大权，成为曹魏政权的肱股重臣。魏文帝曹丕将司马懿倚为左右手，曾经说："吾东，抚军当总西事；吾西，抚军当总东事。"曹丕临终，指定司马懿与曹真、陈群、曹休一起为四大顾命大臣。魏明帝曹睿继位后，政由己出，对司马懿采取继续重用同时予以防范的策略。明帝朝，司马懿低调务实，干事不惹事，凭借自己擒孟达、拒诸葛、平辽东等赫赫战功，一步步攀至太尉的高位。曹睿对司马懿仍然有所猜忌，一度想将司马懿排除在顾命大臣之外，但受到身边近臣刘放、孙资干扰，最后不得已任命大将军曹爽与太尉司马懿共辅少主曹芳。

司马懿就这样取得了曹魏几代皇帝的信任，"受遗二主，佐命三朝"，政治地位不断攀升。究其原因，除了他确有较强的政治军事才能之外，与他善于表演、善于把自己打扮成一个老实可靠的忠臣形象也是分不开的。青龙四年（236），司马懿率大军屯于长安备蜀，为防猜忌，他向魏明帝献白鹿，魏明帝果然读懂了他以周公辅成王的暗喻，称赞他"忠诚协符"。景初二年（238）司马懿出征辽东，临行作歌曰"告成归老，待罪舞阳"，显得十分谦虚低调。"时有兵士寒冻"，请求发给襦（短袄）。当时军中有不少旧襦，但是司马懿不同意发放，理由是"襦者官物，人臣无私施也"。这种为了显示对皇帝忠诚而不顾士兵死活的做法，显然是一种表演，是专门做给远在洛阳的魏明帝看的。景初三年（239）曹芳即位后，对司马懿大加封赏，同时以其长子司马师为散骑常侍，子弟三人为列侯，四人为骑都尉。司马懿坚决推辞封子弟为官。正始二年（241），孙吴围樊城，司马懿率军成功将其击退。魏帝再次封赏司马懿。司马懿"勋德日盛，而谦恭愈甚"。他时时处处都在努力强化自己曹魏忠臣的完美形象。

因为司马懿的资历和功劳在曹魏群臣中无出其右者，再加上他善于表演，"情深阻而莫测，性宽绰而能容"，"饰忠于已诈之心，延安于将危之命"，他赢得了时人的一致赞誉。曹植称赞他，"魁杰雄特，秉心平直。威严允惮，风行草靡。在朝则匡赞时俗，百僚仪一；临事则戎昭果毅，折冲厌难"；曹芳夸奖他"体道正直，尽忠三世，南擒孟达，西破蜀虏，东灭公孙渊，功盖海内"；吴质肯定他是"忠智至公，社稷之臣也"；陈矫表示虽然不知道他内心真实想法，但也承认他是"朝廷之望"；敌国孙权称赞他"善用兵，变化若神，所向无前"；就连后来起兵反对司马师专权的毌丘俭、文钦也不得不承认，"故相国懿，匡辅魏室，历事忠贞，故烈祖明皇帝授以寄托之任，懿勠力尽节，以宁华夏"。可以说，司马懿到死，都没有公开地暴露他"自作家门"的野心。尽管他像曹操一样，都是一个新王朝的实际开创者，但他自始至终都以魏臣的身份示人。作为晋朝的奠基人，他的表演与曹操相比，的确是登峰造极、更胜一筹。司马懿从来就没有说过"若天命在吾，吾为周文王矣"这样暗含篡逆的话语。他不追求生前的虚名，不给他的子孙以及他传递给他们的代魏事业造成任何实质性的损害。这正是司马懿作为一个老练政治家的可怕之处。

　　司马懿不仅将表演作为手段用在政治斗争中，也经常将它用在军事斗争中。太和元年（227），魏新城太守孟达原是蜀将，因魏文帝死，担心魏廷对自己不再信任，乃与诸葛亮书信往来，欲再降蜀。诸葛亮"恶其反复，又虑其为患"，想利用曹魏除掉孟达，故意将消息泄露给魏国。司马懿时为骠骑将军兼都督荆、豫二州诸军事，领兵屯于宛城（今河南南阳）。他接到密报后，深感事态重大。为了稳住孟达，推迟他反叛的时间，写信忽悠他说，自己绝不相信孟达会叛变。孟达接信后大喜，放松了警惕，没有及时做好应急措施。孟达起初判断，司马懿从宛城派人到八百里外的洛阳向魏帝请示，一来一回一千六百里，再从宛城领兵来攻打距离一千二百里的新城郡，一共两千八百里，需要一个月才能到达，自己完全有充裕的时间做好防御准备。没想到司马懿在写信麻痹他的同时，并不请示朝廷，而是率军昼夜兼行,八天时间就抵达孟达所在的上庸城(今湖北竹山)。孟达措手不及,城池十六天就被攻破。司马懿斩孟达,传首京师。与其说司马懿用闪电般的奇袭擒杀了孟达,不如说是司马懿用精湛的表演打败了孟达。

青龙二年(234),诸葛亮第五次北伐,司马懿率魏军拒守。诸葛亮多次挑战,司马懿都坚壁不出。诸葛亮使出激将计,派人给司马懿送去一套女人衣服。主帅受辱,司马懿麾下将领一个个义愤填膺,纷纷请战。司马懿早就下了坚壁不战的决心,见此情形,又开始了表演。他也作出一副愤怒状,叫嚷着"是可忍,孰不可忍",表示一定要跟诸葛亮决一死战,马上命令军中刀笔吏给皇帝写请战书,文辞慷慨激昂,似乎这一战不可避免。曹魏将士都信以为真,以为大将军终于肯出战了。诸葛亮看出了这是表演,评价司马懿说:"彼本无战心,所以固请者,以示武于其众耳。将在军,君命有所不受,苟能制吾,岂千里而请战邪!"诸葛亮对于精通表演的司马懿无计可施,最终"出师未捷身先死",病逝于五丈原。司马懿在两位智者的对抗中笑到了最后。

经过多年表演实践的锤炼,愈到老年,司马懿的表演艺术愈发的炉火纯青、臻于化境。正始八年(247)五月,鉴于曹爽专擅朝政,兄弟并典禁兵,为避免矛盾激化,司马懿以退为进,称疾不与政事,"称疾困笃,示以羸形",再次开始了表演。其中司马懿诓李胜这一节表演,达到了司马懿一生表演艺术的巅峰,能让所有奥斯卡影帝脱帽致敬。正始九年(248)冬天,曹爽的党羽、荆州南阳人李胜即将出任荆州刺史,行前出于礼节去向太傅司马懿辞行,并察看司马懿病情虚实。司马懿装出一副病入膏肓的样子，让两个婢女服侍着接见李胜。婢女把衣服递给司马懿，司马懿装着连拿衣服的力气也没有，让衣服掉在了地上。司马懿示意自己口渴，婢女奉上稀粥，司马懿让她们喂着喝，又故意让稀粥从嘴里流到胸前衣襟上到处都是。司马懿喘着气，一副上气不接下气、随时一口气上不来就要死掉的样子，对李胜说："恭喜你要去当并州刺史，并州靠近胡人，一定要做好防御工作啊！我身体不成了，恐怕以后咱们都见不着了。我的儿子司马师、司马昭以后就拜托你关照了！"李胜纠正说："我是回本州，不是并州！"司马懿故意装出耳聋的样子，"你是去并州？"李胜只好再重复，"我是去荆州。"司马懿说："我年老意荒，听不清楚你的话了。你回荆州好好建功立业吧。"李胜为司马懿糟糕的身体状况流泪叹息良久，回来后告诉曹爽："司马公尸居余气，形神已离，不足虑矣。"过几天，又流着泪对曹爽说："太傅病不可复济，令人怆然！"司马懿的表演艺术没有丝毫斧凿之痕，"雅有才智"的李胜完全没有看出一点儿破绽。曹爽们从此对司马懿再无提防之心，于是出现了本文开头的高平陵之变。在政变中，所有人都被司马懿玩弄于股掌之上，都分不清哪些是司马懿的表演、哪些是他真实的想法。

孔子说："七十而从心所欲，不逾矩。"我们评价司马懿这位老艺术家的表演艺术，七十岁的时候也达到了"从心所欲，不逾矩"的尽善尽美境界。给三国时期杰出的"表演艺术家"司马懿先生颁发一个终身成就奖，我以为他是当之无愧的！

第二辑 休言女子非英物

中国古典四大名著，若以描写女性笔墨多少排序：《红楼梦》当之无愧居首。大观园里的众多奇女子，或浅吟低唱，或含颦微笑，至今牵动着我们的心。其次是《西游记》，那些美丽的女妖精，虽然都没有吃上唐僧肉，但很多给我们留下了深刻印象。再次是《水浒传》，它塑造的潘金莲成为淫妇的代名词，后人在此基础上，更敷演出一部惊世骇俗的《金瓶梅》。最后才是《三国演义》，在男人们征战杀伐的世界里，零星点缀着几个女性，或语焉不详，或描写粗疏，竟没有多少让人记住的角色。酷暑最乐，莫过读书写作。从正史中挑出三国时期十名女性人物，逐一点评，或去伪存真，或钩沉发隐，以纠古代重男轻女之偏颇，以弘今日男女平等之大义。

貂蝉：红粉英雄本无名

如果出一道单选题，将中国古代四大美女作为 A、B、C、D 四个选项，要求从中选出与其他三项不同的一项，你会选哪一项？

有人可能会选杨贵妃。因为惑乱夫差的西施、和亲匈奴的王昭君和离间董吕的貂蝉，都讲政治、顾大局，为了国家的整体利益不惜以身饵敌，通过牺牲个人的青春与美色来实现更大的政治目标，并且都取得了巨大成功，传递的都是爱国主义正能量。而"回眸一笑百媚生"的杨贵妃则是"红颜祸水"反面典型，唐玄宗为她神魂颠倒，"春宵苦短日高起，从此君王不早朝"。大唐从"开元盛世"堕入"安史之乱"的深渊，尽管不能简单归咎于杨贵妃，但杨贵妃显然在历史上也没有起到什么积极作用。杨贵妃最后被缢杀于马嵬，在四大美女中更是唯一以非善终的方式香消玉殒。

而笔者会选择貂蝉。因为西施、王昭君和杨贵妃都是史书明文记载的人物，她们的事迹也确凿可考；而只有貂蝉，她在史书中本是个无名侍婢，她成功离间董卓与吕布关系、令布杀卓的传奇事迹全是后人虚构敷演而成。从严格意义来讲，貂蝉和林黛玉一样，是文学形象而非历史人物。将貂蝉与西施、王昭君和杨贵妃并列而为中国古代四大美女，完全是一个历史与文化的误会。当然，从这个无伤大雅的误会中，我们可以看出文学艺术——哪怕是虚构的文艺人物——对人民群众思想认识的巨大影响力。

那么，历史上真实的貂蝉（我们姑且将人物历史原型仍称作"貂蝉"），到底是怎么一回事呢？

遍查史书，提到貂蝉的其实只有一句话。《三国志·吕布传》载："卓常使布守中阁，布与卓侍婢私通，恐事发觉，心不自安。"《后汉书·吕布传》的记载，与此大同小异："卓又使布守中阁，而私与傅婢情通，益不自安。"文中提到的这个"侍婢"或"傅婢"，就是貂蝉的原型。这个人物在历史上无名、无姓、无籍贯、无年龄、无只言片语、无容貌性格描写，更没有主动参与王允连环计谋杀董卓的任何有意识行为。她所有的，只是一个卑贱的"侍婢"身份，以及与董卓和吕布两者之间特定的人物关系。在真实的三国历史中，貂蝉是一个连姓名都没有的小人物。对于今天的我们来说，她就像裹在一团混沌的迷雾之中，我们看不清她的相貌，听不到她的声音，更无从揣测她的思想和行为。

董卓本来非常信任吕布，"誓为父子，甚爱信之"，"行止常以布自卫"。吕布既是董卓的干儿子，又是董卓的贴身保镖，关系十分亲密。吕布之所以背叛董卓，主要是出于自身安全的考虑。史书记载有两个原因：一是掷戟事件。某次吕布因小故得罪了董卓，董卓一生气，以手戟掷吕布。尽管吕布身手敏捷，没有被掷中,但从此心里埋下了一根刺。董卓"性刚而褊,忿不思难",脾气上来了,天王老子都要杀。在他身边工作,如伴猛虎,吕布没有安全感,亦在情理之中。

二是通奸事件。董卓"常使布守中阁"。中阁就是董卓府第中的生活区,相当于皇帝的后宫,是董卓及其家眷的日常起居场所。应该说,董卓对吕布的确是非常信任,把自己及家人的生命安全都交给吕布来保卫。但吕布显然辜负了董卓的信任,他竟然利用职务便利跟董卓的一个侍婢私通。中阁里的侍婢,直接服务董卓,应该是年轻漂亮的,与董卓的关系应该也是熟悉的。《后汉书·吕布传》更写作"傅婢",那她与董卓的关系就更不一般了。颜师古在注《汉书·王吉传》时写道:"凡言傅婢者,谓傅相其衣服袵席之事。一说傅曰附,谓近幸也。"用今天的话说,傅婢是负责为主人铺床叠被、服侍饮食起居的贴身丫鬟,角色类似于贾宝玉身边的袭人。在中国古代,主人对奴婢拥有绝对的所有权和支配权。尽管从《三国志·董卓传》记载的"至于奸乱宫人公主,其凶逆如此"看,董卓绝对不是什么道德君子,但我们仍然不能武断地说,董卓跟这个傅婢还有更进一步的特殊关系。可以肯定的是,董卓与这个傅婢,比一般的主仆要亲密得多。董卓对她,是十分熟悉和信任的,甚至可能是喜爱的。吕布跟这样一位侍婢通奸,由此产生的风险系数的确是非常高。董卓有句名言,"我爱狗,尚不欲令人呵之,而况人乎!"吕布动了董卓身边的禁脔,一旦事泄,极有可能招来灭顶之灾。因此,虽然董卓还没有发觉此事,但是吕布心里非常不安。他不能等董卓发觉,所以他去找并州同乡司徒王允问计。在王允的游说下,吕布决定背叛董卓,最终手刃了这个臭名昭著的元凶巨憝。

在吕布诛杀董卓这起历史大事件中，虽然这个无名侍婢一句言语没有说过、一点行动都没有采取，但与她的确有剪不断理还乱的牵连。如果没有她与吕布的这段危险关系，吕布很有可能不会背叛董卓。因为在掷戟事件中，吕布后来向董卓诚恳地道了歉，"卓意亦解"，已经取得了董卓的原谅。真正让吕布坐立不安的，是通奸事件。这个矛盾的不可调和性，决定了必须用非常规手段来解决。史书虽然没有记载侍婢的只言片语，但基于她对董卓残暴性格的了解、她对奸情败露的忧惧以及催促吕布尽快摆平的急切，是可想而知的。无名侍婢是个小人物，与吕布通奸是偶然事件，可正是因为与无名侍婢的通奸，导致了吕布对董卓的背叛，最终改写了三国历史。董卓之死，这个无名侍婢是重要的诱因。从这个角度来讲，小人物和偶然事件，有时候的确能改变大历史。

为什么这个无名侍婢会得名为貂蝉呢？现在已不可确考。明代流行的《新刻考订按鉴通俗演义全像三国志传》载，北宋理学家邵雍有诗："董卓无端擅大权，焚烧宫阙废坟原。两朝帝主遭魔障，四海生灵尽倒悬。力斩乱臣凭吕布，舌诛逆贼是貂蝉。世间造恶终须报，上有无穷不老天。"如果此诗属实的话，这是文艺史上最早出现"貂蝉"人名。然而，翻遍现存邵雍诗集，并无此诗，所以极可能是后人伪托。

但我们也不得不承认，"貂蝉"这个名字的确是取得妙。"貂蝉"一词的本义，是指汉代皇帝的侍从官员冠上的装饰物。貂是富贵的象征，蝉是高洁的象征，两字连用，一个富贵人家里品行高洁的女性形象呼之欲出，与巧施连环计的貂蝉高度吻合。

东汉末年，无论是司徒王允家的歌女，还是相国董卓府里的侍婢，以"貂蝉"为名，都恰如其分。当然，需要指出的一点是，历史上真实的貂蝉，与王允无关。吕布去找司徒王允问计，"自陈卓几见杀之状"，对于个人的通奸行为肯定只字不提。王允很可能并不知道这个婢女的存在。

无名侍婢是如假包换的小人物，在吕布杀卓之后，正史中再不见踪影。但是，人们没有忘记她在诛杀董卓的过程中无意间起到的神奇发酵作用。他们给她取了名字、安排了籍贯、设计了身世、细描了相貌、虚构了性格、敷演了事迹，硬生生把一个无名小人物变成了著名美女，把一起偶然事件变成了曲折离奇、惊心动魄的连环计，使得这个无名侍婢最终以貂蝉的形象名垂千古。

在元代《三国志平话》中，貂蝉本姓任，是吕布的原配妻子，两人在战乱中失散，后沦为王允家的婢女。王允得知貂蝉的身份后使出了离间计，将其献与董卓。吕布得知后，夺妻之恨令他怒火中烧，他提剑入堂，将醉梦中的董卓刺死。这增添了吕布为貂蝉杀董卓的正义性，但貂蝉在杀董的过程中并没有什么主动作为。貂蝉的形象显得较为单薄，但情节相对完整，为后世的貂蝉故事奠定了基本框架。

在元杂剧《锦云堂暗定连环计》中，貂蝉对王允自称是忻州木耳村人氏，任昂之女，小字红昌，是汉灵帝时选进宫中掌管貂蝉冠的宫女。这解释了貂蝉得名的缘由。貂蝉后来出宫辗转嫁与吕布，夫妻失散后她流落到王允府中。王允晓以国家大义，貂蝉为了挽救江山社稷、天下苍生，答应到董卓身边实施连环计。最终貂蝉用言语智激吕布，令他怒杀董卓。这升华了貂蝉的形象,她不再是一个被动的无所作为的弱女子,而是在连环计设计者王允指挥下的成功实践者。

在《三国演义》中,貂蝉是自幼进入王允府中,年方二八、色艺俱佳的歌伎,之前与董卓、吕布都无关系。她深明大义,为义父王允分忧,为匡扶社稷挺身而出,毅然承担了以连环计诛杀董卓的重任。貂蝉运用自己的美色和智慧,在董、吕之间周旋捭阖,最终成功离间了他们的关系,出色地完成了任务,堪称"王牌女特工"。毛宗岗点评曰:"为西施易,为貂蝉难:西施只要哄得一个吴王,貂蝉一面要哄董卓,一面又要哄吕布,使出两副心肠,装出两副面孔,大是不易。"这就是我们熟悉的红粉英雄貂蝉的故事。此书中的貂蝉是勇与义的化身,形象比从前的文艺作品更加丰满,艺术感染力更强,一举奠定了貂蝉"中国古代四大美女"的历史地位。

在我国传统戏曲中,有不少以貂蝉为主角的剧目,大多与《三国演义》情节类似,但也派生出一些离奇情节。如无名氏杂剧《关大王月下斩貂蝉》,讲吕布兵败身死后,貂蝉落入关羽之手,关羽认为貂蝉是红颜祸水,怒而斩之。封建价值观对女性的扭曲,由此可见一斑。但从总体来说,传统通俗文艺绝大多数对貂蝉都是正面肯定的。

貂蝉故事越传越广,最终令不少人难辨真假。明代文人杨慎说:"世传吕布妻貂蝉,史传不载……似有其人也。"清代学者梁章钜在他的《归田琐记》中提到:"貂蝉事,隐据《吕布传》,虽其名不见正史,而其事未必全虚。"这代表了很多人的看法:貂蝉故事,说得有鼻子有眼,可能、大概、也许是真的吧。

民国蔡东藩在《后汉演义》中评价道："若貂蝉，其亦一奇女子乎？司徒王允累谋无成，乃遣一无拳无勇之貂蝉，以声色为戈矛，反能致元凶之死命。红粉英雄，真可畏哉！"又说："普天下之忠臣义士、猛将勇夫，不能除一董卓，而貂蝉独能除之，此岂尚得以迂拘之见，蔑视彼姝乎？或谓貂蝉为他人所捏造，故不见史传，然观唐李贺《吕将军歌》云：'搞搞银盘摇白马，傅粉女郎大旗下。'可见当时必有其人。貂蝉，貂蝉，吾爱之重之！"这是延续明朝杨慎的观点，认为貂蝉历史上实有其人。这种论证方式是以诗歌证小说，虽然不分历史与文艺，也不辨正史与野史，但确实反映了大多数中国人对貂蝉的看法。可见，以《三国演义》为代表的通俗文学所塑造的貂蝉形象，深入人心，是十分成功的。

貂蝉的结局，在文艺作品中有不知所终、美满团圆、出家为尼、得道成仙、惨遭杀害等多种。而在《三国演义》中，则是另一种结局：第九回，吕布杀董卓后，"至郿坞，先取了貂蝉"；第十九回，曹操围攻下邳，吕布"终日不出，只同严氏、貂蝉饮酒解闷"；第二十回，曹操杀吕布后，"将吕布妻女载回许都"。可见，貂蝉最后是归了曹操的。

张春华：枭雄正室空余恨

三世纪初，东汉建安某年六月初六，烈日当空。

按照当时的习俗，这天正是晾晒衣物的大好时节。位于河内郡温县（今河南省焦作市温县）孝敬里、退休回乡居住的京官司马防（149—219）的府里，各处空敞地带也晒满了衣服和书籍。尤其是二少爷司马懿（179—251）的小院，更是晒满了书。方圆数百里都知道，司马氏是官宦世家，伏膺儒教，家里老爷和八个少爷都是读书人。二少爷虽然年纪轻轻就不幸得了"风痹"，瘫在了床上，但仍然是嗜书如命、手不释卷。这些书可都是他的宝贝。这天一大早，二少爷问过二少奶奶张春华（189—247），看日头还好，就吩咐下人们把书搬到院子里暴晒。他还不放心，让人把自己放在躺椅上抬出房，就在屋檐下的阴凉处盯着这些书哩。

晌午刚过，院子里一丝风都没有，热得让人吐不过气来。四周静悄悄的，只有墙外老槐树上几只蝉在比赛着此起彼伏地鸣叫。估计下人们都躲懒午睡去了。司马懿手里捏着一本《孙子兵法》，眼睛看乏了，也在躺椅上眯着了。

盛夏的天气像孩儿脸，说变就变。忽然天空中就弥漫起了黑云，遮住了太阳，紧接着远远地传来一声炸雷，豆大的雨就噼里啪啦地下下来了。司马懿被雷声惊醒，眼看着雨已经开始淋湿书了，来不及喊人，本能地从躺椅上跳起来，奔出去抢收自己最心爱的那几本书。

厢房里一个平时负责烧火做饭的婢女揉着睡意蒙眬的双眼推开门，估计也是被雷雨声惊醒了。看到二少爷正在暴雨中收书，她大吃一惊，忍不住大叫一声："啊！原来二少爷没有中风哩！"司马懿听到婢女的尖叫声，回过头来，忽然想起自己是患有"风痹"的人，一时不知所措，手里的几本书"嘭"的一声掉在了地上。

这时候二少奶奶张春华也从房内走了出来。婢女奔向她，迫不及待地拉着她的衣袖问道："二少奶奶二少奶奶，二少爷为啥要装中风呢？"话音未落，张春华一抬手，将一把锋利的匕首刺进了她的胸膛。这个婢女至死也没弄明白，一向高大帅气的二少爷为什么要长年累月假装中风，一向和蔼可亲的二少奶奶又为什么忽然要对她痛下杀手。

读者诸君要问，就因为婢女看见了司马懿在暴雨中收书，张春华就手起刀落将她杀害，是不是太残忍了？毕竟是一条人命。即使在封建专制时代，主人一言不合就杀害奴婢，也不是常有的事。根据推算，这一年，张春华不足二十岁，嫁给司马懿还没有几年，还没有生下长子司马师。一个年纪轻轻的小媳妇，怎么就下得去这个狠手？

这要从司马懿为什么要装"风痹"说起。

建安六年（201），河内郡察举二十三岁的司马懿为上计掾，需要定期前往许都送报表。当时曹操担任东汉政府的司空，对于司马懿的才能早有耳闻，于是征辟司马懿到司空府工作。可没想到司马懿居然不来，理由是忽然中了风，"不能起居"，丧失了基本的行动能力。曹操当然不相信，于是派人夜晚偷偷去司马家察看。司马懿"坚卧不动"，硬扛着装中风。曹操虽然可能仍是不太相信，但碍于老长官司马防的面子，也不好跟子侄辈的司马懿一般见识。征辟的事，于是就搁下来了。

为什么曹操向司马懿伸出了橄榄枝，司马懿却"辞魏武之命，托以风痹"，放着高枝不肯栖，宁肯装病赋闲呢？这主要是出于现实利益的考量。当时官渡之战刚刚结束，曹操虽然以弱胜强，暂时打败了袁绍，但袁绍仍然占据着青、冀、幽、并四州，实力依然雄厚。曹袁最终胜败还难以预料。再加上荆州刘表、江东孙权、益州刘璋等割据者依然甚众，谁是能笑到最后的胜利者，一时还难以准确判断。所以，司马懿不想过早地投入曹操阵营，但又无法拒绝征辟，于是用装病来采取骑墙观望的态度。如果最终曹操胜出，则投奔曹操，无非出山时间晚几年而已；如果其他人是最后赢家，则带着干净的政治履历投奔他人。

司马懿这种机关算尽的投机行为，无疑会令曹操极其厌恶，一旦被拆穿，后果不堪设想。曹操当年在成皋杀吕伯奢全家，可是说过"宁我负人，毋人负我"的。所以，司马懿装中风，是司马家最大的秘密，是绝对不能泄露的。

这就是司马懿在暴雨中收书，无意中被婢女撞见，张春华当机立断杀人灭口的原因。

张春华是河内郡平皋县（故城在今河南省焦作市温县东）

人，平皋与温县相邻。其父张汪当过粟邑（故城在今陕西省渭南市白水县北）县令。其母山氏也是河内郡人，是后来赫赫有名的"竹林七贤"之一山涛（205—283）的从祖姑（父亲的叔伯姐妹）。也就是说，张春华与山涛是堂姑舅老表关系，师、昭兄弟论辈分应该喊山涛一声"表叔"。山涛因为这层亲戚关系，深得司马氏政权信任，长期掌管官吏选举，后来仕至司徒高位。从张、山两家祖上出仕的情况推测，张家是普通庶族地主家庭，并非世家大族。张春华杀了婢女之后，没人烧火做饭，她"亲自执爨"。从小就会做饭，这也侧面印证了张春华并非出身门第特别高贵的家族。

《晋书》评价张春华"少有德行，智识过人"。能意识到秘密泄露的巨大危害性，能迅速采取果断行为消除风险，还能弥补风险点消除后产成的空白——杀婢事件中张春华展现出超出一般妇女的思想认识水平和杀伐专断能力。这正是一代枭雄司马懿需要的理想的事业型配偶。《晋书》在此处写道："帝由是重之。"杀婢尽管残忍，但是张春华由此赢得了司马懿的认可和重视。笔者推测，性格"内忌而外宽，猜忌多权变"的司马懿，此时对张春华的感情是复杂的：既有对她当机立断、及时采取措施消除风险隐患的敬佩和感激；又有对她心狠手辣、弱女子居然能杀人的惊诧和畏惧。换位思考，如果你发现你刚过门没多久的年轻妻子心肠刚硬、杀人不眨眼，即使她杀人的目的是保护你，你在感佩之余，心里是不是有点瘆得慌？如果读者诸君有暇，不妨求一下司马懿此时的心理阴影面积。

接下来几年，作为一起杀过人的"铁瓷"，张春华陪着司马懿继续假装中风，照顾着他的饮食起居。直到建安十三年

（208）曹操当上丞相后，再次征辟司马懿为文学掾，并以逮捕相威胁，司马懿才"惧而就职"。在曹魏政坛上，司马懿凭借着自己卓越的军政才能一路升迁；在家里，张春华相继给他生下了三子一女，即司马师（208—255）、司马昭（211—265）、司马干（232—311）及后来的南阳公主。在张春华的教育下，师、昭兄弟才能杰出，都是三国第一流的人物。从妻子履行的相夫与教子双重职责来评价，张春华无疑都是成功的。但是，因为杀婢事件，司马懿看待张春华时的复杂心理，肯定也是长期存在的。即使夫妻俩平时对此事绝口不提，但它也会像一根刺一样嵌扎在两个人的心里面，挥之不去。

在封建社会一夫一妻多妾婚姻制度下，任何结发夫妻的感情都面临巨大的考验。喜新厌旧、见异思迁是许多男人的通病。色衰则爱弛。多优秀的妻子，往往也熬不过岁月的冲刷。司马懿政治地位不断上升，纳妾的步伐估计也一直没有停止。司马懿有九子，史书记载为他生儿子的妾侍就有伏夫人、张夫人、柏夫人，仅生女或没生育的没有记载，说明他妻妾众多。晚年的司马懿十分宠爱小妾柏夫人，对发妻张春华却往往连面都很少见，说明对张春华的感情已经非常淡薄。

张春华作为司马懿的正室，她从前无人替代的价值正在消失。位高权重的司马懿再也不需要妻子的保护了。张春华从前杀婢的功劳，现在反而成了司马懿的心病。试问，哪一个男人会喜欢一个双手沾上了鲜血的刽子手做他的枕边人呢？何况这个女人正在一天天变老变丑。尤其是张春华在四十四岁时生下的儿子司马干"有笃疾，性理不恒"，是个弱智残疾儿，估计司马懿对张春华的厌憎就更严重了。剥开精心掩饰过的外在，直面灵魂深处残酷的人性，不能不让人感慨万千。

有一回司马懿病了，卧床不起，张春华来探望他。相濡以沫几十年的老伴，本该是"执手相看泪眼"，说不尽的慰藉珍重。司马懿居然对张春华说："老物可憎，何烦出也。"意思是你这个可恶的老东西，跑出来干嘛呢？张春华服侍司马懿几十年，居然换来了这个评价。司马懿对张春华的厌憎以及张春华的伤心欲绝，从这句话中都可窥而见之。张春华又羞惭又气愤，不肯吃饭，打算绝食自杀。她的三个儿子很孝顺，也跟着母亲绝食。司马懿这才害怕了，不得不向张春华道歉安抚，张春华才放弃了自杀的打算。过后司马懿对人说，老东西死了不可惜，只是怕连累我的好儿子。

在司马懿的心中，女人如衣服，儿子才是心头肉。张春华就像司马懿的一件衣服，也曾光鲜华丽过，年轻的时候穿着也合身，但是现在这件衣服已经破旧了，扔了毫不可惜，还有很多件漂亮的新衣服在等着他穿。时光雕刻改变着世间的一切，显然这个薄情的老男人，不再是当年张春华不惜亲手杀人来保护的那个年轻书生了。

曹魏正始八年（247）四月，五十九岁的张春华离开了人世。她晚年的时光，尽管物质上锦衣玉食，但是情感深处应该是孤独而寂寞的。对于司马懿，张春华应当也是爱恨交织、百感交集的。不知道她在最后的岁月里，是不是会后悔年少时的那次杀婢呢？

吴夫人：一代红妆照汗青

近年来，有一句俗语流传甚广：每一个成功的男人背后，都有一位优秀的女人。细思的确言之有理，古今中外例证不胜枚举。在三国时期，孙吴建国的道路艰难而又曲折。这份成功的背后，除了依靠孙坚父子的浴血奋战外，也凝结着一位优秀女性的辛勤付出。那就是孙坚的妻子、孙策孙权兄弟的母亲——吴夫人。无论是履行相夫教子的家庭角色，还是发挥"助治军国"的政治才能，吴夫人都表现得十分杰出。仔细考察吴夫人的生平事迹，评价她是三国时期最成功、最非凡的女性，一点儿都不为过。

吴夫人"本吴人，徙钱塘"，换算成今天的地理区划，她是原籍苏州的杭州人。在我们的想象中，操着一口吴侬软语的苏杭美女，气质理当是温婉的、柔弱的。吴夫人自幼父母双亡，带着弟弟吴景一起生活。坎坷的命运，使吴夫人从小就养成了坚强独立的性格。当孙坚（155—191）上门求亲时，她身上就表现出寻常女子不可能具有的勇敢和担当。

孙坚是吴郡富春人（今浙江富阳），出身寒微，有史料载其父孙钟以种瓜为业。他靠个人勇武被用为郡县吏，进入东汉政府的"公务员队伍"。172年，十八岁的孙坚因为参与镇压会稽郡许生起义有功，被朝廷任命为盐渎县丞。大约就是在这个时期，孙坚听说了同郡邻县吴夫人的才貌，十分倾慕，很想娶她为妻。以今天的观点看，年轻有为的副县级干部上门提亲，是有面子的事。但在当时的吴家亲戚眼里，孙坚属于"轻狡"之徒，县丞也只是个上不了大台面的芝麻小官，所以打算拒绝这门亲事。血气方刚的孙坚又羞又恼。要知道孙坚可不好惹，十七岁孤身一人就敢突袭一群分赃的海盗，十八岁募集千余兵勇征讨许生，担任县丞后"乡里知旧，好事少年，往来者常数百人，坚接抚待养，有若子弟"。总之，孙坚是黑白两道都有人脉和势力的厉害角色。拒绝他的提亲，不给他面子，极有可能给吴家招来凶狠的报复。

到底该不该答应这门亲事？这时候，吴夫人站出来对自家的亲戚们说了两句话："何爱一女以取祸乎？如有不遇，命也。"第一句深明大义，点明利害，体现了吴夫人维护家族安全的强烈大局意识，绝不能因为爱惜自己个人而给整个吴氏家族带来灾难。这一句直戳痛点，理由充分，让亲戚们难以反驳。第二句善解人意，消除了亲戚们的负疚感：如果遇人不淑，以后我的婚姻生活不幸福，这是我个人注定的命运，不怪大家！多么好的姑娘！十几岁就这么通情达理、能断大事。亲戚们自然是无话可说。就这样，吴夫人嫁给了孙坚。我们不得不佩服孙坚的眼光，成功娶到了这么一位贤内助。婚后，孙坚对自己这样一位贤德的妻子应该是敬爱有加的。

接下来的十数年里，孙坚由盐渎县丞，相继调任盱眙县丞、下邳县丞,一直在淮泗地区工作。吴夫人过了一段安稳日子。但是,从184年参与镇压黄巾大起义开始,直到初平二年(191,一说初平三年)殒命襄阳岘山,这八年孙坚一直处于戎马征战之中。吴夫人既要担心战场上丈夫的安危,又要教育抚养自己的四子一女。史书记载,袁术听说孙坚从洛阳得到了传国玺,"遂拘坚妻夺之",可见吴夫人还被袁术限制过人身自由。吴夫人这几年承受的压力可想而知。

但从子女成长的情况看,吴夫人是一位了不起的母亲。她培养的四个儿子,个个优秀。孙策(175—200)"年十余岁,已交结知名,声誉发闻","收合士大夫,江淮间人咸向之",初步具备了领袖潜质;成年后"性阔达听受,善于用人,是以士民见者,莫不尽心,乐为致死",这是孙吴在江东创基的关键因素。孙权(182—252)"性度弘朗,仁而多断,好侠养士,始有知名,侔于父兄","屈身忍辱,任才尚计,有勾践之奇,英人之杰",终成鼎峙三分之业。孙翊(184—204)"骁悍果烈,有兄策风"。孙匡未试用而卒,但曹操肯以侄女下嫁,想来也不是平庸之辈。我们不确定嫁给刘备的孙夫人是不是吴夫人的女儿,如果是,那也是位英姿飒爽、威风凛凛的巾帼英雄。

四子之中,尤其孙策和孙权,都是三国第一流的人才,在当时就得到了汉末诸侯们的高度赞誉。袁术非常欣赏孙策,经常叹息说:"使术有子如孙郎,死复何恨!"孙策平定江东后,曹操预感到这位勇猛的"狮子型"年轻人将是一位难缠的对手,评论道:"猘儿难与争锋也。"曹操与孙权交手数次都占不到半点便宜,更是发出了流传千古的著名感慨:"生子当如孙仲谋,刘景升儿子若豚犬耳!"吴夫人能培养出这样两个优秀的儿子,的确是值得自豪的。不光袁术、刘表没有这样优秀的儿子，袁绍、刘备也没有。曹操的儿子曹丕、曹植虽有文名，但是要比成就的功业，显然比孙氏兄弟黯淡许多。三国仅有司马懿的儿子司马师、司马昭兄弟能与孙策、孙权兄弟差相仿佛。然窃以为，司马氏兄弟篡魏的成功，更多的是依赖父亲多年苦心经营打下的基础，与孙氏兄弟在群雄夹缝中独立建国的难度系数不可同日而语。

初平二年（191），三十七岁的孙坚为袁术征荆州刘表，被黄祖部下军士射杀，英年早逝。他的侄儿孙贲不得不带着余兵投靠袁术。此时，孙坚的长子孙策年仅十七，次子孙权只有十岁，其余诸子更加幼小。年轻的寡妇吴夫人毅然挑起了家庭的重担，她既要独力抚育诸子，还要帮助儿子们继承丈夫未竟的事业。

接下来几年，吴夫人都在颠沛迁徙中度过。孙坚初兴义兵时，留家寿春；不久孙策奉母迁居舒县，与周瑜相友；孙坚死后，吴夫人葬夫曲阿，然后渡江居江都，在江都孙策数诣张纮，咨以世务，并"以老母弱弟委付于"纮；不久又往依舅丹阳太守吴景，载母徙曲阿。后来，吴夫人又随着孙策自曲阿徙于历阳，自历阳徙于阜陵。孙策侵入江东后，吴夫人从阜陵回到曲阿，最后回到故乡吴县。仔细观察吴夫人的迁居路线，与孙策的军事活动是高度一致的。孙策一路奉母同行，估计不仅是躬行孝道那么简单，很可能吴夫人对于他的战略决策具有顾问权甚至是决定权。

细细梳理史料，我们可以发现，吴夫人深度介入了孙策的政治军事行动。她广泛接触孙吴的新旧将领，具有较高的威信和影响力。孙策结交周瑜和张昭，都提到了"升堂拜母"，说明吴夫人跟未来孙吴政权文武两位头面人物都是熟识的。孙策曾经在江都托付张纮照顾过吴夫人，朱治曾经从曲阿迎吴夫人还吴，"供奉辅护，甚有恩纪"，吴夫人对这两位重要人物应该也不陌生。这些人能始终团结在孙策、孙权兄弟周围，与吴夫人的凝聚作用是分不开的。

吴夫人还积极救护江东名士，尽力缓和新生政权与江东大族的矛盾。孙策以东汉逆臣袁术部将的名分南渡，逐杀汉官如扬州刺史刘繇、吴郡太守许贡、会稽太守王朗等占据江东，既是僭越，又是入侵。忠于东汉的世家大族或逃离江东不予合作，或采取武力予以反抗。孙策不得不"诛戮英豪"以巩固统治。前合浦太守嘉兴王晟，是孙坚生前好友，因为聚众反抗，被孙策引兵攻破。孙策原本打算杀王晟，吴夫人出面干预，救下了王晟。孙策要杀功曹魏腾，吴夫人以投井相胁，救下了魏腾，并且对孙策说："汝新造江南，其事未集，方当优贤礼士，舍过录功。魏功曹在公尽规，汝今日杀之，则明日人皆叛汝。吾不忍见祸之及，当先投此井中耳。"可见，吴夫人不是普通的妇人之仁，而是从孙吴事业成败的政治高度来思考问题。

建安五年（200），年仅二十六岁的长子孙策被敌人袭击致死。吴夫人在承受了丧夫之痛后，不得不再次承受丧子之痛。但是，她没有在接连失去亲人的痛苦中迷失自己。孙策死后，吴夫人积极支持年仅十九岁的次子孙权继位。当时孙氏政权内忧外患，在江东的统治并不稳固。吴夫人"助治军国，甚有补益"，发挥了孙吴政权压舱石的作用。她召见张昭、董袭等人，"问江东可保安否"，实际上就是要东吴群臣在政治上表态支持孙权。吴夫人还精心挑选了辅助孙权的核心团队。孙权以张昭为长史、周瑜为中护军共掌众事,应该都是经过吴夫人同意的。吴夫人对孙权说:"公瑾与伯符同年,小一月耳,我视之如子,汝其兄事之。"笼络并倚重周瑜的意图溢于言表。吴夫人去世后,张昭多次对孙权说:"太后、桓王……以陛下属老臣,是以思尽臣节,以报厚恩","太后临崩,呼老臣于床下,遗诏顾命之言故在耳"。可见吴夫人威信对张昭的深刻影响。对于另一重臣张纮,吴夫人也下足了功夫,"数有优令辞谢,付属以辅助之义"。孙策死后,朱治也"与张昭等共尊奉权"。这背后,都若明若暗显示出吴夫人的影响力。

建安七年(202),曹操挟新败袁绍之威,逼孙权纳质臣服。这是关乎孙吴政权未来能否独立发展的战略大问题。群臣会议,张昭、秦松等犹豫不能决。最后还是孙权拉着周瑜"诣母前定议",充分证明吴夫人在政治上有最后的决策权。可惜的是,当年吴夫人就去世了(一说死于建安十二年),她没有等到儿子孙权当上皇帝的那一天。

行文至此,需要特别指出的一点是,我们熟悉的《三国演义》中的吴国太,并非本文中的吴夫人,而是一位虚构人物。该书第七回写道:"孙坚有四子,皆吴夫人所生……吴夫人之妹,即为孙坚次妻,亦生一子一女:子名朗,字早安;女名仁。"这是对《三国志》注引《志林》所载"坚有五子:策、权、翊、匡,吴氏所生;少子朗,庶生也,一名仁"进行了改编,硬生生给孙权添了位小姨兼庶母。第三十八回,小说写权母"吴太夫人"临终时交代后事:"吾妹与我共嫁汝父,则亦汝之母也;吾死之后,事吾妹如事我。汝妹亦当恩养,择佳婿以嫁之。"这是为后来招刘备入赘的情节张本。第五十四回，吴国太佛寺看新郎，对刘备十二分满意，以母亲的身份压服孙权，力主将女儿嫁给刘备，推动了小说情节的发展。第六十一回，孙权要乘刘备入川之机夺取荆州，吴国太反对，认为进兵有可能危及女儿性命。这位老太太考虑一切问题的出发点都是女儿的平安和幸福。于是才有了孙权让人以吴国太病危为由先将妹妹接回东吴的情节。此后，吴国太在《三国演义》中再没有出现。可见，吴国太是罗贯中围绕孙权嫁妹给刘备而虚构的人物。首先她必须是庶妻，但是在孙权嫁妹的问题上又必须具有说一不二的权威，于是就造出了这么一个角色。而罗贯中笔下的权母吴夫人，则基本上都尊重了真实的历史，如反对杀道士于吉、定策不送质曹操等情节。在罗贯中心里，一真一假，他是分得很清楚的。

抛开小说不谈，正史中的吴夫人是三国时期一位杰出的女政治家。她的坚强和睿智，在中国古代女性中，是少见的，也是非凡的。孙吴能成就鼎足三分之业，吴夫人在奠基过程中发挥了重要的不可替代的作用。漫漫岁月吹过来的风沙，遮盖不了吴夫人的光辉。她像尘埃中半露的一颗珍珠，必将在三国历史中持续闪耀。

卞后：玲珑七窍君王侧

太和四年（230）六月，曹魏太皇太后卞氏崩于洛阳，享年七十一岁；七月，祔葬曹操高陵。

这个陪伴在曹操身边长达四十多年的女人，终于走完了她不平凡的一生。她是汉末诸侯混战的亲历者、汉魏易代的见证者，更是曹操一生功业最近距离的观察者。

伴君如伴虎。这句话不仅适用于臣子，也适用于妻妾。曹操"少机警，有权数"，人格错综复杂，心思深沉细密，手段恩威并济，是"非常之人，超世之杰"。做曹操的女人，很不容易；能够保持长宠不衰，更是难上加难。

读《三国志·魏志·后妃列传》，深深地认识到卞氏这个女人不简单。她的智商和情商，和曹操正堪匹敌，远超她的儿子曹丕和曹植。她准确把握曹操的一切需求和要求，然后不动声色地予以迎合。曹操离不开她。建安二十一年（216），六十二岁的曹操率领大军东征孙权，仍然带着年近六旬的老妻卞氏千里跋涉，说明两人的感情经久不衰、至老弥笃。

读者诸君肯定忍不住要问：魏武帝曹操身边的这个女

人——卞氏，何许人也？

光和元年（178）年十月，汉灵帝废宋皇后，皇后父亲及兄弟都被诛杀。宋皇后的哥哥宋奇是曹操的从妹夫，时为顿丘县（治所在今河南清丰县西南）县令的曹操也受牵连免官。曹操回到老家沛国谯县（今安徽亳县），归园田居。估计就是次年，曹操在谯县遇到了年轻的倡家姑娘卞氏，纳为妾室。嫁给曹操的这一年，卞氏刚好二十，正是一个女孩最美好的年龄。

汉代的倡家，是从事音乐歌舞杂戏的艺人，当时是极卑贱的职业。卞氏祖籍琅邪开阳（今山东临沂），延熹三年（160）生于齐郡（今山东淄博一带）白亭，想必是因为谋生而流动到谯县从事歌舞表演。曹操"少好飞鹰走狗"，"任侠放荡"，并且精通音乐，勾栏之类的娱乐场所一定没少去，估计正是这样邂逅了卞氏。曹操好色，年轻的卞氏容貌秀丽、歌舞娴雅，是可想而知的。对于贵公子曹操而言，见色心喜，纳一房妾室，是再寻常不过的事情。而对于卞氏而言，这无疑是人生的重大转折。从此，她只需要侍候好曹操一人即可，再也不必为了换得些许柴米钱而抛头露面卖力表演取悦那众多的客人了。

卞氏嫁给曹操时，只知道嫁给了一位罢官闲居的豪门公子，全然不会想到日后这个男人居然横扫六合、睥睨天下，成为了东汉末年最有权势的人物；全然不会想到自己能一步步成为丞相夫人、王后、皇太后、太皇太后，登上封建社会一个女人所能达到的荣耀顶端。曹操可能也没有想到，这个外表楚楚可怜的倡女，早早就在底层社会摸爬滚打，洞悉世道人心，练达人情世故，日后竟然成为了他的贤内助，成为了他纵横四海而无后顾之忧的压舱石。

侯门一入深似海。卞氏初进曹家的日子并不好过。曹操已有嫡妻丁夫人。曹操长子曹昂（字子修）生母刘夫人早卒，由丁夫人抚养曹昂。笔者颇疑丁夫人出自沛国世家丁冲一族。豪门千金、曹操嫡妻、长子嫡母，集这些身份元素于一身的丁夫人，自认为地位高贵而且坚若磐石，自然是瞧不起倡家出身的妾室卞氏。《魏略》记载比较委婉，只说"丁视（卞）后母子不足"，"后……不念旧恶"。"不足"与"旧恶"四字透露出卞氏早年在曹家是受了丁夫人不少欺侮的。曹家第 N 房姨太太卞氏小心翼翼、忍气吞声的样子，透过纸面浮现在我们眼前。

后来，曹操起复，又回到洛阳做官。曹操带着妻妾、门客举家迁往洛阳居住。中平六年（189），董卓废立，拉拢曹操，欲任命他为骁骑校尉。曹操不从，逃出洛阳，微服间行东归，在陈留起兵讨董。这一路险象环生，曹操一度在中牟县被当地政府捕获。在当时的通信条件下，留在洛阳的曹家家属对曹操在外地的情况一无所知，十分担忧。这时候，袁术不知道出于什么原因，"传太祖凶问"，告诉曹家：曹操已经死了。俗话讲："树倒猢狲散"。曹操的手下听到这个消息，都害怕董卓迫害，都想离开洛阳回家避难去。这个时候，卞氏站了出来，她对这些人说："曹君生死未卜，如果你们今天都回家了，改天曹君又回来了，你们有何面目见他呢？即使真有灾祸降临，大家一起死，怕什么呢！"这一番话合情合理，有见识、有担当，于是大家都留了下来。后来曹操听说了这件事，对卞氏大为赞赏。

一次，曹操拿出一些明珰（用珠玉串成的耳饰），让卞氏挑一副。曹操心机深沉，这显然是一次考试。卞氏想了想，挑了一副中等的耳饰。曹操问："你为什么这样挑啊？"卞氏回答说:"取其上者为贪,取其下者为伪,故取其中者。"曹操对卞氏的选择和回答十分满意。选择上等档的女人贪婪,选择下等档的女人虚伪,这当然不错。选择中等档的人就好吗?笔者看,也不一定!满满的都是心机。当然,也许曹操认为,我曹阿瞒的女人,就应该有心机,就应该有理智和分寸。诸如此类的生活小细节,一定还有许多,让曹操对卞氏越来越认可。

建安二年(197),曹操南征张绣,张绣不战而降。曹操看中了张绣族叔张济的遗孀,纳为姜室,当了张绣的便宜叔叔。张绣对此事十分不满。曹操听说了他的不满,"密有杀绣之计",但事机不密,消息走漏。张绣听说后,先下手为强,偷袭曹操。曹军大败,曹操自己中箭受伤,长子曹昂将马让给父亲,结果自己遇难。曹昂是丁夫人的命根子,这个打击对她而言实在是太大了。丁夫人常常说:"将我儿杀之,都不复念",这显然是将曹昂死亡的责任归咎于曹操,并且埋怨曹操不顾惜自己的儿子。史载,丁夫人崩溃了,"遂哭泣无节"。没完没了的哭泣,让曹操不胜其烦,于是将她遣送回家,希望她能够冷静下来,有所转变,缓和一下紧张的夫妻关系。过了一段时间,曹操又放下架子去丁家接丁夫人回曹家,丁夫人恨透了曹操,态度十分决绝,对曹操不理不睬,不肯随曹操回去。曹操无可奈何,只好与丁夫人离婚。曹操允许丁夫人改嫁,但丁家不敢。

不久,曹操立卞氏为继室。接下来卞氏对丁夫人的态度,展现出不同于常人的高智商、高情商。一般妇女,这个时候肯定是有仇报仇、有冤报冤:从前你老欺侮我,现在我必须找回来。厚道一点儿的妇女,会选择老死不相往来:你现在是弃妇,儿子也不在了,跟曹家没什么关系,我不报复你,我不理你总可以吧。可卞夫人不这么做,她"因太祖出行,常四时使人馈遗,又私迎之,延以正坐而己下之,迎来送去,有如昔日",经常派人给丁夫人送礼物,在曹操不在的时候,还接丁夫人到家里来小住,自己仍然把她当主母供着。最后搞得丁夫人都不好意思,说:"废放之人,夫人何能常尔邪!"后来丁夫人去世了,卞氏又请求由曹家来安葬她。曹操同意了,将丁夫人安葬在许昌城南。

卞夫人对丁夫人的态度,笔者认为已经超出了道德的上限。长期以德报怨、屈己下人,正常人都做不到,这已经不仅是人品好的问题了,非有明确的动机做支撑不可。笔者认为,这个动机,就是卞氏看准了曹操对丁夫人怀有深深的负疚感,她对丁夫人越好,曹操就会越感激她、越认可她。

长子曹昂之死,曹操虽然没有做小儿女态哭泣流泪,但作为父亲,他的伤痛是毋庸置疑的。尤其这场大败,是因为他私德有亏、好色娶妾导致张绣降而复叛;而曹昂遇难,又是因为他把战马让给了曹操,实际上就是把生的希望让给了父亲,他是替父亲而死的。哪怕铁石心肠的男人,估计对此事都是既痛且悔的。丁夫人怪罪曹操,并没有错;被遣送回家后,又终身不再嫁;过错方是曹操,而不是丁夫人。曹操对曹昂之死的愧疚之情,本来想在丁夫人身上进行补偿,丁夫人却并不给他这个机会,他的愧疚之情只会越来越深。以曹操的地位和尊严,又不允许他老是低三下四地去哀求丁夫人回心转意。

这时候,曹操太需要有个人帮他对丁夫人好了。他的这番心思,不会跟人说,跟人说无疑就是承认自己的错误。七窍玲珑的卞氏,正是准确地揣摩到了曹操的复杂心理,不动声色地替曹操做了这一切,甚至帮丁夫人料理了后事。试想,卞氏经常接丁夫人回曹家,即使曹操当时不在家,曹操事后能不知道?既然他不阻止,说明他是默许的。事实上,曹操一生杀人如麻,行事果决,鲜有悔意,但他对丁夫人是愧疚的。他临终前说:"我前后行意,于心未曾有所负也。假令死而有灵,子修若问'我母所在',我将何辞以答!"

卞氏默默地为曹操分担了许多事情。《古文苑》载,曹操杀杨修后,给其父杨彪写了一封解释与安慰的信;与此同时,卞氏也有一封写给杨彪妻子袁氏的信,内容与曹操的信辞异意同。在信中,卞氏先是表达对杨家让杨修出来为曹操效力的感激之情,称赞杨修"盛德熙妙,有盖世文才",曹家上下对杨修是"阖门钦敬,宝用无已"。接着,卞氏话锋一转,指出杨修身为曹操主簿,"闻命违制",而曹操性急,盛怒之下,按军法将其处死,实际上既暗示了杨修有错在先,又委婉地为曹操的冲动决定作了解释,让双方都有台阶可下。卞氏表示自己当时并不知情,听说了之后,"闻之心肝涂地,惊愕断绝,悼痛酷楚,情自不胜",表达了自己感同身受的悲痛哀悼之情,最大程度上争取杨彪夫妇的谅解。这封信情意悱恻,确有打动人心的力量。料想袁氏收到卞氏的信后,也只有选择宽恕,不再纠结此事。我们现在无法判断这封信的真伪。但即使这封信是后人伪托的,也充分说明卞氏开展这样的"夫人外交"是符合大家对她的性格预期的。

曹操崇尚节俭,卞氏在这方面也与他保持高度一致。"后性约俭,不尚华丽,无文绣珠玉,器皆黑漆。"她常常告诫自己的娘家亲属"居处当务节俭,不当望赏赐","吾事武帝四五十年,行俭日久,不能自变为奢"。她的儿子曹植评价她:"年逾耳顺,乾乾匪倦。珠玉不玩,躬御绨练。日旰忘饥,临乐勿宴。去奢即俭,旷世作显",可能有溢美的成分,但总体来讲是符合事实的。

基于以上诸多原因,曹操最终不顾卞氏卑贱的出身,立她为正妻。诸子无母者,都交给卞氏抚养,可见对她的充分信任。卞氏一共为曹操生了曹丕、曹彰、曹植、曹熊四个儿子。曹昂死后,曹丕就成了事实上的长子。这四个儿子,除曹熊早逝之外,其余三个卞氏都教育得不错。曹丕下笔成章、曹植才高八斗,与曹操并称"三曹",是建安文学的代表;曹彰武艺壮猛、志意慷慨,是曹魏名将。

建安二十二年(217),曹操立曹丕为魏太子。宫女们恭贺卞氏说,您的儿子被立为太子,是天大的喜事,您应该拿出全部的积蓄来赏赐大家。卞氏却说,魏王因为曹丕年纪最大才立他为太子,我庆幸自己免除了教子无方的过错,有什么值得大行赏赐的呢?老太太头脑十分冷静。曹操听说了卞氏的回答后,评价说:"怒不变容,喜不失节,故是最为难。"而我们再来看看曹丕的反应。曹丕听说自己被立为太子,一跃而起,抱着侍中辛毗的脖子说:"辛君知我喜不?"曹丕喜形于色,几乎失态,一看就是浅碟子,跟他母亲的淡定表现相比差远了。

曹魏鉴于东汉外戚专权带来祸乱,对卞氏参与朝政是限制比较严的,对卞家兄弟的任用也是比较谨慎的。卞后自己对参与政治也比较克制。因此史书并没有多少卞氏参与曹魏军政大事的记载。但是,卞氏的政治影响力是不小的。曹丕与曹洪有宿怨,当上皇帝后借故要杀曹洪,卞氏硬是拦着不让杀。曹植与曹丕争储失败，而能得善终，主要也是卞氏的庇护之功。曹植赞叹自己的母亲："我后齐圣，克畅丹聪。不出房闼，心照万邦。"意思是，我妈妈聪明睿智，虽然足不出户，但这天下的事儿啊，心里都明镜似的！笔者觉得这几句话，卞氏是当之无愧的。

卞后疼爱少子曹植，料想她与曹丕的关系是不太融洽的。曹丕称帝后，颁布诏书："夫妇人与政，乱之本也。自今以后，群臣不得奏事太后，后族之家不得当辅政之任，又不得横受茅土之爵；以此诏传后世，若有背违，天下共诛之。"这显然是为了限制卞后参政。《世说新语》记载了两则故事，也可以从侧面印证这对母子之间的关系。一则写曹丕残害兄弟，卞后对曹丕说："汝已杀我任城（曹彰），不得复杀我东阿（曹植）。"二是曹丕病重期间，卞后前来探视，发现他将曹操生前的宫人都弄来侍候自己，怒极，骂道"狗鼠不食汝余，死故应尔"，掉头而去。曹丕死时，卞后不肯临丧，可见对他失望愤恨已极。

建安二十四年（219）七月，曹操立卞氏为王后。半年后，曹操丢下他辛苦打下的江山和众多的婢妾，与世长辞。曹操留下遗令："月旦、十五日，自朝至午，辄向帐中作伎乐。汝等时时登铜雀台，望吾西陵墓田。"我想，这每次登铜雀台的人中，一定是包括有卞后的：伎乐是她从前谋生的职业，望夫则是她现在深情的寄托。至于分香卖履，则更须卞后的主持不可。

孙徐氏：智勇双全世所无

出一道情景题：如果你是中国古代封建社会一名年轻女子，你老公被人杀了，留下一个幼小的儿子，仇人现在还要霸占你，请问你怎么办？别想跑，敌人势力很强大，你跑不了。也许你会誓不屈从，自杀殉夫；也许你会顾虑重重，忍辱偷生。估计这是最可能的两个答案。中国历史上，此类事件不少，大多都是这个结局。但是，三国时期，却有这么一位智勇双全的奇女子：她将计就计，不仅以血还血为夫复仇，自己还全身而退毫发无伤。

她就是孙权的弟弟孙翊之妻——徐氏。可惜的是，这么一位历史少见的奇女子，却像中国古代千千万万女性一样，没有留下名字。我们姑且按惯例将其称为孙徐氏。

那么，究竟是谁杀了孙翊？孙徐氏又是如何为他报仇的呢？

这首先要从孙权杀名士盛宪说起。孙策、孙权兄弟占据江东后，为了巩固统治，对于不肯归顺合作的死硬分子，不得不杀戮立威。盛宪就是被孙氏兄弟诛戮的江东英豪之一。盛宪，字孝章,会稽人,他是孔融(153—208)和曹操(155—220)共同的朋友,年龄可能还要大过孔融。孔融称赞他"实丈夫之雄也,天下谈士依以扬声"。孙策平定吴、会,估计盛宪采取反抗或不合作的态度,"策深忌之",但没有杀他。孙权统事后,幽执盛宪。孔融得知后,于建安九年(204)上书曹操,请曹操以朝廷的名义营救盛宪逃出孙权的囹圄。但是可惜的是,使者未至,盛宪已被孙权杀害。

盛宪担任过吴郡太守,而孙氏兄弟是吴郡富春人。按照当时社会风俗,郡将与吏民之间有君臣名分。孙权杀盛宪,罪行相当于弑君,是极其大逆不道的。陈琳在为曹操所作的《檄吴将校部曲文》中写道:"盛孝章,君也,而权诛之",声讨孙权的罪行;又写道:"周盛门户,无辜被戮,遗类流离,湮没林莽,言之可为怆然",说明此案还株连了盛宪的家人和故吏。《三国志·孙韶传》载,盛宪所察举的孝廉妫览、戴员因此不得不亡匿山中。

花开两朵,各表一枝。暂且按下盛宪及妫览、戴员不表,来说孙翊。

孙翊(184—204),字叔弼,是孙坚第三子、孙权之弟。他的性格"骁悍果烈",很像他的大哥孙策。孙策临死之前,张昭等人都以为孙策会传位于孙翊,但是孙策却选择了孙权。孙翊"性峭急,喜怒快意",性格严厉急躁,喜欢意气用事。用现代心理学术语来说,孙翊是多血质的冲动型人格。举他为孝廉的吴郡太守朱治(孙坚生前部将),多次批评教育他,晓之以道义。后面发生的惨案说明,孙翊并不能很好地改正他的缺点。

建安八年(203),刚刚二十岁的孙翊接替去世的舅舅吴景担任丹杨太守。不知出于什么考虑，孙翊将受盛宪案波及亡匿山中的妫览、戴员都礼致到丹杨，并且任命妫览为都尉、戴员为郡丞。也就是说，孙翊将丹杨郡的军事、行政实权交给了妫览和戴员。事后证明，这次人才引进工作完全是引狼入室。孙翊的性格缺陷，决定了他不可能很好地与身边的属下相处。妫览、戴员以及孙翊左右亲近之人边鸿（一作边洪）等，"数为翊所困，常欲叛逆"。孙氏杀害郡将盛宪的旧仇，再加上数为孙翊所困的新恨，累积在一起不断发酵，妫览、戴员决定报复孙翊。他们计划搞事，搞一件大事。

建安九年（204），吴主孙权出征，妫览、戴员等人认为机会来了。当时，丹杨郡下属诸县的县令、县长们都来拜见太守孙翊，依例孙翊要举办一次大宴会为大家饯行。妫览、戴员打算利用这个机会来刺杀孙翊。孙翊的第六感似乎察觉到了不妥，他回家请"颇晓卜"的妻子徐氏给他算一卦：明天要不要按计划请这些县令们吃饭呢？

就这样，我们的女主角孙徐氏登场了。由于三国史书简略，对于她的个人情况我们一无所知。笔者很怀疑她属于徐真、徐琨一族，甚至很可能就是徐琨的妹妹。徐真与孙家同为吴郡富春人，跟孙坚关系极好。孙坚把妹妹嫁给徐真，生下了徐琨。徐琨的母亲孙氏很有军事谋略。《三国志》载，孙策征讨江东时，因为船少，准备将军队驻扎下来，待筹集到足够船只后再渡江进攻。孙氏当时随徐琨在军中，她说兵贵神速，如果驻军不进，那么敌人也有足够时间组织援军来进攻我们，对我军很不利，应该砍伐江边的芦苇做成簰筏，辅助舟船来载人渡江。孙策采纳了姑妈的建议，顺利渡江，首战克捷，为平定江东奠定了良好的基础。徐琨先后跟随舅舅孙坚、表弟孙策征伐，也是一员有实力的猛将。孙徐氏如果从小生活在这样一个尚武的家庭里，对于她的性格形成是有重大影响的。孙权后来娶徐琨的女儿为妃。孙、徐两代联姻的传统，再加上孙翊妻徐氏为夫报仇的表现颇有将门之风，推测她出自徐琨家族是有一定合理性的。

善卜的徐氏就为丈夫孙翊起了一卦，结果"卦不能佳"。徐氏建议孙翊改天再请客，但是孙翊并没有听从。他认为这些县令们已经来了很久了，应该赶紧让他们回去，于是第二天大宴宾客。宴会在一片热烈祥和的氛围中愉快地进行着，一直到结束，似乎并没有什么凶险的情况出现。殊不知，有几个居心叵测的人一直悄悄地监视着孙翊。孙翊平时出入都随身带着刀剑，这天喝了不少酒，也就放松了警惕，空着手站在门口送客。令人担心的宴会终于结束了，这是孙翊最放松的时刻。惨烈的凶杀案也在这一刻猝不及防地发生了。平时很受孙翊信任的边鸿，拿着刀从背后扑向了孙翊。周围的人都在惊吓中四散奔逃，没有人救孙翊。未来孙吴帝国的王爷孙翊，还没有等到当上王爷那一天，就被部下暗算了，卒年二十一岁。凶手边鸿则乘乱逃入了深山。

普通女人在这种突发事件面前一定是方寸大乱，六神无主、呼天抢地。徐氏很清醒，她马上悬下巨额赏金募人去追捕凶手。当天晚上边鸿就被抓住了。凶案真正的策划者和指使者妫览、戴员将罪责全部推到边鸿身上，把他杀了，顺带摇身一变，成了为太守孙翊复仇的功臣。孙翊手下其他诸将都知道妫览、戴员才是幕后真凶，但无奈两人手握着丹杨郡军事、行政大权，拿他俩没办法。邻郡庐江太守孙河听说孙翊遇害，驰赴丹杨，怒责妫览、戴员没有很好地履行职责，致使太守被杀。二人商议道，孙河只是孙氏疏族，就这么责备我们；如果孙权回来，我俩肯定是要被问罪杀头的。于是妫览、戴员一不做，二不休，又将孙河杀了，并派人联络曹操委任的扬州刺史刘馥，准备带着丹杨郡投降曹操。

妫览堂而皇之地入居孙翊的军府，霸占了孙翊的嫔妾和婢女，不久又想霸占徐氏。徐氏是一位智勇双全的奇女子。她知道，如果拒绝，很可能被妫览杀害。于是她欺骗妫览说：我同意嫁给你，但必须等到晦日（阴历每月的最后一天）祭祀亡夫之后脱去孝服才可以。妫览一想，这个月马上要完了，谅你一个弱女子也逃不出老子的手掌心，暂且宽限你几天。于是他同意了徐氏的提议。这其实是徐氏的缓兵之计。她利用这几天有限的时间，秘密派出亲信（笔者猜测很可能就是同为徐氏家族的徐元）联络孙翊的亲近旧将孙高、傅婴等人，并告诉了他们自己的计策。孙、傅二人深受感动，也深感惭愧。他们答复徐氏说，我们都想给太守报仇，但是想不到办法；夫人的计策大妙，我们都听您的！这两个人又联络了孙翊平时有恩的二十多人，一起盟誓按徐氏的计策执行。

到了晦日这一天，徐氏设祭祭祀孙翊，哭泣尽哀后，除去孝服，熏香沐浴，来到一间准备好床帐被褥的新房，高高兴兴地梳妆打扮，一点儿没有悲伤的样子。阖府上下，想到刚死不久的孙翊都伤心不已，都对徐氏的表现感到奇怪甚至愤怒。妫览偷偷观察徐氏和大家的行为表现，消除了疑心，认为徐氏是真心想嫁给自己了。徐氏让孙、傅与手下婢女躲在家里，安排妥当后派人去请妫览：夫人已经在等您了！妫览大喜，带着对今夜洞房花烛的憧憬,哼着欢乐的小调施施然而来。徐氏出门迎接,拜倒在地,礼数周到。妫览色眯眯地望着匍匐在脚下的昔日主母徐氏,发出了志得意满的笑声,也彻底放松了警惕。没想到徐氏忽然抬头大喊:"二君可起!"孙高、傅婴一起冲出,迅速结果了妫览的性命。妫览还没明白过来是怎么回事,就成为刀下之鬼。门外诸人也一拥而上杀掉了准备来喝喜酒闹洞房的戴员。大仇得报,徐氏重新穿上孝服,带着妫览、戴员的首级到孙翊的墓前祭祀。当时举郡震骇,都没有想到一个弱女子居然完成了这么多大男人都没有完成的壮举。

不久孙权来到丹杨,族诛了妫览、戴员的余党,彻底替孙翊报了仇。《三国演义》第三十八回"定三分隆中决策,战长江孙氏报仇",也记叙了徐氏为夫报仇的故事。罗贯中这次难得地没有改编,基本上都是实录,可能也是被孙徐氏的事迹感动了吧。

孙翊有子名孙松,字子乔。《吴录》评价孙松"善与人交,轻财好施"。他死于黄龙三年(231),也是英年早逝,诸葛亮"为之恻怆",称其为"良器"。看来,徐氏对孙松的教育做得不错。当然,这都是后话。

节义两全、权智双绝的徐氏得到了后世的高度赞誉。元代郝经在《续后汉书》中称赞徐氏:"孙翊之妻知能保身,勇能讨贼,皆世所未有也。"罗贯中《三国演义》中赋诗:"才节双全世所无,奸回一旦受摧锄。庸臣从贼忠臣死,不及东吴女丈夫。"明代思想家李贽更是对徐氏推崇备至:"如徐氏权智,孔明、公瑾、孟德、仲达俱逊一筹。千古一人,万古一人也!"李贽甚至认为急躁亡身的孙翊配不上徐氏,"若孙翊,似难为夫耳!"

孙鲁班：权力场中斫轮手

若论中国历史上最著名的公主，非唐朝太平公主莫属。太平公主是唐高宗和武则天最小的女儿、唐中宗和唐睿宗的妹妹。她利用父母兄长的宠爱，拼命攫取权力，积极干预朝政，"诛二张、灭韦氏，咸赖其力"，一度权倾朝野，影响初唐政治近二十年之久。在三国时期也有这么一位公主：她热衷参与政治、玩弄权术，沉湎"权力的游戏"不能自拔，很多方面与太平公主相比有过之而无不及。

她，就是吴大帝孙权（182—252）之女——孙鲁班。孙鲁班，字大虎，是孙权与其宠妃步练师所生的大女儿。孙鲁班先嫁周瑜之子周循，周循死后改嫁全琮，所以一般随夫姓称其为"全公主"。孙权与步练师另有一女，名鲁育，字小虎，前嫁朱据，后嫁刘纂，称作"朱公主"。孙权爱屋及乌，步练师所生的两个女儿尤其全公主深得他的喜爱和信任。

孙权极其好色。步练师不光自己长得漂亮，"以美丽得幸于权"，还"性不妒忌，多所推进"，经常投其所好给孙权拉皮条，所以宠冠后庭、长盛不衰。孙权一直想立步练师为皇后，但是群臣公议应该立太子孙登（209—241）养母徐夫人。于是孙权一直拖着不立皇后。在孙权的支持下，步练师虽无正式的皇后名号，但实质享受着皇后的待遇，"宫内皆称皇后，亲戚上疏称中宫"。

全公主深谙女以母贵的道理，全力以赴为母亲步夫人争夺后位。谁有希望被立为皇后，谁就是全公主的敌人。

她最初的敌人就是徐夫人及太子孙登。徐夫人是太子养母，理应立为皇后。孙登也主张立自己的养母徐氏为后，并不亲附步练师。可以推测，步练师、全公主母女与孙登的关系是貌合神离的。孙权认为徐氏嫉妒，将她弃置在吴县，没有将她带到建康。徐氏始终没有被立为皇后，后来郁郁而终。从这个角度来说，全公主无疑取得了胜利，成功阻击了徐夫人。

但全公主很快就有了新的敌人。孙权另一宠妃王夫人生有儿子孙和（224—253），成为皇后宝座有力的竞争者。孙权有七子，次子孙虑（213—232）早卒。孙权宠爱第三子孙和，连太子孙登都要巴结他，"亲敬，待之如兄，常有欲让之心"，可见孙和已经威胁到太子的地位。步、王两人因为争后，关系尖锐对立。全公主站在生母一边，"善憎"王夫人，与之"有隙"。在步练师生前，王夫人一直没有被立为皇后，这中间显然凝结着全公主的"功劳"。赤乌元年（238），步练师去世。因为步练师没有儿子，再加上群臣坚决反对，所以她生前一直没有被册立为皇后，死后才被追认为皇后。

赤乌四年（241），太子孙登去世。次年孙和被立为太子。母以子贵，王夫人立后的前景一片大好。孙权也确实打算立王夫人为皇后。但这是全公主不愿意看到的，她寻找机会千方百计潜毁孙和母子。

一次，孙权生病了，卧床不起。孙和去庙里祭祀，很可能是为孙权祈福。孙和妃子张氏的叔叔张休（重臣张昭之子）正住在庙附近，就邀请孙和到家里做客。全公主派人跟踪发现后，就跟孙权打小报告说太子孙和不好好在庙里祭祀，却专程跑到张妃娘家去商量不可告人的大事；又对孙权说，王夫人看到您生病了，面有喜色。全公主的言外之意是告诉孙权，这娘俩是巴不得您早点儿龙驭宾天，迫不及待地想当太后、皇帝啊。孙权本就生性多疑，再加上人在病中缺乏安全感，听信了全公主的潜润之词，龙颜大怒。王夫人忧惧而死，孙和"宠稍损，惧于废黜"。封建专制社会，妃、子的命运好坏，全在皇帝的喜怒之间。

全公主取得了第二场宫斗战役的胜利。尽管她母亲步夫人已经去世，但她并没有放弃战斗，她的敌人王夫人因此不仅没有坐上皇后宝座，而且付出了生命的代价。

孙权的第四子鲁王孙霸看到这种局面，开始觊觎太子之位。孙权十分宠爱孙霸，给他的待遇跟太子孙和没有什么差别。孙和立为太子时，群臣请立其余四子为王。孙权斟酌一段时间后，只立了鲁王霸，可见他在孙权心中的特殊位置。孙吴正直的有远见的臣子如陆逊、吾粲、顾谭等都认为太子、诸侯王上下有别，应该区分礼秩，但是孙权并不采纳这些正确的意见，反而打击这些忠臣。于是东吴群臣被迫站队，将军大臣举国中分：丞相陆逊、大将军诸葛恪、骠骑将军朱据（朱公主之夫）等支持太子孙和；骠骑将军步骘（与步练师同族）、大司马全琮（全公主之夫）、中书令孙弘等党附鲁王孙霸。从这份名单我们可以看出，朱公主支持太子，而全公主支持鲁王。全公主作为间接害死王夫人的凶手，肯定不愿意孙和顺利即位。如果日后孙和登基，很可能向她清算杀母之仇，给她带来灭顶之灾。全公主与朱公主姐妹两人因为政治立场不同，关系也开始破裂。

太子、鲁王之争日益激烈，逐渐到了不可调和的地步。究其原因，孙权应该承担主要责任，他似乎总是在皇子中挑选一人来平衡太子的权势，从而来确保自己的威信。孙登当太子时，他宠爱孙和；孙和当太子后，他又宠爱孙霸。一个英明帝王应该帮助太子树立权威。从这一点看，年老的孙权已经逐渐陷入昏昧。孙权暗暗有了改立太子的计划。当时孙权宠爱幼子孙亮及其母潘夫人。全公主知悉了孙权的心意后，实施 B 计划，进行新一轮的政治投机。经孙权同意后，她将全琮侄儿全尚之女，嫁给孙亮为妻。赤乌十三年（250）八月，孙权以霹雳手段处置二宫之争，废太子和，赐鲁王霸死。十一月，改立七岁的孙亮为太子。次年年底，步入古稀之年的孙权再次病倒，他一度醒悟，想纠正自己的错误征还孙和复立为太子，全公主及其党羽竭力反对，于是就放弃了这个想法。

在第三场宫斗战役中，全公主又取得了胜利。在她的积极努力参与下，太子孙和被废，威胁她政治安全和人身安全的因素成功消除。尽管她支持的鲁王霸没有被立为太子，但是她支持的孙亮取得了太子之位。孙霸和孙亮谁当太子对她而言，实际上并无差别，都是她手中利用的工具而已。她需要的是通过投资新太子攫取政治权力。

《三国演义》只有一处提到全公主，在第一百零八回"丁奉雪中奋短兵，孙峻席间施密计"中写道："（孙）和因与全公主不睦，被公主所谮，权废之，和忧恨而死。"这种简单化处理，导致全公主不为世人所知。实际上，她在孙吴后期政治中是一个不能忽略的重要人物。当时的重大政治事件，很多都有她的参与，甚至起着主导作用。这是我们阅读《三国演义》时需要注意的。

太元二年（252）四月，孙权病死，遗诏诸葛恪领衔辅政，太子孙亮继位。全公主因为翊戴之功，成为政治上的大赢家。太子妃全氏被立为皇后，全氏一门五侯，并典兵马，其余为侍郎、骑都尉、宿卫左右。自孙吴立国以来，外戚没有一家比得上全氏贵盛。全公主的长线投资收到丰厚回报，她虽无官职，但她实质是全氏家族的核心，是炙手可热的实权人物。

如果说在孙权时代，全公主全部活动的核心是为母争后，她的主战场在后宫；那么，在孙亮时代，全公主的主战场则转移到朝堂，她开始参与争夺吴国最高统治权。权力，是全公主自始至终追求的目标。为了获得至高权力及其带来的无上荣耀，她翻手为云，覆手为雨。她全部的活动轨迹证明，她是一个为了追求权力不择手段、心狠手辣甚至不惜谋害至亲的政治动物。就像全公主的名字，鲁班是木匠和建筑界的祖师爷，而她，也是权力场中的斫轮手，深谙此道并乐此不疲。

诸葛恪秉政之初，全公主还是比较支持的。诸葛恪在武卫将军孙峻（219—256）的帮助下诛杀了政敌中书令孙弘。孙峻是孙坚弟孙静的曾孙，论辈分与全公主是姑侄。孙峻"素媚事全主"，他姐姐嫁给了全尚，他本人又与全公主私通。因此，孙峻与全公主实际上结成了利益共同体。而诸葛恪是废太子孙和妃张氏的舅舅。诸葛恪在二宫之争中本就支持太子和，辅政后又流露出想复立孙和的意图。这显然危及了全公主的利益和安全,她毫不犹豫地出手了。建兴二年(253),乘诸葛恪劳师伐魏无功、举国嗟怨之机,孙峻伏兵杀恪。诸葛恪的死,代表士大夫在吴国执政的局面结束,权力开始转入到以全公主为核心的孙氏宗室手中。

孙峻当上丞相,专擅朝政。全公主攀上了权力的巅峰,孙峻实际上就是她在朝堂上的代理人。废太子孙和在孙权末年改封南阳王。孙峻执政后,秉承全公主的旨意,夺其玺绶,不久遣使者赐死。张妃随之自杀。五凤元年(254),孙和的老部下桓虑招集将吏,计划谋杀孙峻改立孙和的儿子吴侯孙英,事情败露。孙英对此事并不知情,但他知道全公主和孙峻不会放过他,无奈自杀。五凤二年(255),孙仪等人谋杀孙峻,事败被杀。全公主借机诬陷朱公主与孙仪是同谋,于是孙峻又杀朱公主。全公主将血淋淋的双手伸向自己的侄儿,甚至是亲弟弟、妹妹,孙峻心甘情愿充当她手里杀人的刀。

五凤三年(256),正值壮年的孙峻突发疾病死去,临死前将权力移交给从弟孙綝。孙亮年龄渐长,太平二年(257)开始亲政,对孙綝专权十分不满,精选三千亲兵,准备日后对付孙綝。很可能孙綝并不像孙峻一样依附全公主、对她言听计从,引起了全公主的不满。于是孙綝成了孙亮和全公主共同的敌人。当年五月,魏征东大将军诸葛诞叛魏投吴,魏派大军征讨,孙綝出军救援,作战不利。孙綝冤杀孙吴名将朱异,上下嗟怨。十一月,全琮之孙全祎、全仪奔魏。十二月,全琮从子全端、全公主子全怿等在前线降魏。这说明在孙綝专权的形势下,全公主已经失去了对朝政的把控,全氏在东吴已经没有了安全感,他们不得不预先逃命。全氏在吴国的势力开始崩溃。

权臣孙綝与皇帝孙亮的矛盾也日益突出。太平三年（258），孙亮借口复查朱公主案件，杀掉了朱据的两个儿子朱熊、朱损。朱损的妻子是孙綝的从妹，兄弟两人是孙綝的党羽。孙綝劝阻不成，与孙亮互相忌恨，两人的斗争进入白热化。于是孙亮与全公主、全尚等商量要杀孙綝。但是，保密工作没有做好，消息走漏。孙綝先下手为强，带兵废孙亮为会稽王，又黜为侯官侯，徙全尚于零陵，不久将两人杀害；将全公主流放于豫章。

全公主在第一轮政治斗争中成功杀掉诸葛恪，利用孙峻掌握了吴国最高权力；但却在第二轮与孙綝的政治斗争中败下阵来，被逐出了吴国权力中心。

斫轮手最终失手斫伤了自己。曾经权势熏天、不可一世的全公主就这样结束了政治生命，退出了历史舞台。与太平公主最后被赐死不同的是，史书并没有交代全公主最后的命运。笔者推测，要么为政敌所杀，要么在孤独痛悔中老去。玩火者必自焚。这是玩弄权术之人失败后共同的结局。

孙夫人：剑气横江误红颜

我国有条谚语，叫作"偷鸡不成蚀把米"，通常用来比喻本想占便宜反而吃了亏；还有一条谚语，形容吃亏的程度进一步加深，叫作"赔了夫人又折兵"，比喻想占便宜反而受到双重损失。

"赔了夫人又折兵"这条谚语，因为《三国演义》而脍炙人口。在此书第五十四、第五十五回中，孙权听从周瑜之计，以妹为饵，招刘备入赘江东，准备拘执刘备要胁其归还荆州，没想到被诸葛亮将计就计，刘备与孙夫人顺利完婚，然后溯江而上成功逃离建康，周瑜带领的追兵又被赵云、关羽等击败。刘备的军士在岸上齐声大叫曰："周郎妙计安天下，赔了夫人又折兵！"气得周瑜金疮迸裂，倒于船上，不省人事。

这条谚语的主角，就是孙权之妹。史书未载其名，因其嫁与刘备，我们姑且习惯性称其为孙夫人。

孙夫人是乌程侯孙坚之女、吴主孙权之妹无疑。但她的母亲，却难以确定。孙坚正室吴夫人生四男一女。这一女，并不能肯定就是孙夫人。孙坚共有五子，少子孙朗（一名仁）乃是庶生。说明孙坚除吴夫人外，另有妾室。东吴重臣潘濬之子潘祕，"孙权以姊陈氏女妻之"；"孙权姊婿曲阿弘咨"，曾将诸葛瑾推荐给孙权。可见，除了孙夫人之外，孙权还有其他姊妹。《三国演义》说孙夫人是孙坚次妻吴国太所生，吴国太本人都是虚构，这当然更不可信，所以只能存疑。

金枝玉叶的孙夫人，是怎么嫁给刘备的呢？这要从赤壁之战说起。

建安十三年（208），赤壁之战爆发，孙刘联军大败曹操。战后，三家瓜分了荆州七郡。曹操保有荆州最北的南阳郡。孙权占据了荆州北部的南郡和江夏郡；刘备表荐刘表长子刘琦为荆州刺史，并南征荆州南部四郡，武陵、长沙、桂阳、零陵望风归降。邻近荆州的扬州庐江郡营帅雷绪率部曲数万口归备。刘备表荐孙权行车骑将军，领徐州牧。不久，刘琦病死，孙权表刘备为荆州牧。为了利用刘备抗击曹操，周瑜分南郡南岸地给刘备，刘备立营于油口，改名公安，作为自己的办公场所。奋斗半生，转战大半个中国，一直寄人篱下的刘备（161—223），终于有了一块真正属于自己的地盘，成为赤壁之战最大的赢家。

正是在这种形势下，"权以妹妻备"，孙刘结为婚姻。《三国志》有明显的扬刘抑孙倾向，说成是"权稍畏之，进妹固好"，"固好"是事实，"畏之"则未必。事后，刘备到江东见孙权，估计也是送新娘子回门，"绸缪恩纪"，孙刘联盟进入蜜月期。孙夫人嫁给刘备，约在建安十四年（209）十二月。这一年，刘备四十九岁。

那么当时孙夫人多大年纪呢？我们也不能确定，只能从孙权（182—252）和孙坚（155—191）的生卒年份作一个大体的推测：孙夫人大约生于182—192年间。也就是说，她嫁给刘备时，年龄介于十八岁至二十八岁之间。两人年龄类如父女甚至祖孙，并不般配，无疑是孙刘双方为了巩固联盟而结成的一场政治婚姻。这对老夫少妻的组合，缺少感情基础，想来关系不会太和谐。

刘备在婚姻家庭生活方面，是一个苦命的人。为了生存和发展，刘备辗转数州，多次寄人篱下。在颠沛流离的战争年代，刘备"数丧嫡室"，死老婆的次数估计与《白鹿原》中的白嘉轩有得一比。在荆州期间，刘备没有嫡妻，妾室甘夫人"常摄内事"，代理正妻的角色。不幸的是，甘夫人在207年生下刘禅后不久也去世了。

孙夫人的到来，正好填补了甘夫人留下的空白。我们不知道孙夫人嫁给刘备是不是初婚，也不知道她作为一位妙龄女士，离开家乡远赴荆州，嫁给一位年近半百的老头，内心到底作何感想。在封建专制时代，长兄如父，她不得不服从兄长孙权的意志，服从孙氏家族和东吴政权的整体利益，嫁给一位素未谋面的老男人。也许她内心对这门亲事并不愿意，但是她不可能跳出时代的桎梏，不得不屈从。

换到刘备的角度，一个出身幽州边地的"老伧"，飞来艳福，忽然就迎娶了侯爷家的千金，而且是正值妙龄的江南佳丽，似乎怎么看都是一桩美事。管它是不是政治婚姻，"醉卧美人膝，醒掌天下权"，不正是刘备此类枭雄的人生追求吗？

然而，孙夫人并不是普通的江南温婉女子。她不光才智敏捷，而且性格刚猛，跟他的哥哥们很像。孙氏家族靠武勇孤微发迹。孙坚勇挚刚毅，积军功而封乌程侯，一生戎马，死于战阵。连董卓都惧他三分，评价其性格为"小戆"。孙策弱冠平定江东，英气杰济，猛锐冠世，勇如雄狮，曹操赞誉他是"猘儿难与争锋"。孙权刀剑不离于身，亲乘马射虎，果于杀戮，性格中也有极其凶狠的一面。孙翊骁悍果烈，有兄策风。孙氏父子都是统率千军万马、出生入死的战将。成长在这样一个尚武的家庭里，孙夫人性格刚猛，也就不足为奇了。用今天的话讲，孙夫人可不是什么软妹子，她是如假包换的女汉子。

孙夫人不爱红装爱武装，她嫁到荆州，带有侍婢百余人，皆执刀侍立。刘备每次要进孙夫人的房间，估计都要穿过百余名武装丫鬟组成的刀斧阵。这种"心常凛凛"的感觉，会令一个男人抓狂。带着这份深切的恐惧，还有心情去跟孙夫人亲热吗？估计是恨不得脚底抹油、抱头鼠窜吧。

所以，刘备老先生在荆州公安期间很不容易。一方面，北有强大的曹操随时可能挥师南下，东有阴险的孙权无时无刻不觊觎着吞并荆州全部的地盘，刘备在曹、孙的夹缝中讨生活必须始终高度戒备；另一方面，身边还有一个舞刀弄枪的孙夫人，随时可能生变于肘腋之下，刘备一不小心可能就成了修罗刀下厉鬼、石榴裙下冤魂。人家背后有强大的哥哥撑腰，得罪不起，你还得毕恭毕敬地供着这姑奶奶。有资料记载，孙夫人甚至可能不跟刘备住在一起，而是另筑一城居住。刘备进退之狼狈、处境之尴尬，可想而知。哪里有一点春风得意的娇客模样？这并非没有历史根据的臆测，而是数年后诸葛亮回顾刘备在公安的处境时发出的感慨。

对于刘备而言，孙夫人并不是理想的配偶，而是孙权放在他身边的一枚政治棋子、一颗定时炸弹。

孙权嫁妹给刘备，是有着自己的政治目的的。孙、刘联姻不久，孙权就派使者向刘备提出，两家可联军西向，攻取益州。取益州，本是孙、刘两家相同的战略方针。诸葛亮《隆中对》的核心建议就是跨有荆益，与曹操和孙权成鼎足三分之势；鲁肃在《榻上策》中向孙权提出"竟长江所极，据而有之"，也是想占据上游的益州。因此，当时刘备不少部下认为孙、刘联兵伐蜀的计划可行。孙夫人的来归，使得刘备也不好意思对孙权说不。这正是孙权嫁妹的意图所在——可以在重大军政问题上钳制刘备。

一个叫殷观的大臣识破了孙权的诡计，他向刘备献计说：如果我们为吴做先驱攻蜀，而又没有顺利攻克，那么孙吴就会断了我们的后路，这样我们就处于首尾受敌的危险境地，大事去矣！不如我们借口新取的荆州四郡还不安定，不能轻动，让孙吴自己攻蜀。他们肯定也不敢越过我们的地盘独自去进攻益州。此计大妙！一方面，不反对孙权攻蜀，没有破坏孙刘联盟，而且显得很大方：你行你上，你独自攻蜀，打下来益州全是你自个儿的，不必分我一杯羹。另一方面，又消除了刘备为孙权火中取栗的风险，在战略上立于不败甚至是有利的地位。刘备依计回复孙权，孙权果然放弃了攻蜀。

建安十六年（211），刘璋迎刘备入蜀，欲用其击汉中张鲁。刘备觊觎益州已久，终于得到了一个名正言顺的入蜀机会。刘备率领军队三万余人西上，但没有带上孙夫人。他终于得到了一个摆脱孙夫人的借口：哪有带着女眷打仗的道理呢？

刘备对孙夫人是有所提防的。他入益州前，任命向来持重的赵云为留营司马，兼掌内事，主要职责就是防范骄豪的孙夫人及其手下纵横不法的吴国吏兵。

刘备远在益州，留在荆州的孙夫人已经不能再钳制他了。这时候，孙夫人的政治功能实际上已经丧失。孙权正是看清了这一点，所以听说刘备西征后，马上大遣舟船前来迎妹。而孙夫人临走时使出了最后一招撒手锏——带着刘禅回吴。显然，刘禅入吴后必将成为孙吴的人质。幸得赵云、张飞勒兵截江，才将刘禅夺回。于是孙夫人独自还吴。孙夫人的这一极端行为，充分证明她跟刘备毫无感情可言，是离心离德的。

刘备与孙夫人远隔东西，婚姻关系实质上已经解体。对于这场本来就没有感情纽带的政治婚姻而言，也许这是最体面、最合理的一种结束方式。孙、刘二人可能都会感到一阵轻松。

刘备入蜀不久，听从法正的建议，娶刘焉之子刘瑁的遗孀吴氏为妻。从此，刘备与孙夫人再没有出现过什么交集。孙夫人回吴后，在正史中如泥牛入海，再无消息。当时社会风气比较开通，妇女丧夫再嫁或离婚改嫁是常事。孙权的两个女儿鲁班、鲁育都有两次婚姻记录。笔者推测，孙夫人很可能是会改嫁的。

《三国志》中，陈寿为刘备的甘夫人和吴夫人立传，但却没有写孙夫人。也许在他的眼里，也认为孙夫人与刘备并无夫妻之情，不值得立传吧。但是，历史上的孙夫人毕竟客观存在过。宋元以后，一些文艺创作者对孙夫人进行了加工和改造，一个个全新的孙夫人形象逐渐浮现在各类作品中。在元杂剧《两军隔江斗智》中，作者给孙夫人起名——孙安，她终于拥有了属于自己的名字。在《三国演义》中，孙夫人又有了一个新的名字——孙仁。在很多京剧剧目如《甘露寺》《美人计》《截江夺斗》《别宫》等中，孙夫人又被称作——孙尚香。这些都是艺术创造，不可作为史实看待。

尤其《三国演义》，因为流传甚广，它所塑造的孙夫人形象更是深入人心，更需要我们理性判断。第五十四回，孙权依周瑜之计行事，被诸葛亮将计就计，刘备顺利娶到孙夫人。小说中孙夫人对这桩婚事没有发表任何意见，全凭母亲和哥哥做主，似乎对刘备这个糟老头子十分满意："当夜玄德与孙夫人成亲，两情欢洽。"第五十五回，刘备欲回荆州，孙夫人又摆出一副嫁鸡随鸡的姿态，表示"妾已事君，任君所之，妾当相随"，并且不惜背叛兄长孙权，献计假托江边祭祖，又骂退两拨追兵，帮助刘备逃离了东吴。作者这样描写，一是出于尊汉崇刘的政治立场，拼命抬高刘备的光辉形象；二是"夫为妻纲"的男权思想作祟，视女性为男性的附属品。第六十一回，孙权进攻荆州之前，以母亲病危为由，骗孙夫人携阿斗回东吴探病，赵云截江夺回阿斗，而放孙夫人还吴。这与史实基本吻合，但美化了孙夫人回吴的动机，掩饰了他与刘备感情破裂（或者根本就没有产生过感情）的事实。

至于《三国演义》第八十四回所载，刘备征吴，在猇亭被陆逊击破，败退白帝城，"时孙夫人在吴，闻猇亭兵败，讹传先主死于军中，遂驱车至江边，望西遥哭，投江而死。后人立庙江滨，号曰枭姬祠"。这种殉夫情节，带着宋元以后浓厚的封建妇女节操观色彩，显然是没有深刻理解孙、刘关系的小说家言，更是全不足信。

刘备一生枭雄，他追求的是雄霸天下，而不是儿女情长。

在三国乱世，他多次在紧急状态下为了保命而抛妻弃子。毫不客气地讲，他的确是视女人如衣服的。孙夫人对于他，只不过是维持孙刘联盟的一枚政治棋子而已，根本没有正常夫妻的情爱可言。而孙夫人未必不是如此看待刘备，怎么可能为刘备殉情而死呢？他俩的婚姻，只不过是一时的权宜之计罢了。

诸葛黄氏：乘龙快婿难言幸

杜甫诗云："诸葛大名垂宇宙，宗臣遗像肃清高。"

诸葛亮作为我国历史上最著名的忠臣、智者形象，已经深深融入中华文化的基因之中。在"诸葛亮"这一顶级品牌强大的晕轮效应影响下，他的妻子黄氏千百年来也得到了广大人民群众的美化。

有人说，黄氏虽然相貌不佳，但是蕙质兰心，才智与诸葛亮不相上下；诸葛亮的很多奇谋妙计、发明创造，其中都凝结着黄氏的襄赞之功；比如木牛流马，据说是黄氏首创，诸葛亮受黄氏的巧思启发后设计制作，发明专利权应该归于黄氏。甚至更有人说，黄氏原本才貌双全，说她长相丑陋是心胸狭窄之人的羡慕嫉妒恨，是恶毒的污蔑；黄氏与孔明，简直是一对颜值智商高度匹配、珠联璧合比翼双飞的神仙眷侣。人们喜欢诸葛亮，爱屋及乌，也喜欢黄氏。民间流传着黄氏众多的传说，这些故事大都闪耀着智慧的光芒。还有人给黄氏起了名字，言之凿凿，唤作黄月英。

那么，历史上诸葛亮的夫人，到底是个啥情况？是奇丑无比，是貌美如花，还是妍媸难辨？是秀外慧中，是智力平平，还是贤愚难分？

陈寿《三国志》对诸葛亮的妻室只字未提，博学洽闻的裴松之在给《三国志》作注时也没有提到诸葛家的女眷。中国封建史书，除了皇帝家的后妃、公主，以及巩固统治需要的"列女"外，通常不会在其他妇女身上耗费笔墨。对于三国将相的妻室，我们知之甚少。赫赫有名的关羽和张飞，所娶何人，史书上全无只言片语。

我们今天之所以能知道诸葛亮的妻子姓黄，得益于晋代襄阳人习凿齿编撰的《襄阳耆旧记》。

该书卷一记载："黄承彦，高爽开朗，为沔南名士，谓孔明曰：'闻君择妇，身有丑女，黄头黑面，才堪相配。'孔明许，即载送之。时人以为笑乐，乡里为之谚曰：'莫作孔明择妇，正得阿承丑女！'"

读完这段文字，我们很自然地产生了两个疑问：第一，黄氏到底是真长得丑，还是他父亲黄承彦的谦虚之词？第二，如果黄氏的确是个丑女，诸葛亮为什么要同意娶她？是真的看上了她的"才堪相配"吗？

首先回答第一个疑问。黄氏的确是个丑女，这一点毋庸置疑。中国人喜欢在场面上谦虚，比如谈到自己的儿子时会说"家中犬子，冥顽不灵"，谈到自己的女儿时会说"才貌蠢陋，难奉上流"，但是通常都是泛泛而谈，不会具体说蠢在哪里、丑在哪里。黄承彦亲自向诸葛亮提亲，不仅直陈"身有丑女"，而且准确形容自己的女儿是"黄头黑面"。头发黄、肤色黑，显然不符合中国人头发黑亮、皮肤白皙的传统审美倾向，属于丑女无疑。当然，您非要较劲，说黄氏黑虽然黑一点儿，但是五官端正、气质娴雅，是一朵人见人爱的"黑牡丹"，未必就不美。当时的人们可不跟您保持一致："时人以为笑乐！"如果他们认为黄氏的确很美，怎么会取笑这门婚事呢？他们甚至还编了段子，"莫作孔明择妇，正得阿承丑女！"襄阳广大吃瓜群众都认为黄承彦的女儿是丑女，他们都不瞎。所以，黄家姑娘的确长得丑。

第二个疑问随之而来。闺女长得这么寒碜，这黄承彦竟然好意思主动向诸葛亮毛遂自荐？要知道《三国志》形容诸葛亮可是"少有逸群之才，英霸之器，身长八尺，容貌甚伟"，人送外号"卧龙"，用今天的话来说，那是才华和颜值双高的流量担当。黄承彦你脸皮咋这么厚？就不怕诸葛亮广大女粉丝的唾沫淹死你？可人家老黄就不怕。襄阳群众都知道黄家小姐长得丑，诸葛亮也应该早有耳闻。可更奇怪的是，听了老黄的实话实说，诸葛亮竟然还就同意这门婚事了！广大粉丝肯定不答应，怎么着也要找个像神仙姐姐样的才配得上我们孔明啊！

诸葛亮智力超群，提亲信息也十分对称，又没有婚托从中瞒骗：明显的不合理，他能同意，必定是深思熟虑的结果。

那么，诸葛亮为什么会同意娶丑女黄氏呢？解答这个问题，考察这门婚姻，要从当时荆州的政治形势和黄、诸葛两家的门第状况来着眼。

初平元年（190），山东州郡起兵讨董卓。长沙太守孙坚积极响应，并在北伐途中袭杀了荆州刺史王睿。东汉政府任命刘表为荆州刺史。当时袁术屯兵于南阳郡之鲁阳，觊觎荆州七郡，随时可能领兵南下。荆州各地守令拥兵作乱，再加上盗贼蜂起，荆楚大地乱成了一锅粥。刘表就是在这种情况下，单马进入宜城（属荆州之南郡，故城在今宜城东南）来荆州上任的。

如何顺利地接收荆州治权，是摆在刘表面前的头道难题。他请来南郡中庐县蒯良、蒯越和襄阳县蔡瑁共商计策。蒯、蔡两家是南郡世家大族的代表，在荆州都有着巨大影响力。蒯越做过大将军何进的东曹掾（主管人事任免），曾劝何进诛宦官，是见过大世面的人物。蔡瑁是蔡讽之子，蔡讽事迹不详，但蔡瑁的姑母乃太尉张温之妻，他本人少年时与曹操是好友，他的堂兄弟蔡瓒、蔡琰都是太守级的高官。《襄阳耆旧记》载："汉末，诸蔡最盛"，"瑁家在蔡洲上，屋宇甚好，四墙皆以青石结角。婢妾数百人，别业四五十处"，一直到西晋"永嘉末，其子犹富，宗族甚强"。可见，蔡家是南郡的豪族无疑。

在蒯、蔡两家的积极谋划和大力支持下，刘表顺利平定了荆州，"诸守令闻表威名，多解印绶去"。他掌控下的地盘"南接五岭，北据汉川，地方数千里，带甲十余万"。辅佐刘表平定荆州，完全符合蒯、蔡两家的利益。他们跟刘表政权深度结合，共同维护在荆州的统治。蒯越、蔡瑁一直在刘表麾下担任高官，蔡瑁的姐姐嫁刘表为继室。刘表没有回荆州刺史的原治所，而是依托蔡氏，治兵襄阳，静观时变，成为汉末实力雄厚、割据一方、与二袁并称的诸侯。

读者要问，那这跟黄承彦有什么关系，跟丑女黄氏有什么关系？蔡瑁的大姐就嫁给了黄承彦。也就是说，黄承彦与荆州的统治者刘表是连襟关系，刘表是丑女黄氏的姨父！能跟刘表并列，成为襄阳本地第一豪族蔡氏的女婿，黄家的背景和实力，尽管史书没有记载，但定然是不能小觑的。黄家的大小姐，不管多丑，显然是不愁嫁的。

汉末三国是东晋门阀政治的萌芽时期，婚嫁讲究门当户对。世家大族出身的姑娘，在嫁人时有先天的优势，而不论其相貌美丑。比如，号称我国古代四大丑女之一的阮氏，《世说新语》评价说"奇丑"。丑到什么程度呢？新婚当天，阮氏和新郎行了交拜礼之后，丈夫竟然不肯再进洞房。丑得让男人完全不能忍！因为阮氏出自陈留世家大族，是卫尉阮共之女，竟然嫁给了名士许允。不肯入洞房的许允，后来对阮氏"遂相敬重"。就连皇家，也不能免俗。晋武帝为儿子司马衷（晋惠帝）择妇，在贾充的女儿贾南风和卫瓘的女儿之间二选一。晋武帝自己都说："卫公女有五可，贾公女有五不可：卫家种贤而多子，美而长白；贾家种妒而少子，丑而短黑。"最后，他却选择了相貌丑、身材矮、皮肤黑的贾南风，主要原因就是贾家势力比卫家更强大，对司马氏政权的支撑作用更大。

这时候，我们眼前仿佛浮现出这么一幅场景：一个长得丑丑的豪门千金，当户理着红妆，对镜贴着花黄，终究良心未泯，叹了口气，扔下青铜镜，忍不住号啕大哭，转头对她父亲说："爹，我长这么丑，可怎么嫁人啊？我不如死了算哒！都怪你，遗传基因太强大啦！"

她爹听到这话心疼不已，走过来搂着她的肩膀说："宝贝闺女，不哭不哭，爹爹保证帮你找个又帅又有才的如意郎君！"

丑千金破涕为笑："真的？您可不要骗我！"她高兴了一阵之后马上又转为担忧，"哪个帅哥会看上我？"

她爹神秘地一笑："那个在隆中带着弟弟种田的山东小伙诸葛亮，听说过吧？家里条件差是差点儿，但是生得高大英俊、一表人才，并且满肚子墨水，聪明儒雅，你喜欢不？听说正在托媒人找媳妇。我明天亲自去会会他，你就乖乖在家等你爹的好消息吧！"

那么，诸葛亮这时候是个什么情况呢？诸葛亮的父母很早就去世了，父亲诸葛珪最高官职不过是个郡丞。他从小跟着叔叔诸葛玄生活。袁术私署诸葛玄为豫章太守，到任不久就被东汉政府任命的太守朱皓打败。诸葛玄在扬州待不下去，便带着诸葛亮姐弟到襄阳投靠故人刘表。大约在建安二年（197），诸葛玄也病逝了。这时候诸葛亮才十七岁。他的两个姐姐都在荆州出嫁，一个嫁给了蒯姓家族的蒯祺，一个嫁给了庞德公的儿子庞仙民（一说庞山民）。诸葛亮与弟弟诸葛均相依为命，以布衣之身"躬耕于南阳"，自食其力。这时候的诸葛亮，可以说是一个除了志向和才华之外，一无所有的年轻人。

答应了闺女的黄承彦迤迤然主动找上门来，直截了当地对诸葛亮说：我闺女很丑，但是"才堪相配"，你懂的……

读者诸君要问，既然说"才堪相配"，那黄小姐的才，到底怎么样？在封建时代，女子只在家庭中扮演角色，基本上不参与政治、经济等社会活动，她们的才，对于择偶没有半分吸引力。黄承彦这么跟诸葛亮说，只不过是一句托辞而已。他料定诸葛亮会答应这门亲事。

《三国演义》在第一百一十七回中，诸葛瞻战死绵竹之前，提到了黄氏。罗贯中写道："原来武侯之子诸葛瞻，字思远。其母黄氏，即黄承彦之女也。母貌甚陋，而有奇才：上通天文，下查地理；凡韬略遁甲诸书，无所不晓。武侯在南阳时，闻其贤，求以为室。武侯之学，夫人多所赞助焉。及武侯死后，夫人寻逝,临终遗教,唯以忠孝勉其子瞻。"看来,罗贯中认为黄氏是无貌却有才的。

摆在年轻的诸葛亮面前的是一道选择题,接受还是拒绝?以黄承彦的身份,降尊纡贵亲自向诸葛亮提亲,如果选择拒绝,显然就打了黄承彦的脸,后果十分严重,轻则在荆州举步维艰,重则有性命之忧;而如果选择接受丑女黄氏,成为黄家的乘龙快婿,刘表也就成了诸葛亮的姨父,那么就可以顺理成章加入荆州最高统治集团,也就有更多的机会施展自己翊赞宗杰、兴复汉室的抱负——作为宗室的刘表初到荆州时开创的气象,让诸葛亮对他抱有很大期待。诸葛亮的姐姐、姐夫们想必也是同意这门婚事的。这样,这几家就可以亲上加亲,结合得更加紧密了。

恩格斯曾在《家庭、私有制和国家的起源》中指出:"对于骑士或男爵,以及对于王公本身,结婚是一种政治行动,是一种借新的联姻来扩大自己势力的机会;起决定作用的是家世的利益,而决不是个人的意愿。"这段话,有助于我们加深对诸葛亮婚姻的理解。很可能,这场婚事是蔡、蒯、庞、黄几大家族商量后的结果,也由不得诸葛亮不同意。

有着远大志向,常以管仲、乐毅自比,准备扎根荆州干一番大事业的诸葛亮,经过权衡之后,答应了黄家这门亲事。他决心牺牲儿女私情的小爱,来成就自己匡世济民的大爱。诸葛亮出于政治考量,最终娶了丑女黄氏。

有读者可能会发出疑问,诸葛亮真的会为了事业牺牲爱情吗?笔者认为,这是大概率事件,很有可能。我们可以从诸葛亮的《诫外生书》中看出他的价值倾向。他在信中写道:"夫志当存高远，慕先贤，绝情欲，弃凝滞，使庶几之志，揭然有所存，恻然有所感……若志不强毅，意不慷慨，徒碌碌滞于俗，默默束于情，永窜伏于凡庸，不免于下流矣！"诸葛亮告诫自己的外甥，为了实现心中高远的志向，应当"绝情欲""弃凝滞"，肉体不能沉湎于男女情欲，思想不能被世俗观念所桎梏，如果"碌碌滞于俗，默默束于情"，那么一辈子都有可能无法出人头地，只会沦为"凡庸"和"下流"。可见，胸怀大志的诸葛亮，为了成就一番事业，是愿意牺牲自己的爱情、娶一位颜值低但附加值高的妻子的。

然而，与黄氏成亲之后的诸葛亮，并没有受到刘表的重用。刘表不识千里马，这个结果并不奇怪。陈寿评价刘表是"有才而不能用，闻善而不能纳"；《世说新语》记载有人向刘表推荐奇士司马徽，刘表接见后认为"世间人为妄语，此直小书生耳"。刘表年长诸葛亮四十岁，也许在他眼里，诸葛亮只是亲戚家的一个小孩，更是不堪大用的"小书生"。另一方面，诸葛亮可能渐渐也看清了刘表的真面目：一是政治上"包藏奸心"——"桀逆放恣，所为不轨，至乃郊祭天地，拟仪社稷"；二是能力上"无戡乱之才"——"不见事变，多疑无决，无能为也"，所以也不愿意出山辅佐刘表。建安十二年（207），在刘备三顾茅庐的诚恳邀请下，诸葛亮"由是感激，遂许先帝以驱驰"。

从这个角度来看，诸葛亮娶黄氏的政治目的完全落空。尤其在刘表病死、荆州陷入曹、刘、孙三家争夺之后，不知道诸葛亮望着朝夕相处的丑妻黄氏，内心是否有些后悔和苦涩？读者诸君有暇，可以求一下诸葛亮的心理阴影面积。

他俩的婚姻生活如何，是否日久生情、琴瑟和鸣，史书并无记载，不好妄加判断。笔者推测，诸葛亮勤奋敬业，夙夜在公，事必躬亲，又屡次北伐，"五月渡泸，深入不毛"，多年带兵在外征战，估计是没有多少时间去陪黄夫人的吧。可以肯定的是，婚后黄氏一直没有给诸葛亮生儿子。诸葛亮无奈只好过继兄长诸葛瑾的次子诸葛乔为嗣。直到建兴五年（227），诸葛亮才有了亲生儿子诸葛瞻。这一年，诸葛亮四十七岁。如果黄氏跟诸葛亮年龄相若，恐怕诸葛瞻未必是黄氏所生。

甚至存在黄氏去世较早的可能性。诸葛亮在《与李严书》中提到："吾受赐八十万斛，今蓄财无余，妾无副服。"诸葛亮很廉洁，虽然受赐不少，但家无余财，他的妾室连替换的衣服也没有。诸葛亮没有提到妻子。一种可能是妻子已经去世，正室空缺，所以只说妾；另一种可能是妻子情况比妾室好一点儿，有替换的衣服。笔者以为前一种可能性更大一点儿。毕竟如果妻子黄氏尚在，顺便加一句，也形容一下妻子的节俭状况，逻辑上更有说服力。总而言之，诸葛亮在黄氏之外，肯定是纳了妾的。

建兴十二年（234），诸葛亮最后一次北伐过程中患病，"出师未捷身先死"，卒于武功五丈原（今陕西宝鸡岐山南），后遵其遗命在回师途中葬于汉中定军山（今陕西勉县境内，距成都近千里）。也许在诸葛亮的心中，他并不想死在家里，并不想跟妻子合葬在一起。

黄氏得到了诸葛亮的人，是否得到了他的心？得到了婚姻，是否得到了爱情？历史给我们留下了太多的谜团。黄氏到底是不是才女、贤妻？是耶？非耶？她的妍媸贤愚，与诸葛亮到底夫妻感情如何，甚至是否是诸葛瞻的亲生母亲，去世时间在诸葛亮之前还是之后，也许我们永远也无法全部弄清楚了。

甄夫人：绝世容颜"双刃剑"

延康元年（220）六月，继曹操而为东汉丞相、魏王不足半年的曹丕以南征孙权为名，带领大军浩浩荡荡从邺城出发，踏上了篡汉之路。十月，汉献帝在许都禅位于曹丕。曹丕终于完成了曹操未竟的事业，将皇袍从衬衣改成了外套。

曹丕离开邺城的时候，并没有带上他从前的宠妾甄夫人。也许，从一开始，他就没有考虑让甄夫人跟他一起共享万乘之尊的荣光。

黄初二年六月丁卯（廿八日，221年8月4日），已经被冷落在邺城长达一年之久的甄夫人，没有等到皇后的册命，等到的却是一纸赐死的诏书。

最是无情帝王家。这一年，甄夫人三十九岁。

一代佳人，最后化作邺城郊外的一抔黄土。结局之凄惨，令人唏嘘不已。

甄夫人是中山无极（属冀州，故城在今河北省无极县西）人，生于东汉光和五年十二月丁酉（十五日，183年1月26日），出身世家大族，祖上是西汉末年的高官甄邯，"世吏二千石"。但是，甄夫人的父亲甄逸只做过上蔡县令。甄逸有三子五女，甄夫人就是甄家"五朵金花"中最小的那一朵。《魏书》详细记载了她哥哥姐姐们的名字，因为避讳的原因，反而独独没有写下她的名字。有野史说，甄夫人名叫甄宓。这完全是一种误传。源头应该就是好事之徒将《洛神赋》与甄夫人联系起来后编造出来的，因为赋中有言，"河洛之神，名曰宓妃"。试想，哥哥曹丕尚在，本来就一直被猜忌、被打压的曹植有几个胆子，敢将嫂子的名字公然写在赋中？另外，呼嫂以名，显然也有违当时的礼法和道德。所以，这个名字并不靠谱。我们只能老老实实地称呼她为甄夫人。

据《三国志》及其注引的《魏书》《魏略》记载，甄夫人具有多种美德，比如从小就"不好戏弄"而喜欢读书习字，"事寡嫂谦敬"、抚养侄儿"慈爱甚笃"，饥馑之年劝告家里不蓄金银珠玉而散发储谷赈济亲族邻里，甚至还说出了"闻古者贤女，未有不学前世成败，以为己诫"这样具有大智慧的金句。看相的人也说甄夫人贵不可言。这样一位贤德的女子，似乎的确该拥有幸福的婚姻和光明的前途。

建安年间（当在建安四年之前），甄夫人嫁入了袁家，夫婿是一位名叫袁熙的贵介公子。在当时的华北，这是一位女孩子能够想象出来的最佳归宿。袁熙是大将军袁绍的儿子。而袁绍，是东汉末年最大的割据者，坐拥青、冀、幽、并四州，整个华北都在他的掌控之中。有他在，挟天子的曹操也只敢当司空、行车骑将军事。并且，汝南袁家并不是暴发的土豪，而是四世三公的"东京名族"，门生故吏遍天下，誉之为汉末第一豪门也并不过分。《世说新语》中记载："魏甄后惠而有色，先为袁熙妻，甚获宠。"甄夫人嫁入袁家，享用这泼天富贵，堪称烈火烹油、鲜花着锦之盛，除了甄氏"世吏二千石"的家世之外，揣测更主要的原因是她本人有着绝世的容颜。"遂令天下父母心，不重生男重生女。"这是甄夫人的核心竞争力，初出闺房，牛刀小试，威力巨大。

故事的开头往往就是这样无限美好，而结局却又往往令人无尽叹惜。

婚后不久，袁熙受父亲袁绍委派，出任幽州刺史。甄夫人则留在邺城，侍奉婆婆刘夫人。这几年虽然与丈夫聚少离多，却是甄夫人一生中难得的太平日子。但是，外面的世界却不太平。好景不长，建安五年（200），甄夫人的公公袁绍在官渡被曹操打败，袁家的地盘虽然还在，但是在曹袁之争中由攻转守，开始处于下风。建安七年（202），袁绍忧愤而死，袁谭、袁尚争立，袁家内讧。饱读诗书的甄夫人应该已经感觉到大厦将倾的悲凉。建安九年（204）八月，曹操终于攻破了邺城。袁家的男人们都逃跑了，女眷则成了曹家的战利品。曹阿瞒杀人如麻，袁家婆媳的恐惧可想而知。

率先冲进袁家内院的人，是曹丕。他是不是久闻甄夫人的美貌，想来一睹为快，我们不得而知。史书对于曹丕初见甄夫人的情形，有两种描述版本：一种是"后怖，以头伏姑膝上"，另一种是"有妇人被发垢面，垂涕立绍妻刘后"。笔者本人倾向于相信后一种描述。甄夫人知道自己生得漂亮，害怕带来祸事，所以要"被发垢面"，让人看不清真实容颜。这心理和做法，恰恰证明了甄夫人的确是一个大美人。如果貌似无盐，有什么遮掩的必要呢？当然，甄夫人的小计策没有得逞。曹丕或令"举头"，或令"顾揽发髻，以巾拭面"，甄夫人就露出了庐山真面目。史书不吝赞美之词，说是"颜色非凡""姿貌绝伦"，这当然是美人中的美人。连阅人无数的曹丕都忍不住"称叹之"，估计眼珠子都快掉出来了。甄夫人的婆婆刘夫人看到曹丕一副被迷得神魂颠倒的德性，一颗七上八下的心安定了下来，她对甄夫人说："不忧死矣"，咱们再不用担心会死了。

甄夫人的绝世容颜，是男人无法抵御的核武器，再次发挥出巨大的威力，挽救了袁家所有女眷的性命。

就这样，甄夫人成了曹丕的妾室。读史至此，忍不住想起《鹿鼎记》中陈圆圆在三圣庵给韦小宝说过的一句话："我不是人，只是一件货色，谁力气大，谁就夺去了。"历史总是惊人地相似。男人不光利用战争掠夺土地和财富，也争抢顶级的美女。

《世说新语·惑溺》记载："曹公之屠邺也，令疾召甄，左右白：'五官中郎已将去。'公曰：'今年破贼正为奴。'"言下之意，似乎曹操对甄夫人也垂涎已久，破城之后也想第一时间得到她，没想到却被曹丕捷足先登。曹操自然不好再跟儿子抢女人，只好不无遗憾地说，今年发动这场战役，正是为了（得到）小甄。《世说新语》一贯贬低曹操，这情节不太可信。曹操雄才大略，平定冀州是打败袁绍之后的既有战略计划。另外，曹操与袁绍是平辈朋友，这样赤裸裸地抢人家的儿媳妇，似乎有亏友道人伦，也有损他自己的光辉形象。比较合理的推测是，曹丕私纳霸占甄夫人在前，曹操顺水推舟，"闻其意，遂为迎取"，索性帮他们正了名分。饶是如此，还是有人看不惯。孔融给曹操写信，信中说："武王伐纣，以妲己赐周公。"曹操不明白，问孔融此出何典。孔融回答说："以今度之，想当然耳。"

这是将甄夫人比作商代亡国之君纣王的宠妃妲己。夺人妻女，无论怎么说总是不道德的事。世家大族的代表人物孔融对曹丕娶甄夫人，是不赞同的，是采取讽刺态度的。

甄夫人嫁给曹丕最初的几年，极受宠幸。这不奇怪，甄夫人有着绝世的容颜，没有哪个男人能抵挡她的诱惑。曹丕新得美人，自然也是十分欢喜。《三国志》注引《典略》记载，一次曹丕宴请他的几位文学朋友，当酒过三巡，大家都喝得非常高兴的时候，曹丕让甄夫人出来拜见客人。大家都俯伏于地，不敢仰视，以示敬意；只有刘桢，可能是听说了甄夫人的艳名，想一睹芳容，竟忘乎所以，"独平视"，这违反了当时的礼法，犯了失敬之罪。曹操听说后，命令逮捕刘桢，虽然免去死罪，但仍然罚他去劳动改造。这件事说明，甄夫人嫁到曹家前期，曹操、曹丕父子对他是十分喜爱和重视的。

甄夫人很快为曹丕生下了一儿一女，即后来的魏明帝曹叡和东乡公主。而袁熙此时并没有死，一直逃亡在幽州，直到建安十二年（207）九月以后才被辽东太守公孙康所杀，传首曹操。曹家实际上是破灭袁家的大仇人。在这三年多的时间里，甄夫人一方面肯定惦记着从前的丈夫袁熙的安危；另一方面又被迫给仇人曹丕生儿育女。这一份复杂纠结的情感，其中蕴藏的深切痛苦和无奈，让人不忍细想。而这些，又肯定是不能在曹丕面前流露的。由来只有新人笑，有谁听到旧人哭。这两句沉痛的文字，对于甄夫人而言，有着多重的体会和含义。

汉武帝宠姬李夫人有句名言："以色事人者，色衰而爱弛，爱弛则恩绝。"在曹丕眼里，甄夫人是尤物，但也是玩物。他对甄夫人的爱，只是情欲之爱。甄夫人对他的价值，也仅仅只是颜值。而颜值，是随着岁月荏苒，贬值最快的东西。当甄夫人不能给曹丕提供其他价值的时候，她的失宠，是迟早的事。

史书中没有明言，但我们仍然可以寻找出一些蛛丝马迹。一次，曹丕因为姜室任氏"性狷急不婉顺，前后忿吾非一"，要遣送她回家，当时甄夫人正值盛宠，苦谏曹丕，曹丕不听。可见，甄夫人对他的决定产生不了什么影响。甄夫人所能做的，是拼命巴结婆婆卞后。建安十六年（211），曹操西征关中，卞后从征，途中有疾，甄夫人听说卞后生病"忧怖，昼夜泣涕"，听说卞后"疾已平复"，"乃欢悦"，恐怕不是单纯的孝道那么简单。建安二十一年（216），曹操东征孙权，卞后和曹丕从征，甚至连幼小的曹睿和东乡公主都带去了，但是独独不带甄夫人。差不多一年之后，大军才回到邺城。甄夫人不敢有半句微词。人家问她，分别这么久，不想孩子吗？她还装着欢天喜地的样子对别人说："孩子们跟着奶奶，我有啥不放心的哩？"

其实这时候，甄夫人已经有了一个强大的敌人，就是郭夫人。郭夫人（184—235）是安平广宗（属冀州，故城在今河北邢台东）人，在建安十八年（213）曹操称魏公之后，才嫁给曹丕。此时甄夫人已经与曹丕有了十年的夫妻感情，按理处于竞争优势。但是，郭夫人"有智术，时时有所献纳。文帝定为嗣，后有谋焉"。也就是说，郭夫人积极支持曹丕争夺太子之位，并且为他出谋划策。曹丕念兹在兹的就是早日确立储位，悠悠万事，唯此为大。郭夫人在政治上与曹丕坚定地站在一起，这是她的过人之处。从马斯洛需求层次理论来看，甄夫人只能满足曹丕最低层次的生理需求，而郭夫人能帮助曹丕满足最高层次的自我实现需求。前者很容易找到替代，而后者不可或缺。

那么，郭夫人在竞争中胜出，就很容易理解了。《三国志》载，曹丕"即王位，后为夫人，及践阼，为贵嫔"，郭夫人在甄夫人赐死后又被立为皇后，这是曹丕对郭夫人的论功行赏。而坐拥曹丕长子曹睿的甄夫人，理当母以子贵，却没有当上王后、皇后。这都反映出曹丕对甄夫人的极不满意。曹丕生于中平四年冬（187年年底或188年年初），甄夫人足足大他五岁。在正值而立盛年的曹丕眼里，她已经太老了。显然，建安末年的甄夫人，已经失去了对曹丕的吸引力。

如果甄夫人真的能够"学前世成败以为己诫"，或者就拿眼前被曹丕遣送的任氏当反面教材，她也许能逃过被赐死的噩运。但是，受宠和失宠的落差实在太大，她做不到淡然面对。曹丕以前有多爱她，现在甄夫人就有多恨他。当曹丕当上皇帝之后，将她留在邺城而迟迟不接到许昌、洛阳，两人的矛盾开始凸显。此时的甄夫人，想必是哀怨的。相传《塘上行》即作于此时："众口铄黄金，使君生别离。念君去我时，独愁常苦悲。想见君颜色，感结伤心脾。念君常苦悲，夜夜不能寐。"诗中在诉说思念的同时，哀求夫君不要抛弃自己，倒是很符合甄夫人的处境。

然而，此时的曹丕身边美女如云，已经没有了甄夫人的位置。逊位的汉献帝给曹丕奉上了两个女儿。献帝与曹丕年纪仿佛，这两位刘妃对于曹丕而言自然是青春无敌。再加上郭夫人、李、阴贵人并爱幸。史书载，甄夫人"愈失意，有怨言"。在封建专制时代，后妃要求皇帝对爱情专一，抗议皇帝的乱搞权，挑战的不仅是皇帝本人，挑战的实际上是生杀予夺、至高无上的皇权。

刚刚君临天下的曹丕自然是龙颜大怒。皇帝一生气，后果很严重。再加上郭夫人在旁边添油加醋，这怒火越烧越旺，最终将甄夫人烧为了灰烬。《三国志》明确讲，"甄后之死，由（郭）后之宠也"。郭夫人逃脱不了教唆甚至是主谋的责任。她最有杀人动机，也是甄夫人死亡的最大受益者。甄后有家世、有容貌，又生有长子曹睿，她不死，郭夫人难以登上皇后的宝座。事实上，正是在甄夫人被赐死的次年，曹丕不顾大臣"因爱登后，使贱人暴贵"的指责，立郭夫人为皇后。

而曹丕并无杀害甄夫人的必要性，不喜欢她，冷落甚至不见面就可以了。估计曹丕下令赐死甄夫人，是在郭夫人进谗之后盛怒仓促作出的决定。相传曹丕在遣出前往邺城赐死甄夫人的使者之后，做了一个梦，梦见"青气自地属天"，就找一位名叫周宣的术士解梦。周宣说，这是因为"天下当有贵女子冤死"。曹丕闻言后悔，又派人去追赶使者，但已经来不及了。

《汉晋春秋》载，甄夫人死后，"及殡，令被发覆面，以糠塞口"。这就不仅是葬礼没有备极哀荣的问题，而是对死者极其残忍的污辱。曹丕作为一个男人，似乎不大可能去跟一个已赐死的女人较劲。更大的可能，这是郭夫人在赐死的同时添加的指令。被发覆面，则遮住了甄夫人的绝世容颜。你不是长得漂亮想跟我争宠吗？我让你到阴曹地府无脸见人！以糠塞口，则无法诉说自己的冤屈。用粗劣的东西堵住你的嘴，看你怎么跟阎王爷告我的状！

甄夫人死时，她的儿子曹睿已经接近成年。然而，他无可奈何、无能为力，只能眼睁睁看着自己的父亲赐死了自己的母亲。他深切地同情母亲悲惨的命运，常常思念着自己可怜的母亲。他当上皇帝后,为甄夫人追封、改葬、立庙,甄家的亲属享尽荣华富贵,寄托了自己对母亲绵延不尽的哀思。《汉晋春秋》载,曹睿即位后,听说了母亲惨死的缘由,对郭后"心常怀忿,数泣问甄后死状"。郭后将杀甄夫人的责任推给曹丕,并且责问曹睿:你身为人子,难道可以仇恨死去的父亲,难道还要为死去的前母枉杀我这个后母吗?曹睿大怒,"遂逼杀之",命令像埋葬甄夫人一样来埋葬郭后,同样是"被发覆面,以糠塞口"。《魏略》载,曹睿登基后,"追痛甄后之薨",郭后"以忧暴薨"。这样看来,曹睿算是为母亲甄夫人报了仇。当然,郭后之死的历史真相到底如何,现在是难以弄清了。

至于流传甚广的甄植之恋,纯属无稽之谈。甄夫人初嫁曹丕之时,曹植(192—232)只有十二三岁。《洛神赋》是曹植对心中政治理想的人格化描写:无比美好、若即若离,最终却是南柯一梦,跟甄夫人扯不上半点关系。宋代尤袤所刻《昭明文选》在《洛神赋》题下插入了一条李善注,大意是:曹植求娶甄氏,但曹操偏偏乱点鸳鸯谱,将她许配给曹丕,以致曹植愤愤不平,昼思夜想;甄氏死后,曹丕将甄氏用过的一只玉缕金带枕交给了曹植;曹植睹物思人,悲伤不已,行至洛水,恍惚梦见甄氏前来话别,悲喜不能自胜,和泪挥笔写下了《感甄赋》;后来魏明帝曹睿看到了这篇赋,将其改名为《洛神赋》。后世在此基础上,用诗歌、小说、戏曲不断渲染,于是甄植恋广为流传。比如,唐代大诗人李商隐在《东阿王》中写道:"君王不得为天子,半为当时赋《洛神》",显然是相信有甄植恋的。

广大群众不知历史事实,反倒喜欢上了这个虚构的故事。

也许在世人眼中，甄夫人和曹植相对曹丕而言，都是弱者、受害者：一个有着绝世容颜却被始乱终弃直至赐死，另一个有着绝世才华却被猜忌疏远直至郁郁而终。人们善良地将他俩结合在一起，是对两个苦命之人的同情，希望他们在这残酷的人世，找到一丝慰藉来彼此温暖。

蔡琰：乱世佳人如转烛

美国女作家玛格丽特·米切尔长篇小说《飘》(*Gone with the wind*)，以亚特兰大及其附近的一个种植园为故事场景，讲述了美国南北战争前后一群南方人在战争中跌宕起伏的命运，尤其是成功刻画了女主角斯嘉丽这一复杂、独特的人物形象。当战争像飓风一样卷走了斯嘉丽的"整个世界"，她没有像普通女性一样甘心被摆布，而是千方百计努力寻求自我价值的实现。1936年，小说出版，一时"洛阳纸贵"；1939年，根据小说拍成的电影（中文译名《乱世佳人》）首映，引起轰动，并迅速风靡全球。费雯·丽扮演的斯嘉丽成为世界影迷十分熟悉的经典荧幕形象。

在我国汉末三国时期，也有这样一位女性，她就像一支纤细的蜡烛，在乱世狂风中辗转摇曳，若明若暗，时断时续，常常让人替她捏一把汗。她的经历，跟斯嘉丽相比，论传奇性更胜一筹，惊心动魄之处更令人肝肠寸断。她"博学有才辩，又妙于音律"，跟斯嘉丽相比，似乎更有资格被称为"乱世佳人"。

她，就是我国历史上著名的女诗人——蔡琰。

蔡琰，字文姬，陈留郡圉县（今河南杞县）人，是东汉大学者蔡邕（132—192）的女儿。蔡邕"少博学"，"好辞章、数术、天文，妙操音律"，博研经史，精通书法，时人誉之为"旷世逸才"。家学渊源，在父亲的影响下，蔡琰也具有多方面的才能。

蔡琰通音律，"能辨琴"。一天夜里，蔡邕正在鼓琴，忽然一根琴弦断了。在旁边听琴的蔡琰说，断的是第二弦。蔡邕说，估计你是碰运气猜到的。蔡邕故意弄断一根琴弦再问她，蔡琰说，这次是第四弦。蔡琰又答对了，蔡邕这才相信了女儿的能力。

蔡琰记忆力惊人，并且擅长书法。蔡邕送给她书籍四千多卷，乱世流离，损失殆尽，但是她居然还能记诵四百多篇。曹操准备派十名书吏帮助她缮写出来。蔡琰以男女有别为由拒绝了，对曹操说，您只要给我纸笔就行了，"真草唯命"，意思是楷书或者草书我都能写。唐代张彦远《法书要录》曰："蔡邕受于神人，而传与崔瑗及女文姬，文姬传之钟繇，钟繇传之卫夫人，卫夫人传之王羲之。"可知蔡琰书法水平极高。最后，她凭一己之力，将这四百多篇文章全部默写出来，送给了曹操，"文无遗误"，令人惊叹。

蔡琰还具有极高的文学才能。《隋书·经籍志》著录有《蔡文姬集》一卷，但已经失传。现在能看到的蔡文姬作品只有《悲愤诗》两首和存在争议的《胡笳十八拍》。《悲愤诗（五言体）》是中国诗歌史上第一首文人创作的自传体长篇叙事诗，对后世影响深远。因为这首诗的开创性，一度被认为是后人伪作。博学如苏轼，也说："其词明白感慨，颇类世所传木兰诗，东京无此格也"。这恰恰证明了蔡琰文学创作水平的出类拔萃。

"中郎(蔡邕曾任左中郎将)有女能传业",是历代对蔡琰的共同评价。而生于乱世的绝代佳人,常常拥有比一般女子更坎坷的命运,会经历比常人更多的磨难,也必会忍受许多旁人难以想象的痛苦。

我们还是先从其父讲起。光和元年(178),蔡邕上书直斥宦官,因而下狱,随后流徙朔方,次年才被赦还本郡;因为害怕宦官再次迫害,蔡邕"亡命江海,远迹吴会"达十二年之久,直到中平六年(189)因为董卓以灭族相威胁才返回洛阳再次出仕。初平三年(192),董卓死后,王允以"怀董"之罪将蔡邕逮捕,遂死狱中。从蔡邕的经历可以推测,蔡琰的幼年时期也是很不幸的:她要么随着父亲颠沛流离在华东滨海地区,过着没有安全感的逃亡生活;要么待在老家陈留,跟父亲分隔千里,饱尝思念之苦。对一个少女来说,这种成长经历,让她早早就认识到世事艰难,思想上肯定比同龄人成熟。

蔡琰成年后,命途多舛。她跟斯嘉丽一样,先后有过三次婚姻。

第一次婚姻美好却短暂。蔡琰初嫁河东郡人卫仲道。刘开扬教授推断蔡琰生于熹平三年(174),初嫁卫仲道在中平六年(189)。笔者颇疑卫仲道与卫觊(字伯觎)同族,甚至有可能就是他弟弟。河东卫氏是魏晋时期赫赫有名的世家大族,主要特点有三:一是学问大,东汉卫氏自卫暠起,就是儒学望族、经史名门,卫觊与儿子卫瓘、孙子卫恒、曾孙卫璪、卫玠都以文学知名;二是颜值高,晋武帝评价卫公女"美而长白",卫玠更是号称中国古代四大美男之一;三是书法好,卫觊书法与钟瓘并称，卫瓘书法"得伯英（张芝）之筋"，卫恒"得其骨"，著有《四体书势》，卫恒从妹卫夫人是"书圣"王羲之的启蒙老师。蔡琰嫁给卫仲道，正可谓门当户对、珠联璧合，恰似李清照嫁给赵明诚，真是再合适不过了。小夫妻俩在一起舞文弄墨、吟诗作对，应该是相当恩爱的。但是婚后不久，卫仲道就去世了，本应成为佳话的一段美好姻缘却早早落幕。因为没有生下一男半女，蔡琰回到陈留娘家居住。青年丧夫，蔡琰的人生跌入到不幸的深渊。她的痛苦，人凡有心，都能通感。

第二次婚姻更加不幸。《后汉书·列女传》载："兴平（194—195）中，天下丧乱，文姬为胡骑所获，没于南匈奴左贤王，在胡中十二年，生二子。""没于南匈奴左贤王"，并不一定就成了左贤王的妻妾，有可能是嫁给了左贤王下属的军官或兵士，甚至有学者认为蔡琰的身份是战俘、是奴隶。蔡琰从归宁守寡到"没于南匈奴左贤王"，这中间有一段非常惨痛的经历。

董卓死前，迁汉献帝于长安，安排女婿中郎将牛辅率领一支部队别屯于陕，作为防御关东诸侯的前哨。牛辅分遣校尉李傕、郭汜、张济略陈留、颍川诸县。这些人都是残民以逞的军阀。《三国志·董卓传》载："（董卓）尝遣军到阳城。时适二月社，民各在其社下，悉就断其男子头，驾其车牛，载其妇女财物，以所断头系车辕轴，连轸而还洛，云攻贼大获，称万岁。入开阳城门，焚烧其头，以妇女与甲兵为婢妾。"杀其夫而占其妻，毁其家而谋其财，这就是董卓军队在洛阳近郊阳城犯下的骇人暴行。

李傕、郭汜、张济略陈留、颍川诸县，所作所为与此类似。蔡琰的《悲愤诗》可为明证："卓众来东下，金甲耀日光。平土人脆弱,来兵皆胡羌。猎野围城邑,所向悉破亡。斩截无孑遗,尸骸相撑拒。马边悬男头,马后载妇女。"《三国志·荀彧传》也可从侧面印证:"卓遣傕等出关东,所过虏略,至颍川、陈留而还,乡人留者多见杀略。"颍川荀彧因为超强的预见性,事前带着宗族迁往冀州得免。弱女子蔡琰就没有这么幸运了,她落入了李傕、郭汜等率领的暴军之手,正是"马后载妇女"中的一员。

蔡琰被卓兵虏略,当在初平三年(192)上半年。而她父亲蔡邕,此时正被王允投入大牢,不久死于狱中。我们不知道蔡琰是不是及时收到了她父亲亡故的消息。笔者宁愿她不知道,心里保留着一丝父亲会来搭救她的希望。

李傕、郭汜"打草谷"回陕,董卓和牛辅都已被杀。众无所依,欲各散归,用贾诩策,西攻长安。蔡琰于是又被大军裹挟着一路向西:"长驱西入关,迥路险且阻。还顾邈冥冥,肝胆为烂腐。"挨打挨骂是常有的事,"岂敢惜性命,不堪其詈骂。或便加棰杖,毒痛参并下";有时候甚至遭到死亡威胁,"要当以亭刃,我曹不活汝"。她的处境,真可谓叫天天不应,叫地地不灵。"旦则号泣行,夜则悲吟坐。欲死不能得,欲生无一可。"《董卓传》载:"以妇女与甲兵为婢妾。"她在西迁的过程中到底经历过什么,我们不忍细想。

接下来的几年,蔡琰在李傕、郭汜军中过着"冥当寝兮不能安,饥当食兮不能餐,常流涕兮眦不干,薄志节兮念死难"的朝不保夕、以泪洗面的俘虏生活,主要活动区域在长安、洛阳之间。不久之后,她又成了南匈奴军队的俘虏。

蔡琰的诗中没有叙及她是如何落入匈奴人之手的,史传也没有明确记载。兴平二年（195）十一月，杨奉、董承引白波帅胡才、李乐、韩暹及匈奴左贤王去卑，率师奉迎汉献帝，与李傕等战，破之。推测蔡琰就是在这次战争中由李、郭军转入南匈奴军的。不久，左贤王的军队离开中原，返回北方营地。蔡琰也被带到了边疆地区，被迫嫁给了匈奴人，开始了她显然并非自愿的第二场婚姻。

我国著名历史学家谭其骧先生考证蔡琰所居之地在西河美稷（今内蒙古自治区伊克昭盟一带）。这里的自然环境和人情风俗与中原大相径庭，"边荒与华异，人俗少义理，处所多霜雪，胡风春夏起"，"阴气凝兮雪夏零，沙漠壅兮尘冥冥，有草木兮春不荣，人似兽兮食臭腥"。蔡琰精神上十分痛苦。她无时无刻不在思念着自己的父母和家乡，"感时念父母，哀叹无穷已。有客从外来，闻之常欢喜。迎问其消息，辄复非乡里"。漫漫长夜，她常常无法入睡，偷偷从帐篷里跑出来，"登胡殿兮临广庭"，看天上黑云遮盖着星星和月亮，听北风呼啸、胡笳翻动、边马嘶鸣，"心吐思兮胸愤盈"，但是害怕惊动旁人，连大气都不敢出，只能默默啜泣，"含哀咽兮涕沾颈"。

这种在异族他乡忍辱偷生的日子，蔡琰过了十二年。

建安十二年（207），曹操北征三郡乌丸，战于白狼山，大胜，斩匈奴单于蹋顿及名王已下，胡、汉降者二十余万口，北方匈奴各部慑服。估计正是在这个背景下，曹操因为与蔡邕生前关系很好，"痛其无嗣，乃遣使者以金璧赎之"。"文姬归汉"本来是一桩美事。南宋文人徐钧有诗："此生已分老沙尘，谁把黄金赎得身。十八拍笳休愤切，须知薄命是佳人。"蔡琰终于可以结束流亡多年的俘虏生涯，生还中原，重新成为大汉的子民。

但对蔡琰而言,不啻是又一场生离死别的劫难。

匈奴人得了曹操的金璧之后,同意放蔡琰归汉,但是不允许她带走两个儿子。蔡琰知道,这里离家乡陈留近三千里,一旦分离,很有可能与两个孩子再无相见之日,心里如何割舍得下?两个儿子也舍不得母亲离开,抱着蔡琰的脖子,问妈妈要去哪里。《悲愤诗》以两个儿子的语气写道:"阿母常仁恻,今何更不慈?我尚未成人,奈何不顾思?"蔡琰自然是欲走还留,挥泪如雨:"见此崩五内,恍惚生狂痴。号泣手抚摩,当发复回疑。"再加上跟蔡琰一起被俘虏的妇女也来告别:"兼有同时辈,相送告离别。慕我独得归,哀叫声摧裂。"分离的现场,儿子哭,蔡琰哭,相送的同辈哭,哭声一片。"马为立踟蹰,车为不转辙。观者皆嘘唏,行路亦呜咽。"连看热闹的人都忍不住嘘唏呜咽,当事者的痛苦更是刻骨铭心。悲莫悲兮生别离,形容的正是这种场面。

带着对两个儿子的无尽挂念,蔡琰终于回到了故乡陈留。迎接她的是又一轮沉重的打击:"既至家人尽,又复无中外。"她的父亲蔡邕已经去世多年,家人全都没了,连亲戚都找不到了。经过多年战争浩劫,中原大地成了一片废墟:"城廓为山林,庭宇生荆艾。白骨不知谁,纵横莫覆盖。出门无人声,豺狼嚎且吠。"这简直就是汉乐府诗《十五从军征》的翻版。

蔡琰归汉后,很快有了第三次婚姻。在中国古代,妇女并没有独立谋生的能力。蔡琰不得不又一次嫁人。这是她生存下去的唯一方法。这一次,她嫁给了同郡人董祀。对于第三次婚姻,蔡琰心怀忐忑:"流离成鄙贱,常恐复捐废。"她害怕丈夫瞧不起她,甚至会抛弃她。其实,她没有做错任何事情!她的所有痛苦，都是这个混乱的世道强加给她的。在这段婚姻里，笔者推测她是自卑的，她努力讨好丈夫，希望得到他的欢心，"托命于新人，竭心自勖励"。

第三次婚姻也不省心。董祀的官职是屯田都尉，有一次触犯了刑法，其罪当死。蔡琰没奈何，大冷天里"蓬首徒行"去找曹操叩头求情。当时曹操府上公卿名士及远方使驿坐者满堂。蔡琰"音辞清辩，旨甚酸哀"，大家听了都很感动。曹操说，我确实很同情你，但是死刑的执行书已经下达了，怎么办呢？蔡琰反应很快："明公厩马万匹，虎士成林，何惜疾足一骑，而不济垂死之命乎！"曹操被蔡琰的话感动，原宥了董祀的死罪。

笔者跟读者诸君一样，希望董祀知恩图报，懂得感激蔡琰的救命之恩，在今后的婚姻生活中，能对蔡琰好一点儿。

蔡琰的故事，到这里就结束了。《三国演义》第七十一回提到蔡琰，说她嫁给董祀后居于蓝田，曹操兵出潼关，路过当地拜访蔡琰，引出了蔡邕在曹娥碑后书八字谜语的故事。此事没有史实根据，不足深信。蔡琰最后的命运，史书没有记载。笔者认为，如果能跟董祀平静地过完下半生，那就是老天对她最好的安排。

有学者怀疑蔡琰后来还嫁了一次。根据《晋书》记载，西晋名将羊祜与司马师妻子羊徽瑜是亲姐弟，他们的母亲蔡氏是蔡邕的女儿。而此前曹操之所以迎文姬归汉，就是因为蔡邕无嗣，说明蔡邕并没有其他子女存世。那么羊祜的母亲是不是就是蔡琰呢？目前历史学界，对这一问题，无法证真，也无法证伪。唯一让我们感到安慰的是，这个羊母蔡氏，寿终正寝，并且生前享受到了儿女带来的荣华富贵。

她真的是蔡琰吗？她晚年真的能够得到平安喜乐吗？蔡琰《悲愤诗》最后两句是"人生几何时，怀忧终年岁"。悲伤和忧愁，已经深深地写进了蔡琰的心里。蜡烛在风中，只要风不息，烛火就会不停摇曳。也许只有离开这个混乱的人世，蔡琰才能真正地得到解脱。

第三辑 沧海横流却是谁

说英雄，谁是英雄？汉末三国刘邵《人物志》有言："夫草之精秀者为英，兽之特群者为雄；故人之文武茂异，取名于此。是故，聪明秀出，谓之英；胆力过人，谓之雄。"他认为英、雄各有侧重，前者胜在智力，后者强在体力；并且断言，"故一人之身，兼有英雄，乃能役英与雄。能役英与雄，故能成大业也"。俗语云，时势造英雄；又有云，不以成败论英雄。汉末三国，天翻地覆，人物灿若繁星。有人曾雄踞数州，有人曾辉煌一时，麾下大多谋士如雨、猛将如云，也算"能役英与雄"，但最终大多逃脱不了败亡的命运。又值酷暑，挑选汉末虎争之世十位叱咤风云的大人物，逐一点评。他们到底是不是英雄？留待读者自己评说。

何进：智小谋大反受殃

《后汉书·孝灵帝纪》："（中平）六年……六月……雨水。"

《后汉书·五行志》："中平六年夏，霖雨八十余日。"

差不多整个夏季，洛阳城都在下雨。异常的天象似乎表明，中平六年（189）是极不寻常的一年。对于国舅、大将军何进而言，则更是如此。这是何进生命中最后一年，也是他最煎熬的一年。这一年，何进像一名溺水者，在权力的漩涡中拼命挣扎，然而他力有不逮，扑腾了几下之后，最终消失在历史的洪流中。

这一年四月十一日，中国历史上有名的昏君汉灵帝刘宏崩于南宫嘉德殿，年仅三十四岁。灵帝的立身施政与"嘉德"二字扯不上任何关系，死不足惜，但他死后给天下出了一道难题——由谁来继承皇位？

灵帝身后留有两个儿子：刘辩（176—190），十四岁，为何皇后所生，养于史道人家，号曰史侯；刘协（181—234），九岁，为王美人所生，美人生下刘协不久就被何皇后鸩杀，刘协由灵帝之母董太后抚养，号曰董侯。史侯年长，并且是皇后之子，以嫡以长，按理当立为太子。但是灵帝认为史侯刘辩"轻佻无威仪,不可为人主",所以生前迟迟没有立他为太子,疾笃时又将董侯刘协托付给宦官蹇硕。蹇硕原是一名地位并不高的小黄门(宦官,秩六百石,侍皇帝左右,跑腿办事),因为"壮健有武略",灵帝超授他为西园八校尉(袁绍、曹操都列名其中)之首——上军校尉,虽大将军何进也要听命于他。

灵帝内心同情并喜爱着自幼失恃的小儿子董侯,不愿意把皇位交给大儿子史侯,但是他没有废长立幼的魄力,没有跟皇后翻脸、跟群臣较劲的勇气。于是,他选择了逃避。两个儿子,各有靠山,最后谁能胜出,就看他俩各自的造化了。这争立过程中的波谲云诡、血雨腥风,灵帝不可能想象不到。灵帝对大汉江山,对自己的两个儿子,颇有些"我死后哪管它洪水滔天"的不负责任。

灵帝生前,何进与蹇硕就有过一次交锋。蹇硕虽然统领禁军,但是对大将军何进还是很畏忌的。他想出了调虎离山之计,与其他宦官一起游说病中的灵帝派遣何进去凉州镇压韩遂、马腾起义军。灵帝同意了。这一招甚是阴险,如果何进领兵前往,那么灵帝驾崩时他很可能来不及赶回京城,就会失去对朝政的掌控,蹇硕就可以轻松将董侯推上皇位。何进知道这是蹇硕的诡计,但大将军的职责本就是为国平乱,所以他无法拒绝灵帝的命令。何进使出了缓兵之计,他借口兵力不足,上奏灵帝派遣袁绍去徐、兖二州调兵,承诺等袁绍回来后自己就领兵出征。昏庸的灵帝又同意了。他耳根子软,两边说的他都同意。何进的拖延战术奏效了,一直到灵帝驾崩,他也没有离开洛阳。何、蹇二人初次交锋,蹇硕先出招,何进见招拆招,蹇硕的计谋落空了。这只是序曲。东汉最后一场外戚与宦官争斗的大戏,由此拉开大幕。

灵帝死后，一方是准备拥立史侯刘辩的何皇后及大将军何进；另一方是准备拥立董侯刘协的董太后、票骑将军董重以及上军校尉蹇硕，双方围绕着由谁来继承皇位，很快就展开了激烈的争斗。最高权力的排他性，决定了双方斗争没有妥协余地。如果刘辩继立，何氏胜出，卧榻之侧岂容他人鼾睡，则必诛蹇硕与董氏；如果刘协登位，将来必报杀母之仇，则何氏危矣。胜，则君临天下，富有四海；败，则一无所有，欲为庶民而不可得，非灭族殒身不可。因此，灵帝一死，双方斗争立即进入到刺刀见红的阶段。

蹇硕喜欢先发制人。他打算先杀何进，再立董侯刘协。他派人以商量事务的名义去请何进到宫里来。何进没有起疑心，当即前往。眼看何进命悬一线，即将落入蹇硕布下的圈套，这时候蹇硕身边的司马潘隐扮演了"无间道"，拯救了何进的性命。潘隐跟何进有老交情，在何进来见蹇硕的路上，"迎而目之"，猛使眼色。何进再笨，也觉察到了危险，赶紧掉转马头，奔回自己的军营，"引兵入屯百郡邸"，进入军事戒备状态，并且称疾不入，干脆不进宫、不见蹇硕了。

蹇硕对何进，成了狗啃刺猬——无从下嘴。国不可一日无君。四月十三日，群臣拥立嫡长子史侯刘辩即皇帝位。何进的妹妹何皇后晋位为太后，临朝称制，掌握国家最高权力。大将军何进作为国舅，与太傅袁隗参录尚书事，顺利取得了辅政大权。

第一个回合，有惊无险，何进赢了。从何进的表现来看，他缺乏政治敏感性，甚至没有危机感，对于支持董侯刘协的势力以及争夺皇位继承权的残酷性缺乏清醒的认识，对于在灵帝崩后如何帮助外甥史侯刘辩继位根本没有制订应急预案，行事十分被动，赢得十分侥幸。显然，极度缺乏政治谋略的何进，并不是一位合格的政治家。

胜利后的何进"忿蹇硕图己"，盘算着要报复，"阴规诛之"。袁绍乘机通过何进的门客张津，向何进提出了一个更宏大的计划：悉诛宦官。

东汉中后期，宦官屡次专权，"手握王爵，口含天宪"，贪婪残暴，流毒海内，是天下正直之士的公敌。何进才能平庸，功业乏善可陈，如果选择与宦官和平共处，在历史上最终只会是一位谁也记不住名字的普通外戚；如果能悉诛宦官，一则可以取悦当时广大士民，二则可以垂名后世。袁绍认为"中官亲近至尊，出纳号令，今不悉废，后必为患"，道出了东汉宦官专权的必然性和危害性。袁绍的建议，一方面抓住了何进的虚荣心；另一方面，也提醒何进要考虑自己未来的政治安全甚至是生命安全：谁能保证宦官集团里不会出现第二、第三个蹇硕？于是，何进征召何颙、荀攸、郑泰等二十余名智谋之士，组成了一个"锄奸（太监）团队"，准备实施袁绍的计划。这些人中的大部分，很可能都是袁绍给他推荐的。

手握禁兵的蹇硕当然不甘心引颈就戮，他写信给大宦官赵忠、宋典等人，告诉他们何进"谋诛先帝左右，扫灭我曹"，劝说他们团结起来诛杀何进兄弟，"今宜共闭上阁，急捕诛之"。这一次，蹇硕的如意算盘再次落空。宦官集团主要首脑商议之后，不同意蹇硕的计划，并且将他的来信交给了何进。何进"诱诸常侍共诛硕"。中常侍郭胜与何进同郡，"素养育进，子弟遇之"，他积极支持何进，对其他宦官说："进，我所成就，岂有异乎？可卒听之。"失去了宦官集团支持的蹇硕，脆弱得如同无牙之虎。四月二十五日，何进"使黄门令收硕诛之"。黄门令由宦官充任，说明实际上杀蹇硕的并不仅是何进，还有宦官集团。宦官集团抛弃了蹇硕，他们计划牺牲一个蹇硕，与何进达成谅解，进而与何进结成政治同盟，和平共处，共享政治权力。

对于宦官集团而言，做出这个选择并不奇怪。如果杀了大将军何进，则无法向何太后与少帝交代，后果十分严重，甚至有可能迫使宦官集团不得不废后废帝，另立新君。而蹇硕虽然贵为上军校尉，但是他在朝中宫中的根基并不深厚。他最大的靠山就是灵帝，而灵帝已经驾崩，他也就失去了依傍。估计平时宦官集团的首脑张让、赵忠、郭胜等人早就对后起之秀蹇硕心怀不满了。更重要的是，郭胜等人认为何进本就是他们扶持起来的，大家休戚与共，不可能恩将仇报悉诛宦官。既然他想杀蹇硕，那就满足他呗，这并不是什么大不了的事。谁叫蹇硕作死，想先谋杀大将军呢？

何进杀蹇硕后，得到了蹇硕统领的禁军，更重要的是得到了宦官集团的"背书"支持，如虎添翼。五月，骠骑将军董重下狱死；六月，董太后暴崩。外戚董氏彻底失败，何氏一枝独大。董侯刘协失去了所有庇护。这个父母双亡的苦孩子，就像一棵孤独的小树苗，裸露飘摇在汉末的政治风雨中。

第二个回合，在宦官集团的支持下，何进又取得了胜利。他的政敌蹇硕、董太后姑侄全部消灭。他的权势登上了人臣的巅峰。

按理说，进入六月的何进，虽然遭逢罕见的霪雨天气，但应该是志得意满的，然而何进仍旧有些心烦意乱。蹇硕两度策划谋杀，尽管未遂，但足以令何进心有余悸。他极度缺乏安感,害怕还有人谋害自己,不敢出席汉灵帝的葬礼,既没有陪灵守丧,也没有恭送山陵。他躲在家里,称疾不出,在要不要尽诛宦官这个重大问题上左思右想,犹豫不决。他感觉自己像是骑在了虎背上——一边是袁绍等人的催促,一边是何家的阻力——进退两难。他当然不知道,这个犹豫最后会要了他的命。

宦官于何家有大恩,何家与宦官们有着千丝万缕的联系。何进能当大将军,当然是得益于他妹妹的裙带关系。而他妹妹之所以能进宫、能得宠、能当皇后、太后,这其中多半是靠了宦官的帮助。"中常侍郭胜,进同郡人也。太后及进之贵幸,胜有力焉"。何进本来是南阳"屠家子",靠走宦官的门子,才一步步飞黄腾达。何进的弟弟何苗说:"始共从南阳来,俱以贫贱,依省内以致富贵。"因此,何苗劝说何进"且与省内和也",主张与宦官集团和平共处。

光和四年(181),王美人生皇子协,何皇后鸩杀王美人。汉灵帝大怒,打算废后。宦官们涕泣救解,各出家财千万,奉献给贪财的灵帝,才保住了何皇后的宝座。宦官们出钱又出力,当然不是为了做慈善。他们直言不讳地讲:"欲托卿门户耳!"宦官们是想通过支持何家,进而得到何家的庇护,与外戚共存共荣,以维护宦官集团的利益。

可以说,没有宦官集团的提携与支持,何家不可能有今天的泼天富贵。背叛宦官集团,对于何家,单从做人的角度讲,的确有点忘恩负义;从政治的角度讲,也无异于自掘根基。何家与宦官集团一直是深相结纳的。何进另一个妹妹嫁给了大宦官张让的儿子。何进与宦官集团中不少人关系不错。何进的庶母舞阳君和弟弟何苗一直收受宦官们的大笔贿赂,与宦官们走得很近，也很替他们说话。这些迹象表明，外戚何家与宦官们是互相勾结、互相利用的关系。他们结成了基于利益为核心的命运共同体。因此，如果要悉诛宦官，何进无论是感情上还是利益上，都很难下手。

更大的阻力来自何太后：何太后坚决反对悉诛宦官。她有两大理由：一是"中官统领禁省，自古及今"，是"汉家故事，不可废也"，意思是这是历史长期形成的制度安排，有其合理性；二是"先帝新弃群臣，我奈何楚楚与士人共对事乎"，男女大防，我一个年轻寡妇，怎么能够直接跟这些官员士人接触呢？宦官，用今天时髦的话来讲，属于第三性别。保留宦官在太后与朝官之间起隔离和中转作用，是很必要的。何太后的立场，代表着封建皇权对宦官制度的客观需要。

中国几千年封建社会的历史已经证明，除非封建君主专制制度覆灭，宦官制度不可能根除，两者是共生关系。当然，何进和袁绍的庸劣，决定了他们不可能认识这一历史规律。反倒是曹操的见地比较深刻："宦者之官，古今宜有，但世主不当假之权宠，使至于此。既治其罪，当诛元恶！"这就既承认了宦官制度存在的合理性，又指出了宦官专权的根本原因是皇帝对他们的放纵，并给出了"诛元恶"的解决办法，实际上是委婉地道出了悉诛宦官的不必要、不可行。曹、袁优劣，可以从中窥见一斑。

何进反复游说何太后，何太后都不同意尽诛宦官。何进本人在这个问题上有两面性：他厌恶宦官专权，害怕他们终有一日会戕害自己，出于自保和沽名的目的，他有"革命性"的一面，但是他的权力来源决定了他也有软弱性和妥协性的一面。何进最希望的局面是宦官们自行离开皇宫，回到各自的封地去，大家不动干戈、不伤和气。这显然是个天真的想法。宦官离了皇权，不能狐假虎威，则一文不值。他们比何进看得更透彻，所以他们是绝对不会自行退出历史舞台的。何进"外慕大名而内不能断"，他的犹疑态度，恰恰说明他在政治上患有幼稚病。

这时候，袁绍又给何进出了一个主意，多召四方猛将（主要有并州牧董卓、武猛都尉丁原、东郡太守桥瑁等），让他们引兵向京城，以胁迫太后。这是一个不折不扣的馊主意，当时就有不少人反对。郑泰向何进进言，董卓"强忍寡义，志欲无厌"，是个野心家，如果把他召来，"将恣凶欲，必危朝廷"。陈琳谏道，将军手握兵权，要杀宦官好比是"鼓洪炉燎毛发"，没必要召外助；"大兵聚会，强者为雄，所谓倒持干戈，授人以柄，功必不成，只为乱阶"。曹操也说，要杀宦官，"一狱吏足矣，何至纷纷召外兵乎？欲尽诛之，事必宣露，吾见其败也"。这些忠言，何进都听不进。

何进虽然不太聪明，但也不是弱智。他坚持要召外兵，正是因为"事必宣露"，他不愿意尽诛宦官，他希望他们闻风而逃。另一方面，他认为自己可以控制这些召来的外兵，能够随时让他们退回去。可惜，两股力量都没有按照何进预期的方向行动，事情正在起变化：宦官听说了何进的图谋，狗急跳墙，惧而思变；从并州召来的董卓，也不肯服从何进的退兵命令，反而继续向洛阳进发。

袁绍以前朝欲诛宦官而反被宦官所杀的大将军窦武为例，催逼何进早下决心。袁绍又移书各州郡，诈称是何进的旨意，要求抓捕宦官亲属。箭在弦上——不得不发了。何进不得已，任命袁绍为司隶校尉、王允为河南尹，控制京畿，决定尽诛宦官。

《后汉书·天文志》:"六年八月……戊辰,太白……犯心中大星。"当天(二十五日),何进进入长乐宫,向何太后做最后的游说。宦官张让、段珪等偷听到了谈话内容,他们对何进的幻想破灭了。宦官的决策效率比何进要高得多,他们当即决定诛杀何进。等何进从长乐宫出来,他们又假借太后的名义把何进召回来,伏兵杀进。动手杀何进的是尚方监(尚方是制造皇帝所用器物的官署)渠穆。同样的手法,蹇硕没有做到的,张让们做到了。何进最后还是死于宦官之手。这一天,距何进杀蹇硕,刚好四个月。东汉最后一个有实权的外戚,就这样被宦官砍掉了头颅。

第三个回合,何进输了,输得彻彻底底。要杀一个宦官,相对容易;要杀所有宦官,反抗的力量是巨大的。

历史充满讽刺性。宦官们在杀何进之前,对他进行了灵魂审判,向他提出了三个尖锐的诘问:第一个是"天下愦愦,亦非独我曹罪也"。天下大乱,难道全是我们宦官的错?杀光宦官就能够天下太平?第二个,我们对你何家有大恩,"今乃欲灭我曹种族",你现在却要把我们全部杀光,"不亦太甚乎",是不是太过分了?第三个,你说我们这些宦官"秽浊","公卿以下忠清者为谁",你们这些朝堂上的官吏,又有谁是忠诚和清廉的?笔者估计这三个问题,何进都回答不出。如果他能回答,说明他对东汉末年的政治形势认识是深刻的、判断是准确的,他也就不至于落得身首异处的悲惨下场。

灵帝死后,东汉帝国这副千钧重担,实际上扛在了何进肩上。按照封建大义,这时候辅臣何进的责任是团结朝臣匡扶幼主,实现政权的平稳过渡,等待皇帝亲政。可惜的是,他没有挑起这副重担的能力，最终被压死在担子下。好不容易戡平黄巾起义而暂时稳定下来的东汉政局，再度乱成了一锅粥。我们不能不将此归咎于何进的无能，但似乎完全归咎于这个悲剧性的历史人物，又有点责之太苛、于心不忍。时势把何进送上了大将军的高位，然而，他在心理上和能力上都没有做好相应的准备。他与后来处于相似地位的隋文帝杨坚相比，能力差距何止千万里。

罗贯中在《三国演义》第三回中借曹操之口说"乱天下者，必进也"！这代表了后世很大一部分人的看法。笔者以为，导致汉末大乱的原因很多，该承担责任的人也很多。除了何进之外，袁绍也难辞其咎。本来何进并不想悉诛宦官，他最初的想法只打算杀蹇硕一人。但是袁绍及其党羽将之扩大化，千方百计游说甚至逼迫何进尽杀宦官。这个计划牵涉甚广，执行难度极大，由此带来的巨大阻力和反作用力，明显超出了何进、袁绍等人的掌控范围。

张让等人投河前说："臣等殄灭，天下乱矣。"预言何其准确！宦官制度是封建专制皇权的衍生物和支撑之一。宦官作为群体的消灭，实际上也预示着皇权崩坍的开始。而皇权崩坍，王纲解纽，天下自然陷入纷争之中。从这个角度来回顾历史，我们发现，袁绍建议悉诛宦官，要么是愚昧无知，要么是心怀叵测。另外，建议何进召董卓的，也是袁绍。董卓初入洛阳，鲍信建议袁绍乘其立足未稳，"新至疲劳"，袭而擒之。袁绍畏卓，不敢动手。董卓进京后，凶残暴戾，倒行逆施，国家和人民蒙受了深重的灾难。引狼入室而又无胆杀狼的袁绍，是应该承担很大一部分责任的。

何进死后，在董卓进京之前，袁绍们就尽诛了宦官。短短数天之内，东汉互斗了近百年的外戚和宦官同归于尽。九月初一，董卓废少帝刘辩为弘农王，改立从前的董侯刘协为帝，即为汉献帝。初三，董卓杀何太后。次年正月，董卓杀弘农王。董卓轻松完成了蹇硕和董太后、董重姑侄至死未竟的"事业"。何进的妹妹和外甥都被杀死，他生前争夺、维护的东西全部丧失，他成为了彻头彻尾的失败者。

近距离目睹了何进败亡过程的曹操，在《薤露行》中用沉痛的笔触对他进行了深刻而准确的评价。

> 唯汉廿二世，所任诚不良。
> 沐猴而冠带，知小而谋强。
> 犹豫不敢断，因狩执君王。
> 白虹为贯日，己亦先受殃。

曹操认为何进虚有其表，就像是一只戴着帽子系着带子的猕猴，没有什么实际本领，他智力短浅却图谋大事，并且又犹豫不敢决断，最终不仅害得少帝刘辩被裹挟出宫、被废被杀，自己也落得早早就被戕害的下场。

何进死了，绵延八十多天的霪雨终于也停了。历史似乎在循环中回到了原点，如昏庸的灵帝所愿，董侯刘协当上了皇帝。然而，一切都已经不同。在袁绍的带领下，东汉州郡迅速私有化。天下实际上已经不再是刘家的天下了。

一个旧的时代结束了，一个新的更加混乱的时代——三国——来临了。

董卓：移天换日谈何易

曾经跟一位对三国颇有研究的朋友讨论董卓，笔者请他选择三个关键词来评价董卓，他回答说：肥胖、颟顸、残暴。

笔者表示同意他的两个选择。

先说肥胖。

《三国志》注引《英雄记》："卓素肥，膏流浸地，草为之丹。守尸吏暝以为大炷，置卓脐中以为灯，光明达旦，如是积日。"在董卓的肚脐上插根大灯芯点灯，不仅灯光很亮，而且能持续点上好多天，可见其躯体之肥、脂肪之厚。古代测不了体脂率、腰高比，但是脐脂燃灯在中国历史上独此一家，给后世的读者留下了独特而又深刻的意象，使我们相信董卓的确是一个大腹便便的胖子。

董卓"燃脐"甚至发展成了一个代指元凶伏诛的典故。历代都有诗咏此事或用此典。聊举几例：唐代杜甫诗云"然脐郿坞败，握节汉臣回"。李贺诗云"屡断呼韩颈，曾然董卓脐"。刘禹锡诗云"守吏能燃董卓脐，饥乌来觇桓玄目"。南宋刘克庄诗云"可怜脐里烛，不照坞中金"。在中国历史长河中，董卓注定是一位遗臭万年的人物。

再说残暴。

董卓是凉州陇西郡临洮县（故城在今甘肃岷县）人，生长边陲，虽然是汉人，但是少游羌中，与羌族诸豪帅交往甚密，习于夷风，再加上久历战阵，视人命如草芥。《三国志》记载董卓"性残忍不仁，遂以严刑胁众，睚眦之隙必报，人不自保"。侍御史扰龙宗一次向他报告工作时没有解剑，他立即命令"挝杀之"。何进之弟何苗已死，董卓命令开棺戮尸，肢解后弃于道边；连何苗的老母亲也抓起来杀掉，弃尸于枳落（一种有刺的灌木丛）中而不殓葬。一次董卓要去郿坞，公卿大臣在横门外为他饯行，大家一起饮酒。董卓命令拉来"诱降北地反者数百人，于坐中先断其舌，或斩手足，或凿眼，或镬煮之，未死，偃转杯案间"。这哪里是高官盛宴，分明是屠宰场、是人间地狱。参加宴会的大臣们大都害怕得"战栗、亡失匕箸"，而董卓"饮食自若"。董卓还借故笞杀了与自己关系不好、曾经担任过太尉、时为卫尉的张温，将这位素有"功勤名誉"的重臣活活拷打致死。董卓对待手下也一样不讲情面，"诸将有言语蹉跌"，一句话没说好，"便戮于前"。干儿子兼保镖吕布惹他不高兴，董卓也不轻饶，以手戟掷吕布。

董卓带的部队也残忍成性，以杀戮、掠夺人民为乐事。他们进洛阳不久就制造了"阳城惨案"："尝遣军到阳城。时适二月社，民各在其社下，悉就断其男子头，驾其车牛，载其妇女财物，以所断头系车辕轴，连轸而还洛，云攻贼大获，称万岁。入开阳城门，焚烧其头，以妇女与甲兵为婢妾。"蔡琰《悲愤诗》对董卓率领的凉州军犯下的滔天罪行进行了深刻沉痛的控诉。作为统帅，董卓对其部下犯下的全部暴行都该承担责任。

东汉都城洛阳本来繁华富庶，"洛中贵戚，室第相望，金帛财产，家家充盈"。董卓强令迁都长安，"收诸富室，以罪恶没入其财物，无辜而死者不可胜计"；又暴力移民前往长安，"更相蹈藉，饥饿寇掠，积尸盈路"；纵兵烧洛阳城外百里，又自将兵烧南北宫及宗庙、府库、民家，城内扫地殄尽；又派吕布发掘帝陵及公卿以下冢墓，收其珍宝。承载着东汉两百年文明精华的洛阳城，被董卓和他的士兵们糟蹋成了一片废墟。

曹操《薤露行》下半首"贼臣持国柄，杀主灭宇京。荡覆帝基业，宗庙以燔丧。播越西迁移，号泣而且行。瞻彼洛城郭，微子为哀伤"，正是董卓进京后擅权废立、焚毁洛阳、挟帝西迁，进而导致百姓受难这段沉痛历史的真实记录。

董卓的残暴，在中国历史上都是罕见的。陈寿评论说："董卓狼戾贼忍，暴虐不仁，自书契已来，殆未之有也。"董卓对人民生命财产的无情践踏，决定了他不可能得到人民的支持，所以他不可能收拾东汉末年的乱局。

最后来讨论颟顸。

董卓是个糊涂而又马虎的人吗？笔者认为恰恰相反，董卓是个很精明的人，甚至可以说，他的经历和智力都决定了他是同时代人中的佼佼者。

考察董卓进京之前的经历，他无疑是一名职场成功者。董卓出身低级官吏家庭，他父亲董君雅只当过县尉。他能从一名"监领盗贼"的普通小吏，成长为封疆大吏、封千户侯，主要得益于他自己的才能和军功。笔者无数次假想，董卓如果不进京擅权，如果时间定格在拜将封侯，他的人生简直就是唐朝大诗人王维组诗《少年行（四首）》的生动再现。

董卓年轻的时候，"有才武"，"以健侠知名"，"少尝游羌中，尽与豪帅相结。后归耕于野，诸豪帅有来从之者，卓为杀耕牛，与共宴乐"。少年游侠，交游广阔，心里没有狭隘的民族畛域之见，意气相投的羌族朋友来了，杀牛沽酒热情招待。这岂不正是："新丰美酒斗十千，咸阳游侠多少年。相逢意气为君饮，系马高楼垂柳边。"

董卓先为陇西郡吏、凉州从事，"常徼守塞下"；不久被举荐到中央，被征辟为司徒掾，又以六郡良家子为羽林郎，这两个职位虽然级别不高，但是可以近距离接触皇帝和三公，极大地拓展了董卓的视野；后来又出为军司马，随中郎将张奂出征边疆，"数讨羌胡，前后百余战"。这岂不正是："出身仕汉羽林郎，初随骠骑战渔阳。孰知不向边庭苦，纵死犹闻侠骨香。"

董卓"膂力过人，双带两鞬，左右驰射，为羌胡所畏"，多力善射，屡建功勋。这岂不正是："一身能擘两雕弧，虏骑千重只似无。偏坐金鞍调白羽，纷纷射杀五单于。"

董卓从边境回到中央，归拜郎中，入则宿卫宫殿，出则侍从皇帝。再后来，董卓"空降"到地方，出任并州雁门郡广武（故城在今山西代县）县令，开始担任基层行政主官。经过蜀郡北部都尉、西域戊己校尉两处军职的历练后，董卓逐步被提升为并州刺史、河东太守。

黄巾起义爆发后，东汉政府选拔董卓为东中郎将，与朱儁、卢植、皇甫嵩一道镇压起义军，说明此时董卓已经是东汉朝廷最倚重的将领之一。灵帝末期，董卓先后为中郎将、破虏将军，参与镇压凉州边章、韩遂叛乱，积军功被拜为前将军，封斄乡侯，邑千户。这岂不正是："汉家君臣欢宴终，高议云台论战功。天子临轩赐侯印，将军佩出明光宫。"王维在诗歌中憧憬的理想人生，董卓在现实中都逐一实现了。读史至此，怎不令人唏嘘感叹？

董卓的履历完整，堪称完美，具有基层与中央、军事与行政多岗位任职经历，工作经验非常丰富。他长期在并、凉边疆地区作战，在血与火中经受生死考验，地位随之不断提升，是出将入相的合适人选。董卓是继"凉州三明"之后，统领天下劲旅——凉州军的两大强有力人物之一（另一位是皇甫嵩）。皇甫嵩的侄儿皇甫郦不认可董卓的人品，但也不得不承认他的军事实力："本朝失政，天下倒悬，能安危定倾者，唯大人（指皇甫嵩）与董卓耳。"董卓被同时代的人们寄予厚望，这情形有点像辛亥革命前后的袁世凯。

一个颟顸的人，不可能一步步爬到如此高位。事实上，《后汉书》评价董卓是"性粗猛有谋"。

董卓很懂得收买人心。羌中豪帅到家里来做客，他慷慨地"杀耕牛与相宴乐"，得到了他们的欢心，获赠杂畜千余头。政府奖励他缣九千匹，他都分给手下将士。董卓苦心经营，逐渐打造了一支忠于他个人的武装力量。这是他后来进京擅权的本钱。

在实战中，董卓也颇有些小聪明。一次在陇西作战，董卓在望垣硖北，为羌、胡数万人所围，粮食乏绝。董卓在归途必经的一条河流上筑坝，搞出一个大堰塞湖，装出要靠捕鱼为生、长期坚守的样子迷惑敌人，然后出其不意率领部队偷偷渡河，大军过后再把堤坝决开，羌、胡"闻知追逐，水已深，不得渡"。"时六军上陇西，五军败绩，卓独全众而还"，董卓靠的是计谋。率军进京时，董卓步骑不过三千人，实力并不占优。他又想出了一个奇招：隔四五天就派士兵在夜里偷偷出城，第二天大张旗鼓地回来，洛阳的官民被董卓诡计蒙骗，都以为卓兵不可胜数。袁绍畏卓，不敢相攻。何进、何苗的部曲失了主将，都投靠了董卓。不知董卓又使了什么伎俩，令吕布反噬执金吾丁原，兼并了丁原的部队，尽有其众。董卓就这样不费吹灰之力，将京都兵权全部控制在自己手中。他纵横捭阖的权谋手腕，令人惊叹。

　　董卓高于同时代人物最突出的一点是，他懂得兵权里面出政权的道理，始终牢牢地抓住兵权不放。中平五年（188），东汉朝廷征前将军董卓为少府（九卿之一），命令他把手下军队交给皇甫嵩。董卓以凉州未靖、将士挽留为借口，不服从这次调动，拒绝交出兵权。衰弱的朝廷无可奈何。中平六年（189），朝廷又拜董卓为并州牧，仍命令他把部队交给皇甫嵩。这一次，他同意调动，但是上书朝廷，要求带着自己的军队前往并州。皇甫郦曾经劝皇甫嵩以抗旨为名讨卓，老谋深算的皇甫嵩没有动手，说明此时董卓的军事实力已经相当强大。当时灵帝病重，朝廷依然无可奈何，只得同意。董卓于是"驻兵河东，以观时变"。此时的董卓，早已不是什么忠臣纯臣，他现在是一个挟兵自重、伺机而动、野心勃勃的军阀。

　　功夫不负"有心人"。董卓终于等来了大将军何进的召唤：带兵进京胁迫太后诛宦官。这一次，董卓没有迟疑，他选择"即时就道"，马上带领部队向洛阳进发。何进寻悔，派谏议大夫种邵去宣诏，命令董卓还军。董卓不受诏。为了攫取更高的权位、实现更大的野心,对于大将军何进乃至皇帝的命令,董卓要么置之不理,要么选择性执行。

八月二十五日,何进被杀,袁术等围攻宦官,火烧南宫青琐门。董卓远见火起,引兵急进,终于在北芒接到了被宦官们挟持出宫的皇帝和陈留王。在外戚与宦官势力双双灭亡、洛阳权力出现真空的时候,董卓及时赶到。他对形势的判断、对时机的把握,可谓毫厘不爽。事前董卓显然已经处心积虑骗取了何进的信任,事中"张弛有度""收放自如"的进军速度,也说明董卓绝非颟顸之人。

千百年来董卓之所以给人留下颟顸的印象,可能是废嫡立庶。不少人说他废杀史侯刘辩而立董侯刘协,授人以柄,导致关东兵起,最后败亡,是最大的失策。其实,从董卓的角度来看,废嫡立庶有利于他独掌大权,未必不是明智之举。首先,如果史侯继续当皇帝,那么何太后临朝称制名正言顺,朝廷大事当由何太后说了算,董卓只能服从;而董侯如果代立,他母亲王美人早已被杀,抚养他的董太后亦死,董卓有条件独自擅权。这就排除了太后与外戚跟他争夺权力的可能性。其次,史侯十四岁,董侯九岁。对于一个野心家而言,"贪孩童而久其政",当然是年龄小的皇帝好控制。这就排除了皇帝跟他争夺权力的可能性。最后,董侯是董太后从小抚养的,董卓声称自己与董太后同族,这样能够以董侯保护人自居,取得类似国舅甚至国丈的崇高地位。这就增强了自己专权的合法性,削弱了其他大臣跟他争夺权力的可能性。尤其更有利的一个条件是:灵帝只有两个儿子。废杀史侯之后,董侯在血统上是唯一继承人。任何挑战者想另立新君来反对董卓,都站不住脚。后来韩馥、袁绍想立刘虞为帝,诬称董侯"无血脉之属",袁术认为董侯血统没问题,"外托公义"表示不同意;曹操也拒绝了袁绍,声称"诸君北面,我自西向",明确表态拥护董侯。这代表了当时的主流民意。而紧紧控制着董侯的董卓,无疑可以取得"挟天子以令诸侯"的优势地位。

董卓专权之后的政治举措,也不能说颠顶失当。他先是给被禁锢的党人平反,接着擢用天下名士以收众望,是想跟世家大族共享权力、和平相处的。他自己从凉州带来的亲信部下,并没有授以显职,"但将校而已"。到他死的时候,牛辅、李傕、郭汜、樊稠、张济等人都还只是中郎将、校尉。

世家大族一开始对董卓也并非完全反对。世家大族的代表袁隗对董卓废嫡立庶表示同意,杨彪、黄琬与董卓同时出任三公。但是,董卓的残暴,最终损害了世家大族的利益,他们不得不加速跟他决裂。董卓进洛阳后,并不保护世家大族的生命财产,反而"纵放兵士,突其庐舍,剽虏资物,妻略妇女,不避贵戚",普通老百姓更加没有安全感,于是"人情崩坏,不保朝夕"。关东州郡群起而攻之,成为接下来顺理成章的情节。废少立献,只不过是关东州郡讨伐董卓时打出来的幌子而已。

董卓自认为"我相,贵无上也",进洛阳不久就放言"刘氏种不足复遗"。他有代汉的野心,但是他不懂得怎样收揽民心。他指望靠自己凶残的杀戮来震慑人民,维持统治,当然只会适得其反。他政治上不懂得仁者无敌、不嗜杀人者方能得天下的道理。这是董卓失败的第一个原因,也是最大原因。他曾经威胁袁绍说:"天下之事,岂不在我!我欲为之,谁敢不从!尔谓董卓刀为不利乎?"可惜并没有吓住袁绍,袁绍针锋相对地回答说:"天下健者,岂唯董公!"意思是,我袁绍也不是好惹的!

董卓失败的第二个原因,是军事上小聪明则有、大谋略则无,缺乏剪除群雄的军事能力。初平元年(190),关东州郡,以袁绍为盟主,起兵讨董卓。郑泰认为董卓有"十胜"优势,并非无稽之谈。曹操也认为董卓应该"倚王室之重,据二周之险,东向以临天下",也就是奉天子讨不臣,主动向东出击,各个击破。可是手握并凉劲旅的董卓,面对关东各怀鬼胎的乌合之众,反而火烧洛阳、迁都长安,采取守势。这是军事上无能的表现。董卓又在长安之西筑郿坞,积谷可食三十年,幻想"事成,雄据天下;不成,守此足以毕老",给自己预留后路,内心实际上是懦弱、不自信的。

改朝换代、移天换日,谈何容易?曹操父子扫平北方,才建立曹魏;司马懿父子镇压了"淮南三叛",才奠定了晋朝的基石;隋杨、李唐、赵宋,无不是从军事上打败了众多的敌人,才顺利开国。董卓在并凉边境与羌胡作战,积功而为将军,主要靠的是匹夫之勇、熟悉地理环境、再加上一些小聪明,并没有什么显赫的战绩。在镇压黄巾起义的战争中,董卓"军败抵罪"、铩羽而归。他的军事才能明显不如同时代的皇甫嵩。离开并凉来到中原,他其实并没有展现出什么过人的军事才华。如果关东盟军意志坚定、指挥统一,恐怕董卓败亡的时间还要提前。正是因为关东州郡内讧,董卓才又苟延残喘了两年多。董卓的能力,只能胜任区域军阀的位置,他能够统领一支军队,但是却不可能扫平群雄、拨乱反正,建立一个国家。

另一方面,改朝换代需要合适的时机和舆论准备。刘邦在长达数百年的春秋战国乱世和短暂的暴秦苛政之后,建立了统一的汉王朝，树厚恩于天下，人民得以休养生息、安居乐业。再加上汉朝历代统治者的大力鼓吹，天命在汉的观念深入民心。这就是为什么新莽末年，许多逐鹿天下者要么是汉朝宗室、要么把自己伪装成高帝子孙的重要原因，他们的出发点也是迎合民意获取支持。东汉桓灵之世，其政已衰，经过黄巾起义的打击，王朝已在崩溃的边缘。但是人心依然在汉，试图代汉的思潮虽然有所抬头，但仍然被多数人认为是大逆不道的行为。凉州汉阳人阎忠劝说左车骑将军、冀州牧皇甫嵩挟镇压黄巾起义的余威，以诛宦官为名起兵造反，"蹈流漳河，饮马孟津"，然后"移宝器于将兴，推亡汉于已坠"。皇甫嵩拒绝了，他的理由是"人未忘主，天不祐逆"，实际上就是看到民心仍然在汉，代汉的时机并不成熟。皇甫嵩并且预言，"若虚造不冀之功"，必"速朝夕之祸"。民意的改变，绝非一朝一夕之事。这也是曹操几乎完全占据北中国，却仍然不敢代汉自立的原因。董卓无曹操之功，如何能够领先曹丕三十年实现成功篡汉？正直敢言的盖勋在董卓废少立献后给他写信，就曾明确警告："贺者在门，吊者在庐，可不慎哉！"董卓果然给自己招来了"朝夕之祸"。

  董卓失败的第三个原因，是阵营里人才匮乏。他自己是残暴的军阀，嗜杀成性，手下也多是李傕、郭汜等只知道打打杀杀而缺乏政治才能的野蛮军人，不久都先后败亡。三国一流的谋士贾诩，在董卓掌权时并没有得到重用。董卓集团中，也没有像荀彧、诸葛亮、鲁肃那样能够出谋划策、治国安邦的杰出人才。董卓死后，他的旧部牛辅、李傕、郭汜、樊稠、张济等人相继被杀，曾经强大不可一世的凉州军事集团灰飞烟灭。

  董卓的政治短视和能力短板，决定了他非但不能安危定倾，反而打开了"潘多拉魔盒"——开启了三国乱源。他是一个色厉内荏的"纸老虎"——看起来凶巴巴,实际上并没有多高明的手段。董卓吞并丁原的部队后,却没有处理好并、凉两个军事集团的关系。最终王允成功利用这个矛盾,劝说并州军事集团的代表吕布,诛杀了凉州军事集团的首脑董卓。吕布杀董卓,看似偶然,其实必然。董卓残忍暴虐,四面树敌,在他的统治下,人怀忧惧,为求自保反戈一击,也在情理之中。热衷杀戮的人,最终的结局是被人杀戮。袁宏《后汉纪》载:"司徒王允使人然火卓腹上,臭乃埋之。"看来燃脐这个促狭的辱尸主意是王允出的。

苏轼在《郿坞》一诗中对董卓进行了辛辣的讽刺:

衣中甲厚行何惧,
坞里金多退足凭。
毕竟英雄谁得似?
脐脂自照不须灯。

有天下者,靠的不是厚厚的铠甲、高高的城墙,而是正确的政策和策略。当然,这是董卓永远不可能明白的道理。

袁绍：王霸雄图成一梦

根据《三国志》记载，曹操（155—220）一辈子只祭奠过两个人。

一个是桥玄（110—184）。曹操"少好飞鹰走狗"，"任侠放荡，不治行业"，怎么看都像是个纨绔子弟。"世人未之奇也"，大家都瞧不出阿瞒将来能有啥大出息。只有太尉桥玄（梁国睢阳县人）慧眼识英雄，给予曹操高度评价，"吾见天下名士多矣，未有若君者也"，"天下将乱，非命世之才，不能济也。能安之者，其在君乎"！桥玄性格刚直，官位贵显，"世名知人"，讲话有分量。他的肯定对于提升曹操的知名度和美誉度，至关重要，曹操"由是声名益重"。桥玄提携曹操不遗余力，又给他支招，"君未有名，可交许子将"。曹操依计而言，从许劭那里得到"清平之奸贼，乱世之英雄"十字评语，遂名闻天下。桥玄可以被视为曹操人生第一位伯乐。曹操对桥玄心存感恩，自承"增荣益观，皆由奖助"。桥玄生前曾经跟曹操开玩笑说，自己死后，如果曹操路过自己的墓地而不来祭奠的话，"车过三步，腹痛勿怪"。建安七年（202），曹操治睢阳渠，兑现承诺，亲作祭文，遣使以太牢祀桥玄。

另一个就是袁绍。建安九年（204）八月，曹操破邺城，"临祀绍墓，哭之流涕"，同时"慰劳绍妻，还其家人宝物，赐杂缯絮，廪食之"，赏赐各色缯帛丝绵，并由公家供给粮食，确保袁绍遗属衣食无忧。

此时，曹操是攻破邺城的胜利者，而袁家可以说是一败涂地。在这种强烈的地位反差下，胜利的一方主动去祭奠失败的一方，历史上极其罕见。并且，与两年前祭奠桥玄派使者代劳不同，这次曹操不仅亲临袁绍墓祭奠，还不顾形象地"哭之流涕"。这其中蕴含的意义，的确是非同寻常。对这一非常之举，后世学者评说纷纭。

清代赵一清、近代卢弼认为，曹操进邺城后对袁家很不客气，连袁绍的儿媳妇甄氏都抢了，因此曹操不可能祭奠袁绍，此事是后世史家编造虚构的；东晋孙盛没有质疑此事的真实性，但他认为，袁绍是逆臣乱臣，曹操祭袁绍，不利于"惩恶劝善"，在政治上是一大失误；当代也有学者认为曹操祭袁绍是猫哭耗子——假慈悲，目的是收买人心，安抚袁氏残余势力，加速他们倒戈投诚。只有北宋唐庚认为，曹操与袁绍"少相友善"，渊源深厚，后来虽然分道扬镳互相攻伐，但曹操"以公义讨之，以私恩哭之，不以恩掩义，亦不以义废恩"，恩义分明，正合古道，并没有做错。

总之，大多数评论者认为曹操不可能祭袁绍；即使祭了，要么是昏了头、犯了错、行为不当，要么是假惺惺、另有所图、动机不纯。认同曹操祭袁的唐庚，显得声音微弱，十分孤单。卢弼就直斥"唐说迂"，不同意唐庚的观点。然而，笔者却赞同唐庚的观点。政治人物也是人，也有普通人的七情六欲。孙盛等人的潜台词，实际上就是认为政治人物必须隐藏甚至泯灭人性，一切言行都必须出于政治考量。笔者以为，要想深刻理解曹操祭袁绍这一非常之举，必须建立在对袁曹关系准确把握的基础上。

《三国志》《后汉书》等官方史书对袁曹关系一直遮遮掩掩，似乎是两个陌生男人，各自分头崛起，最后一山不容二虎才开始火并。实际上，两人自小相识，关系非同一般。

袁绍出身四世三公、"势倾天下"、堪称汉末第一豪门的汝南袁氏。他相貌堂堂，"有姿貌威容"，也有干一番大事业的志向。回顾他的一生，我们可以得出判断，他的大志向，近期是诛宦官，远期是当皇帝。为了实现志向，他利用袁家"累世台司、宾客所归"的有利条件，"爱士养名"，"倾心折节"，"士无贵贱，与之抗礼，辎軿柴毂，填接街陌"，"莫不争赴其庭"，形成了一个以他为首领的政治集团。

《三国志·袁绍传》透露了一个细节，袁绍"折节下士，士多附之，太祖少与交焉"，说明曹操也是"附"袁绍的"士"之一，并且年轻的时候两人就有交往。袁绍是司空袁逢之子（出继袁成，一说本就是袁成之子）、太傅袁隗之侄，曹操是太尉曹嵩之子，两人年龄相若，父辈是同时期的公卿，"公族子弟"互相熟识是很自然的事。《世说新语·假谲》记载了两则故事，一是袁、曹年少时曾经暮夜一起潜入一户办婚事的人家挟持新娘；二是袁绍曾搞恶作剧、派人夜晚以剑掷曹操，都显示出袁、曹年少时是极亲密的朋友。

中国古代讲究子以母贵，袁绍"母亲为傅婢"，所以他被称为"袁逢孽子"，在家族中"地实微贱"，应该是被人瞧不起的，袁家嫡子袁术就曾怒斥其为"家奴"。而曹操虽然也是三公子弟，但祖父曹腾为宦官，父亲曹嵩是其养子，"莫能审其生出本末"，到底是谁家亲生的孩子大家都不知道；曹嵩的太尉官职是花大价钱买来的，时人评价为"因赃假位""窃盗鼎司"。曹操曾经在自己的一首诗作中直言"自惜身薄祜，夙贱罹孤苦"。估计曹操年少时也很被人瞧不起。袁、曹在贵胄圈子里都有卑贱的一面，同病相怜，当有更多的共同语言。

从早年经历来看，袁、曹二人也颇多共同点或交集。袁绍"幼使为郎"，弱冠任濮阳县长，灵帝末年被任命为西园八校尉之一的中军校尉；曹操年二十举孝廉为郎，先后担任洛阳北部尉和顿丘县令，后来跟袁绍同时被任命为西园八校尉之一的典军校尉，都听命于上军校尉蹇硕。濮阳县与顿丘县同属东郡，夹黄河而邻，相距不远。郎、县令、西园校尉，经历高度一致，可见袁、曹不为好友都难。

袁、曹二人的性格志趣和朋友圈也大体一致。袁绍"好游侠，与张孟卓（张邈）、何伯求（何颙）、吴子卿、许子远（许攸）、伍德瑜（伍琼）等皆为奔走之友"。曹操也"任侠放荡"，他自己说"孟卓，亲友也"，征陶谦时嘱咐家人如果自己回不来则"往依孟卓"，后来战胜归来与张邈"垂泪相对，其亲如此"；曹操年少时"世人未之奇也，唯梁国桥玄、南阳何颙异焉"，说明很早就跟何颙相识；许攸亦"少与袁绍及太祖善"。后来张邈背叛曹操，一个重要原因是"畏操终为绍杀己"，说明作为袁、曹共同朋友的张邈，自认为跟他们的交情不如袁、曹之间深厚。

曹操出身宦官家庭，但很早就背叛了自己的出身，站在了反对宦官的阵营中。曹操任洛阳北部尉时，就用"五色棒"以违禁夜行为由棒杀了权宦蹇硕的叔父。曹操还曾经上书灵帝为谋诛宦官而反被宦官所害的陈蕃、窦武打抱不平。所以，基于共同的反宦官立场，他加入袁绍政治集团是很自然的事。

董卓进京后，袁绍因为反对废少立献，当面顶撞董卓，出奔冀州。董卓表曹操为骁骑校尉，"欲与计事"，想拉拢曹操，曹操并无出奔之必要，但曹操仍"变易姓名，间行东归"，出奔兖州陈留郡，要么就是为了表明跟袁绍立场一致、同仇敌忾，要么就是担心董卓察觉他跟袁绍关系紧密而受其牵连。董卓信任周毖、伍琼等，用他们推荐的韩馥、刘岱、孔伷、张咨、张邈等出宰州郡，其中韩馥为冀州牧，刘岱为兖州刺史，张邈为陈留太守。次年关东州郡起兵讨董卓，这些人都参与其中，而推袁绍为盟主。这一切绝非偶然巧合，充分说明袁、曹两人志趣相投，属于同一政治集团，他们的出奔和起兵是精心策划的结果。方诗铭先生认为曹操是这个集团中地位仅次于袁绍的角色，既可以说这个集团是以袁绍为首，也可以说是以袁绍、曹操为代表，或者可以直接称为袁曹政治集团，是非常精辟的见解。

陈琳《为袁绍檄豫州文》是我们理解袁、曹关系的一把钥匙。檄文是公开发布的文书，语气可能有煽动性，但一般都基于事实来论述，总体还是客观的。陈琳檄文写道，袁绍讨董卓时"与操同谘合谋，授以裨师，谓其鹰犬之才，爪牙可任"，说明袁绍讨卓时视曹操为盟友、部属。曹操孤军深入，败于荥阳汴水，"士卒死伤甚多"，只好到扬州募兵。《三国志·魏书·武帝纪》载，扬州刺史陈温、丹杨太守周昕与兵四千余人。檄文说袁绍"分兵命锐,修完补辑",给曹操补充了兵员。看来,陈温、周昕都是袁绍集团的成员,他们按照袁绍的旨意给曹操提供了帮助。回来的路上,士卒多叛,曹操没奈何,投河内依袁绍。不久,袁绍又表曹操为东郡太守。为了让他站稳脚跟,袁绍"令妻子居岱所",不惜将自己的妻儿质于兖州刺史刘岱处,以换取刘岱对曹操的支持。刘岱战死后,袁绍又表曹操领兖州刺史。在袁绍的大力支持下,曹操开始拥有自己的地盘,并跃升到州刺史的高位。

讨董联盟解散后,关东州郡"务相兼并以自强大"。袁绍、袁术兄弟有隙,分成两个对立的阵营。袁术拉拢公孙瓒、孙坚、陶谦,对抗袁绍、曹操、刘岱、刘表。初平三年(192),公孙瓒"使刘备屯高唐、单经屯平原、陶谦屯发干,以逼绍。太祖与绍会击,皆破之";初平四年(193),袁术引军入陈留,曹操与袁绍合击,大破术军,袁术奔九江;曹操征陶谦,袁绍派朱灵督三营助战。这些都说明袁、曹二人的确是并肩战斗的盟友。

袁绍一直想将曹操收归麾下,完全控制曹操。一次,袁绍得到一方玉印,"于太祖坐中举向其肘",其实是想曹操承认他的地位,接受他的封赏。曹操笑而恶之,说道:"吾不听汝也!"袁绍又派人去游说曹操:"今袁公势盛兵强,二子已长,天下群英孰逾于此?"曹操置之不理。兴平元年(194),乘曹操东征陶谦之机,张邈与陈宫叛迎吕布,兖州郡县皆应。曹操仅余鄄城、范、东阿三县,处境十分困难。陈琳檄文形容为"躬破于徐方,地夺于吕布;彷徨东裔,蹈据无所"。袁绍再次派人游说曹操,欲使曹操遣家居邺。这实质是要曹操以家人为质，正式投入袁绍麾下，明确与袁绍的主从关系。此时曹操"军食尽，将许之"，程昱劝说曹操绝不能甘居袁绍之下为其部将，而应该建立自己的"霸王之业"。曹操这才坚定了独立发展的决心。虽然曹操拒绝了袁绍的招纳，但袁绍不以为忤，仍然选择帮助困难中的曹操。陈琳檄文说是"幕府……故复援旌擐甲，席卷起征，金鼓响振，布众奔沮"，似乎是袁绍亲自出征，帮助曹操击溃了吕布，"拯其死亡之患，复其方伯之位"，"有大造于操也"。袁绍对曹操的扶持可谓不遗余力，恩义深重。

陈宫曾经预言，"袁曹虽为一家，势不久群"，可以说代表了时人对袁绍、曹操关系的看法。袁、曹的亲密关系出现裂痕，当是建安元年（196）曹操迎献帝都许之后。《三国志·荀彧传》载："自太祖之迎天子也，袁绍内怀不服。"献帝到许昌后不久，就下诏书给袁绍，责备他"地广兵多，而专自树党，不闻勤王之师，但擅相讨伐"。这显然是曹操的授意或默许，是他挟天子以令诸侯的初步尝试。袁绍没奈何，只好"深自陈诉"，心里的怒火可想而知。献帝以曹操为大将军、袁绍为太尉。袁绍耻居曹操之下，大怒说："曹操当死数矣，我则救存之，今乃背恩，挟天子以令我乎！"曹操不得已，让大将军于袁绍，自己退为司空。袁绍后悔失计，"欲令太祖徙天子都鄄城以自密近"，曹操不同意。这说明曹操挟天子之后，羽翼渐丰，袁、曹基于各自利益开始分道扬镳。建安二年（197），张绣在宛城大败曹操，曹操为流矢所中，长子曹昂、侄儿曹安民、虎将典韦战死。"绍益骄，与太祖书，其辞悖慢。"曹操开始悄悄谋划讨伐袁绍。陈琳檄文甚至揭露说，在袁绍北征公孙瓒期间，曹操一度想借着助战的名义，渡过黄河从背后偷袭袁绍，只不过正碰上公孙瓒被击破，才不敢动手，阴谋没有得逞。袁绍自然不会善罢甘休，集合兵马，准备攻许。此时曹操也已解决了袁术和吕布，故而积极应战。中国历史上著名的官渡之战就这样打响了。

昔日亲密的盟友，终于到了拔刀相见的时候。袁、曹都有兼并天下之心，都不甘屈居对方之下，一山不容二虎，发生冲突是迟早的事。所谓形势使然，不得不耳，这是没奈何的结果。别说是多年的朋友，即使是亲兄弟，这个矛盾也没有调和的余地。刘邦、项羽曾经约为兄弟，然而楚汉相争到最后，以项羽自刎乌江而收场。历史总是这样惊人的相似。局势发展到这一步，袁、曹二人隔黄河相峙，回想年少时光，多少旧事涌上心头，昔日亲密无间并肩战斗情如兄弟，而今恩义两绝兵戎相见互为仇敌，必然是百感交集。

官渡之战前，袁绍已经击破公孙瓒，占据青、冀、幽、并四州，军队十数万，是当时实力最强劲的割据者。但是，曹操作为袁绍的密友，可以说是天下最了解他的人。曹操激励诸将，"吾知绍之为人，志大而智小，色厉而胆薄，忌克而少威，兵多而分画不明，将骄而政令不一"，他的"土地虽广，粮食虽丰，适足以为吾奉也"，正好奉送给我。

实际上，官渡之战以前的袁绍可以说是很成功的。他的谋士沮授将其功业概括为"将军弱冠登朝，则播名海内；值废立之际，则忠义奋发；单骑出奔，则董卓怀怖；济河而北，则勃海稽首。振一郡之卒，撮冀州之众，威震河朔，名重天下"，并不算是过誉之辞。袁绍很早就有明确的发展战略，即"南据河，北阻燕、代，兼戎狄之众，南向以争天下"，野心昭然若揭。沮授进一步将其细化为，"虽黄巾猾乱，黑山跋扈，举军东向，则青州可定；还讨黑山，则张燕可灭；回众北首，则公孙必丧；震胁戎狄，则匈奴必从。横大河之北，合四州之地，收英雄之才，拥百万之众，迎大驾于西京，复宗庙于洛邑，号令天下，以讨未复，以此争锋，谁能敌之？"沮授的蓝图，除了最后一步，袁绍基本上都实现了。在"迎大驾于西京，复宗庙于洛邑"这一重大政治选择上，袁绍犯了糊涂，从此以后在与曹操的争锋中，一步步败下阵来。

不仅如此，笔者发现，建安年间袁绍在重大战略决策上，神奇地做错了全部的选择题，确实像陈寿评论的那样是"外宽内忌，好谋无决，有才而不能用，闻善而不能纳"。袁绍的这些短板正好是曹操的特长，所以袁曹相争，失败是袁绍注定的结局。

第一道选择题：要不要迎献帝？

沮授主张奉迎，认为可以取得"挟天子而令诸侯"的政治优势："今州域粗定，兵强士附，西迎大驾，即宫邺都，挟天子而令诸侯，畜士马以讨不庭，谁能御之！"田丰也劝袁绍迎天子。郭图、淳于琼反对，他俩说："今迎天子自近，动辄表闻，从之则权轻，违之则拒命，非计之善者也"，认为会受制于献帝，放不开手脚。袁绍选择了后者。沮授进一步劝说："今迎朝廷，于义为得，于时为宜，若不早定，必有先之者矣。"果然曹操捷足先登，迎献帝都许，占据战略主动。袁绍悔之无及。

第二道选择题：立长还是立幼？

袁绍长子袁谭"长而惠"，幼子袁尚"少而美"。按封建宗法制度，当立袁谭为继承人。而袁绍喜欢袁尚，"欲以为后而未显"。他以长子袁谭出继兄后，并派他去担任青州刺史，以中子袁熙为幽州刺史，外甥高干为并州刺史，而留袁尚居冀州大本营。这情形与刘表出长子刘琦为江夏太守一样，实际上已经做出了废长立幼的决策，剥夺了长子的继承人地位，只是没有明确宣布而已。沮授谏阻袁绍，预言"必为祸始"。袁绍又不听。在袁绍的纵容下，他手下的谋士们分成两个阵营：审配、逄纪支持袁尚，辛评、郭图支持袁谭，互相争权。袁绍一死，审配等利用近水楼台之便，拥立袁尚。等袁谭赶来，面对既成事实，无可奈何。之后袁谭、袁尚兄弟互相攻伐，让曹操坐收渔翁之利。这不能不说是袁绍"废嫡立庶、舍礼崇爱"埋下的祸根。

第三道选择题：要不要跟曹操决战？

沮授、田丰认为"曹公善用兵，变化无方，众虽少，未可轻也"，建议先打政治战，"宜先遣使献捷天子，务农逸民；若不得通，乃表曹氏隔我王路"，占据道义优势；然后做好打持久战的准备，"进屯黎阳，渐营河南，益作舟船，缮治器械"；不主张打大决战，"决成败于一战，若不如志，悔无及也"；而主张采用骚扰战的策略，逐渐消耗曹操的实力，"简其精锐，分为奇兵，乘虚迭出，以扰河南，救右则击其左，救左则击其右，使敌疲于奔命，民不得安业；我未劳而彼已困，不及二年，可坐克也"。审配、郭图主张决战。他们认为，袁绍实力远超曹操，打败他"譬若覆手"，十分容易。现在袁绍手下"武臣竭力，将士愤怒，人思自骋"，斗志昂扬，"天与弗取，反受其咎"，"今不时取，后难图也。"袁绍选择了南下决战，将不主张决战的沮授担任的监军一职分为三都督，使沮授、郭图、淳于琼各典一军，分了他的军权，表明了不信任；更以沮授的名义将田丰"械系"，投入大牢，不带他随军南下。

在官渡之战中，战术层面上还有好几道选择题，如是否任颜良为主将围白马、是否悉军逼近官渡决战、是否特遣一军防备曹操乌巢劫粮等，沮授都给出了正确的建议，但袁绍不出意外地全部选错了答案。结果袁军大溃，袁绍狼狈渡河逃走，余军七万多人被曹操坑杀。沮授来不及逃走被俘，后因谋还袁氏，被曹操所杀。袁绍回邺后，带着惭怒杀田丰。

很多人认为"见事迟"，缺乏政治敏感性，看不到汉献帝的价值，政治韬略不足，是袁绍最大的短板。其实，"见事迟"只是表象，根子在于袁绍过早就确立了"应天人称尊号"的政治野心。他的这一最高战略目标，最终影响了他是否迎天子的选择，也影响了他对保皇派沮授、田丰等人的信任。因此袁绍对于他们的任何意见和建议，都持全盘否定态度，而不肯冷静思考其中的合理成分。荀彧、郭嘉等人弃袁投曹，真实的原因很可能也是反对袁绍代汉。而曹操在打败袁绍之前，不太可能产生或者说不敢流露篡汉的野心。他比袁绍更需要利用汉献帝这块金字招牌来壮大自己的实力。这也是荀彧能跟曹操同行二十余年的原因。而当曹操计划晋爵魏公而荀彧坚决反对时，曹操就毅然决然地逼死了这个大功臣。这与袁绍杀田丰，是同样的道理。如果沮授不死于曹操之手，而顺利返回袁绍身边，等待他的应该也只有死亡。

官渡之战，曹操以弱胜强，一战而奠定统一华北的基础。冀州郡县听说袁绍大败，多举城降曹操。但曹军实已精疲力竭，虽然知道袁绍就在黎阳北岸，亦无力追击，只追至延津黄河南岸而止。袁绍获得喘息之机，重新平定冀州。建安六年、七年，袁、曹两次发生小规模战争，均以袁绍的失败而告终。袁绍自军败以后,"发病,呕血",于建安七年(202)五月在忧忿中死去。他的儿子们,在随后的几年里都先后被杀。他辛苦打下的地盘,全部落入曹操之手。袁绍的王霸雄图,转眼成南柯一梦。

其实,袁绍虽然大败于官渡,元气大伤,但战后他的地盘基本上得到了恢复和维持,完全没有到穷途末路的地步。也许,让他最痛苦的不是失败本身,而是败于曹操之手。从前的发小、兄弟、盟友,他无数次伸出援手扶持起来的人,却是成了伤他最深的人。在袁绍心里,也许想到的是一个东郭先生和狼的故事:被别的狼咬死不要紧,但是这条自己救过的狼不行。袁绍太迷信自己的硬实力,他没有看清汉末群雄逐鹿实际上是一场残酷的淘汰赛。袁绍在病榻上逐渐明白,有曹操在,他不可能称王称帝!他毕生为之奋斗的志向,因为昔日小弟曹操在他两肋插刀而付诸流水!痛苦和悔恨像毒蛇一样缠绕着袁绍,他过不了自己内心的坎。也许他临死前都在喃喃而语:阿瞒,你这个阉宦遗丑,居然打败了我!你为什么要跟我作对?为什么,为什么?!

而对曹操而言,官渡之战赢得十分凶险和侥幸。袁绍成功逃回了河北,没有跟沮授一起被俘,而是自己病死,于曹操未必不是一件幸事。我们不能想象曹操需要多么坚硬的内心,才能向跟自己恩义纠缠大半生的袁绍举起屠刀。事实上,官渡之战后两年多的时间里,袁绍一直在生病,曹操不可能在邺城没有细作、不知道这个消息,但是他并没有痛打落水狗,乘胜渡河北攻袁绍。而是直到袁绍死后,才向他的儿子们发起进攻。不知道这是不是曹操对袁绍最后的一缕情意?

至于破邺之后亲祭袁绍,笔者认为是曹操发自内心的举动。

虽然是成王败寇，一生一死，但是在曹操心中，袁绍即使真是逆臣乱臣，曹操也不会介怀，他自己其实不也想当皇帝么吗？至于收买人心，则更不需要，袁绍死了，以曹操的文韬武略，北方哪里还有抗手？平定是迟早的事。如果曹操在与袁绍的战争中失败，那么此时躺在墓中的可能就是他自己。曹操自己事后说："当绍之强，孤犹不能自保，而况众人乎！"袁绍，某种意义上，不就是另一个曹操吗？曹操哭袁绍，哭的既是故人，哭的也是他自己！

  曹操亲祭绍墓、哭之流涕，这份情感、这份胸襟、这份见识，才真正当得起"非常之人、超世之杰"的赞语。他才不在乎后世孙盛之流怎么看！袁绍死而有灵，其实是可以无憾的：打败他的曹操其实继承了他的代汉事业、实现了他的王霸雄图！

韩馥：高第良牧怯如鸡

汉末群雄，死法各异。士燮领交趾太守四十余年，年九十而卒，是三国罕见的高寿善终。刘焉、刘表俱"疽发背"卒，陶谦病死，再加上刘繇、公孙度、张鲁，皆属于寿终正寝。袁绍在官渡大败后发病呕血而死，袁术穷途末路索蜜不得呕血斗余而死，兄弟俩都死于忧愤，但还算是正常死亡。董卓为吕布所杀，孙策为许贡门客所杀，死于蓄意谋杀。吕布为曹操所杀，刘虞为公孙瓒所杀，属于战败被俘杀。孙坚被黄祖士兵射杀于岘山，刘岱与青州黄巾作战而死，都是战死沙场。公孙瓒眼见易京即将被袁绍攻破，为免被俘受辱，在"悉缢其姐妹妻子"后引火自焚，死状惨烈。

而群雄中死得最窝囊的，是冀州牧韩馥，没有之一。韩馥让冀州于袁绍后，往依陈留太守张邈。后来，袁绍派人到张邈处商量事情，"有所计议，因共耳语"。当时韩馥在座，以为袁、张双方要合伙对付自己，"谓见图谋，无何，如厕自杀"。《九州春秋》记载，韩馥"至厕，因以书刀自杀"。

堂堂一个逊位的州牧，竟然因为别人几句耳语，就担心害怕得自杀了？这鼠胆，颇令人无语。自杀就自杀吧，为什么非要跑到厕所里面去自杀呢？中国古代的厕所，没有自动抽水、通风系统，卫生条件通常都是相当糟糕的。即使自杀，就不能挑个环境好点的地方，有尊严地结束自己的生命吗？

中国古代，自杀的人不少，上至皇帝下至平民都有，不稀奇。死在厕所里的人也有，《左传》载春秋时期的晋景公，就是"将食，涨，如厕，陷而卒"，掉在茅坑里窒息而死；《史记》载吕后将戚夫人残忍地砍断手足再弄成盲聋哑后"使居厕中，命曰'人彘'"，估计戚夫人是在厕所里被折磨致死的。但是，在厕所里自杀，中国古代史中韩馥是独一份。

馥者，香气浓郁也。以馥为名的人，却死在了臭气熏天的厕所里，历史总在不经意间充满了讽刺意味。

是什么样的一个人，会选择这样一种屈辱的死法？

韩馥在汉末舞台上表演的时间并不长，从中平六年（189）八月董卓进京，到初平二年（191）七月韩馥将冀州牧让给袁绍，前后不过两年；截止他在厕所里自杀，估计总共也不会超过三年。考察韩馥这三年的行为表现，能启发我们很多有趣的思考。

韩馥，字文节，豫州颍川郡（郡治在今河南省禹县）人。《三国志》《后汉书》都没有专门给韩馥立传，对他早年的经历，我们知之甚少。东汉末年颍川郡有四大著姓，分别是荀、钟、韩、陈。鉴于东汉是门阀政治的滥觞时期，非世家大族出身的人很难做到二千石以上的高官，推测韩馥可能出自颍川四大家族之一的韩韶、韩融家族。

中平六年（189）八月，董卓进京篡权。为了维持其统治，董卓起初采取了拉拢世家大族的政治策略，"忍性矫情"，"擢用天下名士以收众望"。他信任尚书周毖、郑泰、城门校尉伍琼、议郎何颙等人，授予他们干部人事权，命他们"沙汰秽恶，显拔幽滞"。《三国志》注引《英雄记》载，袁绍与张邈、何颙、吴子卿、许攸、伍琼等皆为奔走之友。这些人实际上都属于袁绍政治集团，"阴为绍"。董卓堕入袁绍縠中而不自知。当袁绍因为反对废少立献、当面顶撞董卓继而逃出洛阳、奔往冀州而被董卓悬赏缉捕时，周毖、伍琼等劝说董卓不要激化与四世三公、门生故吏遍天下的汝南袁氏的矛盾，而应改用羁縻策略。董卓同意了，任袁绍为勃海太守、封邟乡侯。此后不久，董卓又用周毖、伍琼等人推荐的韩馥为冀州牧、刘岱为兖州刺史、孔伷为豫州刺史、张咨为南阳太守、张邈为陈留太守，出宰州郡。董卓的初衷，可能是想利用这些人安辑关东，帮他盯住出奔南阳的袁术，"变易姓名，间行东归"、逃到兖州陈留郡的曹操，以及已在冀州的袁绍。事实证明，董卓受骗了，这些人全部是袁氏的党羽，他们的离京外任，实际上更壮大了袁、曹起兵反董的力量。

就在这一拨京官外放之中，时任尚书（一说御史中丞）的韩馥，被董卓操控的东汉政府任命为冀州牧。他显然也是一名长期得不到擢用的"幽滞之士"。韩馥这次能得到"显拔"，应该跟他"袁氏故吏"的身份是分不开的。汝南袁氏是韩馥的恩主，作为门生故吏，他理当与袁绍站在同一阵线，否则在推崇"二重君主观"的东汉政治文化环境中，即属不忠之人，会被整个社会所唾弃。

是时，豪杰多欲起兵讨卓。"州郡蜂起，莫不以袁氏为名。"

兖州刺史刘岱、豫州刺史孔伷、南阳太守张咨、陈留太守张邈都积极投身讨卓大业。这也再次证明了他们和袁绍是同一阵营。但是，本该跟他们采取同一政治立场的韩馥，却打起了自己的小算盘。《后汉书·袁绍传》载："韩馥见人情归绍，忌其得众，恐将图己，常遣从事守绍门，不听发兵。"韩馥害怕袁绍强大起来后要吞并自己，因此常派人看守着袁绍的府门，不允许他发兵讨卓。笔者揣测，这是一方面的原因；更深层的原因是，袁绍是韩馥治下的郡守，他害怕袁绍起兵连累他这个州牧，给他带来负面影响。如果袁绍失败，残暴的董卓岂不是要收拾我老韩？光这个领导责任，自己就承受不起。后果太严重，想想都害怕。不如钳制住袁绍，不要惹事，安安稳稳当自己的州牧就好。至于讨卓是不是正义、该不该干，韩馥是不大考虑的，他只计较自己个人的安危得失。

关东州郡讨卓都准备得差不多了，大家心目中的盟主袁绍却受制于上司韩馥，迈不出步子，多么令人焦心！最后还是东郡太守桥瑁聪明，想到了一条妙计：你韩馥不是怕承担责任吗？那我给你举兵的理由！桥瑁伪造了朝廷三公移书，传驿州郡，大意是董卓罪恶滔天、危逼天子，希望大家赶紧兴义兵来勤王，以解国难。

这相当于三公代表天子发布了命令，讨卓既是义举，也是义务，再没有了推诿的借口。韩馥这次该爽快同意举兵了吧。事情可没那么简单！韩馥召集部下举行了一次决策会议。他在会上抛出了一个问题："今当助袁氏邪，助董氏邪？"这在忠于刘汉皇室的人眼里，无疑是个大逆不道的问题。韩馥公开提出这个问题，说明他眼里已经无视刘汉皇权，认为汉室不可复兴了；另一方面，他开始考虑把未来的赌注压在董卓或者袁绍身上。这一问，再次暴露出韩馥是一个精致的利己主义者。什么忠君爱国，在他眼里都是浮云，他只考虑自己的荣华富贵。韩馥的立场，自然受到了部下的抵制。治中从事刘子惠怒怼韩馥："兴兵为国，安问袁董？"咱们是为了保卫刘汉皇室，是为国家大义而兴兵出力，为何要考虑是助袁还是助董呢？韩馥面有惭色。

刘子惠接着说："兵者凶事，不可为首。"建议韩馥在兴兵讨卓的过程中，不要当领导者，只要当其他州的追随者就好，冀州不比其他州弱小，那么最后论功行赏冀州也不会在其他州后面。韩馥深以为然，这正符合他害怕承担风险和责任，却又想追求最大利益的小心机。大家商议已定，韩馥于是写信给袁绍，同意他举兵讨卓。

初平元年（190）正月，关东州郡同时起兵讨卓，遥推袁绍为盟主。研究史籍及地图，我们又有了一个有意思的发现。当时讨卓义军分成四处屯驻：袁绍与河内太守王匡屯河内（郡治在今河南省武陟县）；刘岱、张邈、桥瑁、广陵太守张超、山阳太守袁遗、济北相鲍信与骁骑校尉曹操，俱屯兵酸枣（县治在今河南省延津县）；孔伷屯颍川（郡治在今河南省禹县）；后将军袁术与长沙太守孙坚屯兵鲁阳（县治在今河南省鲁山县）。大家都推进到了讨卓的一线，从东边对洛阳形成了一个半包围圈。而韩馥在什么地方呢？史书说："馥屯邺"，邺县（县治在今河北省临漳县）属冀州、魏郡。也就是说，自始至终，韩馥根本就没离开过自己的地盘冀州。邺城距洛阳，直线距离三百公里；并且从洛阳到邺城，必须穿过河内或酸枣。也就是说，韩馥一直躲在大军的后面，安全方面高枕无忧。韩馥屯邺的理由是为袁绍供应军粮。他真聪明，真会给自己分配任务啊！所有诸侯都上前线了，只有韩馥，待在家里，吃着火锅唱着歌，一点儿没耽误登上讨卓的光荣榜。如果最后董卓得胜，韩馥是不是还可以为自己辩解一番：我起兵是被袁绍逼的，瞧，我的一兵一卒都没上过前线，俺其实是身在袁营心在董啊。多么鸡贼！

可是就连供应军粮这种无风险的后勤工作，韩馥也不想干好。"馥意深疑于绍，每贬节军粮，欲使离散。"他疑心病太重，害怕袁绍吞并自己，一心想把袁绍的部队搞垮，毫无大局观和团结协作意识。兖州刺史刘岱都看不下去了，写信给刘子惠，说："卓死之后，当复回师讨文节。拥强兵，何凶逆，宁可得置。"意思是韩馥专做"凶逆"之事，怎么能放过他？韩馥知道后，归咎于刘子惠（可能认为是刘子惠出卖了他），"欲斩之"，被其他部下劝阻，改罚刘子惠去劳改。

董卓听闻关东兵起，采用釜底抽薪之计，鸩杀废帝刘辩，使关东诸侯们彻底丧失了迎史侯复位的可能性，而加强了自己挟献帝以令诸侯的有利地位。袁绍计划另立幽州牧刘虞为帝，对抗董卓及其所立的献帝，以赢得政治主动。奇怪的是，一贯跟袁绍不和的韩馥在此事上与袁绍高度一致。袁绍在写给袁术的信中直承："前与韩文节共建永世之道，欲海内见再兴之主。"韩馥甚至写信给袁术，言献帝非灵帝子，而刘虞"功德治行，华夏少二，当今宗室枝属，皆莫能及"，韩馥还列举种种理由论证刘虞当代立。可见，韩馥在谋立刘虞这个问题上相当卖力。

史书没有介绍韩馥的动机。笔者从韩馥一贯精于计算个人利益的性格特点出发，分析他不计前嫌与袁绍通力合作谋立刘虞的原因不外乎两条：一是王夫之在《读通鉴论》中指出的，"韩馥、袁绍奉刘虞为主，是项羽立怀王心、唐高祖立越王侑之术也"，只不过是把刘虞当成他们凝聚人心、号令天下的旗帜和傀儡而已，利用完了就会取而代之，然后抛弃甚至杀害。二是觊觎刘虞控制下的幽州。当时刘虞在幽州"务存宽惠，劝督农植，开上谷胡市之利，通渔阳盐铁之饶，民悦年登，谷石三十"，经济发展得非常好，粮价很便宜；"青徐士庶避黄巾之难归虞者百余万口，皆收视温恤，为安立生业，流民皆忘其迁徙"，流动人口大量涌入变成常住人口，反过来肯定促进生产和消费的繁荣。谁能占有幽州，自然是实力大增。冀州北邻幽州，兼并幽州有地近之便。韩馥窥伺幽州在情理之中，而袁绍"南据河，北阻燕代"的野心自然也包含幽州在内，因此二人在这一点上一拍即合。

然而，袁术和曹操都坚决反对韩馥和袁绍立刘虞的图谋，再加上刘虞本人也严词拒绝这一提议，所以这个计划最后不了了之。

关东州郡讨卓，各怀异心，在几场战斗之后，也不了了之。诸侯们都把目光转向了周边地区的讨卓战友，"务相兼并以自强大"。兖州刺史刘岱先杀了东郡太守桥瑁，吞并了他的地盘，以王肱代之。公孙瓒攻杀了刘虞，控制了幽州，又以严纲为冀州、田楷为青州、单经为兖州，积极派军南下，其野心不小。袁绍表曹操为东郡太守，将势力嵌入兖州；又以周㬂为豫州刺史来袭取孙坚的豫州。袁绍自己也开始琢磨怎么把韩馥的冀州弄到手。

初平二年（191），机会来了。韩馥手下大将麹义叛馥。麹义久在凉州，手下士兵战斗力极强。韩馥与之交战失利，再加上与入侵冀州的公孙瓒战于安平又失利，统治地位出现动摇。敌人的敌人是朋友。袁绍与麹义"相结"，目的当然是联合起来对付韩馥。这时候，袁绍的谋士逢纪给他献计：密邀公孙瓒带兵南下，袁绍自己引军东向，成南北夹击之势，然后派人去游说韩馥，而韩馥是个"庸才"，"迫于仓卒，必可因据其位"。袁绍依计行事。公孙瓒果然率军南来，"以讨卓为名，内欲袭馥"，袁绍也从河内还军延津，逼近邺城，然后派陈留高幹、颍川荀谌等游说韩馥，大意是：您在"宽仁容众，为天下所附""临危吐决，智勇迈于人""世布恩德，天下家受其惠"等三个方面都不如袁绍；如果公孙和袁绍两雄并力来攻冀州，您肯定应付不了，那么一旦战败您的生命就受到严重威胁；不如让冀州给袁绍，让他俩打仗去，那么公孙瓒肯定干不过袁绍，而袁绍肯定非常感谢您；这样您既赢得了让贤之名，自己的生命安全也得到了保障。荀谌等人摸准了韩馥凡事喜欢计算个人安危得失的性格特点，游说十分成功，韩馥果然同意让州于袁绍。

韩馥的长史耿武、别驾闵纯、治中李历、骑都尉沮授等人反对让州，他们对韩馥说："冀州虽鄙，带甲百万，谷支十年。"实力十分强大；而"袁绍孤客穷军，仰我鼻息，譬如婴儿在股掌之上，绝其哺乳，立可饿杀"，根本没什么可怕，"奈何欲以州与之"？韩馥手下从事赵浮、程奂率强弩万人屯于孟津，听说韩馥要让州于袁绍，率兵驰还，认为袁绍"军无斗粮，各已离散"，以兵拒之，"旬日之间，必土崩瓦解"。韩馥都不听从，坚定地要让州于袁绍，于是避位，出居中常侍赵忠故舍，派儿子送冀州印绶以让绍。袁绍领冀州牧后,"承制以馥为奋威将军,而无所将御",只给了他一个杂号将军的空头衔。

《后汉书》评论韩馥"素性怯",一贯懦弱、胆小、怕事,似乎这是他让州于袁绍的主要原因。笔者以为这只是表面现象,更深层次的原因是韩馥失去了颍川士人的支持,而反对他让州的都是他平时并不怎么信任的冀州人。

"魏郡审配、巨鹿田丰并以正直不得志于韩馥",河内朱汉"先时为馥所不礼,内怀忿恨",中山刘子惠几乎被韩馥所杀,"后袁绍至,馥从事十人弃馥去,唯恐在后"。汉制,州郡牧守例用外地人,而属吏都用本地人。这些史料都说明韩馥并不信任冀州士人,这些人对他的意见是很大的。身在异地的韩馥只好把眼光投向故乡颍川。

根据《三国志·荀彧传》的记载,韩馥当上冀州牧不久,就遣骑迎颍川士人,"乡人多怀土犹豫","莫有随者,彧独将宗族至冀州"。也就是说,颍川荀氏家族很早就投奔到了韩馥麾下。游说韩馥让州的荀谌,即荀彧之弟。《三国志》与《后汉书》,在提到游说者时,除了高干与荀谌之外,都用了一个"等"字,说明袁绍派去的不仅是这两人,还有其他人。《资治通鉴》进一步点明,"会董卓入关,绍还军延津,使外甥陈留高干及馥所亲颍川辛评、荀谌、郭图等说馥"。也就是说,游说韩馥让州的是韩馥"所亲"、一向信任的同郡老乡辛评、荀谌、郭图等人。而袁绍能让韩馥所亲的颍川士人转而支持自己,再加上先前拥有凉州劲旅的麹义已与袁绍相结,使韩馥认识到自己统治基础已经被袁绍掏空。所以韩馥并非"度德而让",而是内外形势所迫,他的确是在冀州牧的职位上待不下去了,不得已让州给袁绍。从这个角度来看，袁绍的策反工作做得很不错，不战而屈人之兵、夺人之州，是三国少见的和平夺权。

历史总是有些细节让人反复玩味。避位的韩馥并没有离开冀州，而是入住中常侍赵忠故舍。他在等什么呢？他在等袁绍和公孙瓒两虎相争两败俱伤后再出来收拾乱局重新掌管冀州吗？还是的确没有别的地方可去？我们无从得知。

韩馥平时不信任的冀州士人都受到了袁绍的重用。袁绍用田丰为别驾，审配为治中，"甚见器任"；袁绍甚至用一直愤恨韩馥的朱汉为都官从事，这个职务虽然级别不高，但可以监察举劾百官，实权颇重。韩馥在这样的政治环境下，应该是度日如年，连门都不敢出吧？平时门庭若市的韩府，现在肯定也是门可罗雀了。袁绍和公孙瓒也没有马上打起来，冀州无机可乘。韩馥在阖门闲居的日子，可能慢慢悟出点道道来了，他是被袁绍和自己的颍川老乡们给算计了。一向以个人利益精算师自诩的韩馥，难以接受这样一个现实：爷玩儿了一辈子鹰，这次却让鹰啄了眼！

他从堂堂天下第一大州的州牧，变成了麾下没有一兵一卒的空头将军，变成了一个可笑的失败者，一个自以为绝顶聪明但在别人眼里却如假包换的懦夫和笨蛋。冀州所有的人，这时候都不知道怎么在笑他哩！这道理韩馥想明白了，但却没处说，也没人肯听他说了。史书没有记载韩馥让州之后的详细心理活动，只说他"自怀猜惧"。

笔者穿越两千年的时光，回到汉末冀州，大胆揣测，前冀州牧韩馥抑郁了，并且是重度抑郁。他整天情绪低落，闷闷不乐，想着一些复杂的心思，想着从前的王霸雄图，吃不下饭、睡不好觉，要么独坐一隅，要么整日卧床，蓬头垢面、不修边幅，连家人都不想搭理，更不想出门跟人交往，似乎一下子苍老了好多岁。他常常自怨自艾，当时要是听耿武、闵纯的，跟袁绍好好打一仗就好了，未必会输，即使输了也算轰轰烈烈无怨无悔了，好过现在众叛亲离苟延残喘成为天下笑柄。

让韩馥觉得更可怕的事发生了。都官从事朱汉因为愤恨韩馥，再加上为了迎合讨好袁绍，居然擅自发兵包围了韩馥的府第。韩家害怕得关上了大门，朱汉的兵丁们竟然"拔刃登屋"，翻墙而入。韩馥急急忙忙逃上楼，躲过一劫，但是他的长子却被朱汉搜到了，并且被"槌折两脚"。对于朱汉的做法，袁绍是乐见的，但他又不得不作出礼贤的姿态。人家韩馥把冀州都让给你了，你连条活路都不给他留？天下士大夫听说此事，岂不都说你袁本初恩将仇报、不能容人？于是袁绍逮捕朱汉，杀了他。可怜朱汉，马屁拍在了马蹄上，反丢了自己的性命。

虽然袁绍对朱汉事件采取了果断的处理，表明了对韩馥生命安全的保护态度。但韩馥"犹忧怖"，仍然担心和害怕。笔者推测经过此事后，他的抑郁加深了，从前的症状一个没消失，现在又多了一条被害的妄想。冀州的士人，自己从前是不大信任的，这时候他们掌了权，难保不冒出第二个朱汉来挟私报复；自己客客气气地从家乡接到冀州来的颍川士人，现在证明都是些卖主求荣之辈，并不感恩图报；还有那袁绍，谁知道他葫芦里卖的什么药？这次幸好上楼跑得快，不然后果不堪设想。韩馥再笨，也知道冀州是待不下去了。

于是韩馥向袁绍请求离开冀州。这正合袁绍之意，他爽快地同意了，想必临行还故作大方地送了丰厚的盘缠吧。韩馥表面千恩万谢，心里把袁绍十八代祖宗都问候了一遍：呸，这些东西本来都是我的，现在却要承他的情！唉！都怪自己没用！四海茫茫，天下虽大，去哪儿呢？韩馥左思右想，也没个可靠的去处，似乎人人都是袁氏的党羽。北边的公孙瓒如狼似虎，才跟自己在安平打了一仗，是去不得的；南边的曹操倒是近，但此人跟袁绍是发小、铁杆，袁绍经常要曹操为他杀这个杀那个，更是去不得。只有去投陈留太守张邈了！张邈跟自己是同一批外放的"京官"，原来在京里也算有些交情。虽然他跟袁绍是"奔走之友"，也是老交情，但后来吵了一大架，袁绍发怒，要曹操帮他杀张邈，曹操没有答应。张邈对袁绍的不少做法是看不惯的，自己去投他，应该能得点同情分。

韩馥到了陈留，张邈招待还算客气。终算远离了是非之地冀州、远离了心怀叵测的袁绍，韩馥心里的石头稍稍放低了些。但是好景不长，一天袁绍派遣使者来见张邈，可能是要商量什么事，但是又不想让其他人听到，于是"因共耳语"。当时韩馥正在座，他的心又提到了嗓子眼儿。邺城离陈留，近千里的路程，袁绍派使者来跟张邈悄悄说些什么呢？是不是叫张邈把我杀了？啊，这使者正好抬头往这边看了一眼，似乎是耳语时提到我了。八成是了！怎么办？自己真是笨，机关算尽，丢了冀州不说，怎么又投到张孟卓这里？他跟袁绍本来是一伙的啊，人家吵过架，不能和好吗？自己与他的关系毕竟不如人家袁绍铁。我这是才出狼窝，又入虎口。这回死定了！

韩馥东想西想，越想越怕，他从座位上站起来，以如厕为借口，离开了张邈的会客厅。韩馥蹲在厕所里，却一点屎尿都拉不出来。他无奈地系上裤带，在狭窄的厕所里踱步。怎么办？回去，肯定被这伙人耻笑，然后还不知道被他们怎么弄死。是砍头还是缢杀？难道还会好心给我一杯鸩酒？逃跑？即使跑出这太守府，难道还跑得出陈留郡吗？天下之大，哪里有我的容身之处？罢了！罢了！韩馥从怀里抽出一把书刀。这是当时人们在竹木简上写错字后用来刮改的刀，瘦长而锋利。作为读书人的韩馥，书刀平常总是随身携带的。

　　还是死了好，一了百了！让袁绍他们在这乱世折腾去吧，最后他的结局未必好过我。想到这里，韩馥没有犹豫，拿起书刀干净利落地刺进了自己的胸膛。

公孙瓒：猛士懦夫一念间

金庸先生武侠小说名作《笑傲江湖》成功塑造了一个奇特诡异的人物形象——日月神教教主东方不败。本来一个豪情满怀，立志一统江湖的武林高手，自从为了练习《葵花宝典》挥剑自宫后，竟然性情大变，从此隐居在高高的黑木崖上，不见生人，不理世事，甘为妾妇，专心绣花，最终被任我行、令狐冲等人围攻、打败、杀死。

网络上关于东方不败人物原型的讨论很多。有的说是因与养父的爱妾通奸事发而惭愧自宫，但仍然多力矫捷、骁勇善战、号称"万人敌"的十六国时期前秦名将张蚝；有的说是"状魁梧，伟观视，颐下生须十数，皮骨劲如铁，不类阉人"，"握兵二十年，权倾一时"的北宋徽宗朝权宦童贯；有的说是创立八卦掌、与太极拳大师杨露禅比武不分胜负的清代河北籍太监武术家董海川。

这些推测主要着眼于生理阉割和孔武有力两个共同点，与东方不败确有相似之处。但这三个人中，两位是太监、一位是武将，或为帝王佣仆、或为诸侯爪牙，都是唯唯诺诺供人驱驰的下属，全没有东方不败那种桀骜不驯、顾盼自雄、领袖群豪的霸气和傲气。从三人生平来看，他们一生性格、行事风格基本上都保持一致，而不像东方不败由积极进取型断崖式跌落到消极保守型，前后反差巨大。再从三人的最终结局来看，张蚝升任太尉之后，史书再无记载，不知所终；童贯被宋钦宗下令诛杀；董海川享年八十余寿终正寝，都与东方不败战败被杀的命运大相径庭。

笔者近读三国，发现其中一位历史人物，与东方不败高度相似。猜测博学广识、国学功底深厚的金庸先生很可能有意无意地从他身上汲取了灵感。

这位历史人物，就是公孙瓒。

公孙瓒，字伯珪，幽州辽东郡令支（今河北唐山市迁安县）人。他出身在一个"家世二千石"的官宦家族，但是因为生母微贱，估计本人所受教育程度也不高，所以入仕后并没有像袁术、曹操等嫡子一样平步青云，而是从最底层的小吏干起，担任"郡门下书佐"，负责办理文书，相当于现在市政府办公厅的文秘人员。作为豪门庶子的公孙瓒，少年时期遭遇的歧视和冷眼想必不少，经历的苦难让他分外努力。

这一点与东方不败高度相似。东方不败家境贫寒，全靠好友童百熊多年救济，父母故世后无以为葬，丧事也是童百熊代为料理的。公孙瓒和东方不败一样，很早就品尝了世态炎凉、人情冷暖。这是他们早期保持一往无前的奋斗姿态的原动力。

史书评价公孙瓒"性辩惠""美姿貌""大音声"，说明他是一个外表英俊、声音洪亮、聪明能干的年轻"公务员"。他工作态度严谨，对自己要求很高，"每白事，不肯稍人"，向上司汇报工作时不允许自己有任何差错，尤其记忆力惊人，"常总说数曹事，无有忘误"，给当时的侯太守留下了深刻印象。侯太守很器重他，"以女妻焉"，又送他去缑氏（今河南偃师县东南）山中跟随当时的名儒卢植读经，着力培养。公孙瓒由是与刘备同师卢植，"略见书传"，开始接受系统的教育。卢植"性刚毅有大节，常怀济世志"，不仅是"名著海内，学为儒宗"的"士之楷模"，后来还担任北中郎将参与镇压黄巾起义，立下赫赫战功，堪称文武全才。在卢植的悉心教导下，公孙瓒的文武才能得到进一步提升，为他以后由文吏转为武职打下了基础。

公孙瓒从卢植处学成归来后，担任辽东郡上计吏，负责向朝廷报送本郡年度工作报告，包含户口、赋税、盗贼、狱讼、选举等计簿（统计报表）。这是一个磨炼才干的重要岗位，公孙瓒得以时常往来京师洛阳，熟悉沿途风土人情，开阔眼界，增长见识。

不久，发生了一件改变公孙瓒命运的大事。太守刘基坐事，槛车征诣廷尉。按照一般人的思维，领导触犯了法律，关在囚车里押送最高法院审判，而当时法律禁止部下接近，这正是名正言顺划清界限的时候，避之唯恐不及，谁会去给自己找麻烦而亲近他？正所谓非常之人才能行非常之事，公孙瓒作出了不同寻常的选择。他"改容服，诈称侍卒，身执徒养，御车到洛阳"，冒着泼天的干系，对刘太守不离不弃，易容改装，亲自驾车，一路精心侍奉到洛阳。抵京后，廷尉判决刘太守流放位于东汉疆域最南端的日南郡（地域在今越南中部，治所在今越南广治省东河市）。此时，公孙瓒对刘太守已经是仁至义尽，完全可以让他独自前往日南，自己返回辽东。在当时中原人眼里，日南无疑是天涯海角般的遥远所在，并且"多瘴气"，去了之后常常水土不服，生还的概率很低。公孙瓒再次作出了不同寻常的选择：他决定亲自陪伴刘太守前往日南！为了刘太守，公孙瓒冒着违规违法的风险，放弃公职，送他到洛阳；又冒着客死他乡的风险，准备放弃生命，送他去日南。这份忠诚、勇气和担当，令人动容，的确不是常人所能企及的。

幸运的是，刘太守在去日南的途中获得了赦免。公孙瓒护送刘太守的事迹，为他赢得了良好声誉。回到辽东后，公孙瓒仕途进入快车道。他先是被举孝廉，接着为郎官。这在当时是出仕的正途，袁术、曹操都是通过这个途径走上政治舞台的。东汉末年，选举基本上被世家大族操控，普通人很难获得察举机会。公孙瓒能得到这种宝贵的推荐指标，猜测很可能是辽东郡对他千里护送落难太守的褒奖。不久，公孙瓒先后任辽东属国长史、涿县县令，开始了自己的边将生涯，从此长期战斗在抵御乌桓等北方少数民族侵扰的第一线。

公孙瓒作战英勇，迅速成长为边疆名将。《英雄记》载："每有警，辄厉色喷怒，如赴仇敌；望尘而奔，继之夜战。虏识瓒声，惮其勇，莫敢犯之。"这是个不怕死的主儿，遇到边关有警就兴奋，在怒吼声中奔向敌人，打起仗来觉都可以不睡，"日入之后，把炬逐北"。由于公孙瓒天生的"大音声"，估计胡骑都认识了这位大嗓门的汉人猛将。一次，他带着数十骑出塞，忽然遭遇鲜卑数百骑。面对十倍于我的敌人，公孙瓒没有退缩，他激励手下说："今不冲之，则死尽矣！"他手持两刃矛，奋勇冲杀，杀伤数十人，终于成功脱险。这似曾相识的场景让人想起西汉飞将军李广。

公孙瓒很懂得运用品牌效应。他"常与善射之士数十人，皆乘白马，以为左右翼，自号'白马义从'"。《淮南子·说山训》云："将军不敢骑白马，亡者不敢夜揭炬。"将军骑白马，容易暴露目标，使自己成为众矢之的。公孙瓒反其道而行之，用数十匹清一色的白马这种独特的视觉意象来强化识别，树立自己的品牌形象，在向敌人无声宣告"白马义从"作风剽悍、作战勇猛从而形成心理震慑的同时，也是在向团队中的将士暗示这是一份至高的荣耀从而激励他们奋勇冲杀。这一招收到了奇效，公孙瓒声名鹊起。乌桓互相告语，避白马长史：骑白马的公孙瓒，这厮不怕死，咱们惹不起，躲着点儿！他们对公孙瓒又怕又恨，"乃图作瓒形，驰骑射之，中者咸称万岁"，只好把公孙瓒画在靶子上进行射箭训练来泄愤。

中平四年（187），渔阳人张纯，与同郡张举，联合乌桓酋长丘力居等举兵叛乱，寇幽、冀二州。公孙瓒率部下与之作战，多次出生入死，屡立战功，职位不断得到提升，先后被任命为骑都尉、降虏校尉，封都亭侯，复兼领属国长史。次年，朝廷任命宗正刘虞为幽州牧，诏令瓒受虞节度，刘虞成了公孙瓒的顶头上司。刘虞来幽州后，利用自己曾为幽州刺史、"恩信流著，戎狄附之"的优势，采取招抚政策，迅速平定了张纯叛乱。刘虞以功被朝廷拜为太尉，封容丘侯。

幽州边境重归平静，本来这是一件好事，但是公孙瓒却不高兴。他本该服从上司刘虞的领导，但却跟刘虞离心离德。二人的矛盾主要集中在两个方面：一是对待少数民族的政策方面，刘虞主张"以恩信招降"，与乌桓和平共处；而公孙瓒"志在扫灭乌桓"，他的功名富贵全部来自战功，不打仗，他简直不知道自己存在的价值。他反对刘虞的招抚政策，曾经"阴使人徼杀胡使"，企图破坏和谈，但没有成功。二是对待人民群众的态度方面，刘虞"为政仁爱，念利民物"，"清静俭约，以礼义化民"，是爱护人民的；而公孙瓒"务会徒众，以自强大"，"纵任部曲，颇侵扰百姓"，完全是不顾人民死活的军阀做派。平心而论，二人相争，曲在公孙瓒。他的目标是在乱世通过战争建立一支强大的私人军队，积累政治资本，从而实现更大的个人野心。因此，他不希望边疆宁静，不想看到胡汉和平共处，更不顾忌幽州百姓的死活。

一山不容二虎。刘虞、公孙同在幽州，即使二人军政理念相同，只要其中一方有兼并之心，发生冲突是迟早的事。袁绍的谋士逢纪曾经说过："夫举大事，非据一州，无以自立。"这话是有道理的。只有占据一州之地，掌握较大规模的人、财物、资源，才能积累较强的经济、军事实力，从而与其他割据者抗衡。武陵太守曹寅诱骗长沙太守孙坚杀荆州刺史王睿，兖州刺史刘岱杀东郡太守桥瑁，渤海太守袁绍逼迫冀州牧韩馥让州，南阳太守袁术派孙坚攻荆州牧刘表，都是同州之内相争的明证。

这情形与东方不败也类似。东方不败通过多年努力，终于成为日月神教风雷堂长老座下的一名副香主。教主任我行欣赏他的才干，破格提拔，连年升职，但却激发了他更大的权力欲望。把上司掀翻，取而代之，坐上本地区、本单位第一把交椅，成为公孙瓒和东方不败相同的选择。

初平二年（191），青徐黄巾三十万众进入勃海，公孙瓒率步骑两万逆击于东光，大破之，斩首三万级，俘获七万多人，车甲财物不可胜计。朝廷拜公孙瓒为奋武将军，封蓟侯。公孙瓒威名大振，实力进一步增强。他与刘虞的矛盾逐渐公开化。刘虞自结于袁绍，而公孙瓒则与袁术联合，互为敌对阵营。两人都向朝廷告对方的状，"互相非毁"。虚弱的东汉政府没有力量裁决，只好和稀泥，采取模棱两可的态度，"依违而已"。刘虞的儿子刘和，受汉献帝指令逃出长安，准备请其父派兵西迎献帝。刘和途经南阳时被袁术扣留，袁术让刘和写信刘虞，承诺幽州兵至南阳后两家一起奉迎献帝。刘虞得信后计划派数千骑前往南阳，公孙瓒认为袁术不可信，阻挠刘虞派兵，刘虞不听。公孙瓒害怕得罪袁术，也派从弟公孙越率千骑前往南阳，并偷偷唆使袁术继续扣押刘和并夺其兵马。公孙瓒小动作不断，刘虞自然是大为光火。刘虞多次请公孙瓒相见，公孙瓒都称病不应。刘虞曾经打算讨伐公孙瓒，他的下属魏攸劝阻他说："瓒文武才力足恃，虽有小恶，固宜容忍。"刘虞放弃了攻打计划。这说明刘虞对公孙瓒还存在幻想，以为公孙瓒还能为自己所用。

公孙瓒势力不断扩大，基本控制了幽州。他的野心不断膨胀，"以严纲为冀州、田楷为青州、单经为兖州"，置三州刺史，觊觎整个河北地区。而袁绍既定的战略目标是"南据河，北阻燕、代，兼戎狄之众"，他利用公孙瓒胁迫韩馥，夺取了冀州之后，也想占据幽州。两人的冲突不可避免。初平三年（192），公孙瓒以公孙越随孙坚攻打袁绍任命的豫州刺史周㬂战死为借口，进兵攻袁绍，"使刘备屯高唐、单经屯平原、陶谦屯发干"，对袁绍形成南北夹击之势。双方战于界桥（故址在今河北威县境内），原本实力占优的公孙瓒大败。后来双方又发生过数次战争，公孙瓒都落在下风，不得不退回幽州。公孙瓒在蓟城（今北京大兴区）东南筑小城居住，跟刘虞相近，二人"稍相恨望"。

初平四年(193)冬,刘虞终于不再忍耐,发兵十万攻公孙瓒。当时公孙瓒的部曲放散在外,兵力远在刘虞之下。但是刘虞兵不习战,反被公孙瓒击溃。刘虞北奔居庸县(今北京延庆东),公孙瓒乘胜追击,攻破城池,生擒刘虞,尽有幽州之地。不久,天子使者段训来幽州,公孙瓒诬陷刘虞此前与袁绍等欲称尊号(实际上这只是袁绍等人的提议,被刘虞严词拒绝),胁迫段训以朝廷名义杀刘虞,传首京师。刘虞"以恩厚得众,怀被北州,百姓流旧,莫不痛惜焉"。

公孙瓒杀刘虞,无疑在政治上犯了一个大错误。刘虞此时的职务是朝廷任命的太傅、大司马、幽州牧,身份尊贵已极。公孙瓒以"莫须有"的罪名处死刘虞,以下犯上、道义尽失,已经沦为逆臣叛将。袁绍逼韩馥让州后,并没有杀韩馥,最后韩馥离开冀州,在陈留自杀。刘备袭据益州,也没有杀刘璋,而是将其送至荆州供养起来。东方不败篡夺日月神教教主之位,也没有公开杀任我行,只是将他囚禁在西湖湖底黑牢之中。公孙瓒杀刘虞后,原本支持刘虞的势力——世家大族鲜于辅等人与乌桓、鲜卑少数民族酋长,南迎刘虞之子刘和,与袁绍联合起来,对公孙瓒发起了连续进攻。公孙瓒陷于四面楚歌之中,连年战争,虽互有胜负,但是势力已经被压缩在幽州一地,无力南顾。再加上碰到灾年,"旱蝗谷贵,民相食",公孙瓒的实力开始衰落。

从前勇冠三军、猛志益盛的公孙瓒由此对自己的能力产生了极大怀疑,思想上发生了一百八十度转变。他对身边的人说:"我昔驱畔胡于塞表,扫黄巾于孟津,当此之时,谓天下指麾可定。至于今日，兵革方始，观此非我所决，不如休兵力耕，以救凶年。兵法百楼不攻。今吾诸营楼橹千里，积谷三百万斛，食此足以待天下之变。"意思是，以前我以为平定天下很容易，现在发现自己搞不定，那不如高筑墙、广积粮，坚守待变，看到时候有没有便宜好捡。

初当教主的东方不败，刚开始也是意气风发，立志"中兴圣教""一统江湖"，后来挥剑自宫修习《葵花宝典》，思想上发生了巨大变化，自称"慢慢悟到了人生妙谛"，"终于明白了天人化生、万物滋长的要道"，再也没有了称霸武林的雄心，渐渐不理教中事务，只喜隐居绣花。公孙瓒跟东方不败一样，都从积极进取转变为消极保守，从猛士变成懦夫，不同之处在于东方不败是生理自宫，公孙瓒是精神自宫。

两人之后的表现也高度相似。

当时有童谣说："燕南垂，赵北际，中央不合大如砺，唯有此中可避世。"迷信的公孙瓒认为处于燕南赵北的易地（故址在今河北雄县西北）正符合要求，于是徙镇此地，"盛修营垒，楼观数十"。公孙瓒"居于高京，以铁为门。斥去左右，男人七岁以上不得入易门。专侍姬妾，其文簿书记皆汲而上之"。而小说中的东方不败也住在高高的黑木崖上，巧合的是黑木崖也位于河北境内。任我行、令狐冲等人坐着竹篓混进黑木崖，这崖"着实高得厉害"，"中间有三处绞盘，共分四次才绞到崖顶"，实际上也是"汲而上之"。

公孙瓒"令妇人习为大言声，使闻数百步，以传宣教令。疏远宾客，无所亲信，故谋臣猛将，稍有乖散。自此之后，希复攻战"。东方不败平时足不出户，也无心教务，只宠信杨莲亭一人，放任他发号施令，作威作福。任我行秘密联络教中旧人，计划推翻东方不败，十个中倒有八个不胜之喜，均说东方不败近年来倒行逆施，已近于众叛亲离的地步。公孙瓒和东方不败，都是孤独地住在高处，自以为能控制全局，实际上都成了孤家寡人，败亡是迟早的事。

建安三年（198），袁绍大举攻公孙瓒，围易京。公孙瓒派儿子公孙续求救于黑山农民军张燕。建安四年（199），张燕率兵十万三道来救。公孙瓒写信给公孙续，以点火为号，约期内外夹攻袁绍。不料来信被袁绍截获，袁绍将计就计，如期举火，公孙瓒以为救兵已至，出城作战，中了袁绍埋伏，大败而还。袁绍挖地道进攻，掘到城内楼下，以木柱支撑地道，然后放火烧柱，公孙瓒辛苦修建的高楼纷纷倾倒。

公孙瓒眼见救兵不至，而敌军已近，自度必败，于是"悉缢其姊妹妻子，然后引火自焚"。袁绍的士兵见此情形，赶紧冲上高台斩下了他的头颅。一代枭雄公孙瓒就这样惨烈地结束了他的一生，令人唏嘘不已。就像高高的黑木崖也不可能保证东方不败的安全一样，易京再高，也有被敌人攻破的那一天。

公孙瓒的败亡，不是偶然的。他的原生家庭和成长经历，让他的心理发生了畸变，他的个性相当矛盾，许多军政行为悖乱不合常理，最终导致了他的失败。

公孙瓒出身世家大族，却并没有因此而受益，反而幼年受尽屈辱，因此他内心痛恨世家大族的人物。他掌权之后，对这类人是采取打击态度的："衣冠子弟有材秀者，必抑使困在穷困之地"，"州里善士，名在其右者，必以法害之"。他妒贤嫉能，却找借口说，这些世家大族的人取得富贵，都认为是理所当然的,不会感激他公孙瓒。他宠爱的"类多商贩庸儿"。他跟算命先生刘纬台、缯贩子李移子、商人乐何当等三人,结为兄弟,依靠他们的财力来支持统治。公孙瓒把自己置于世家大族的对立面,无疑是给自己创造了一个最强大的敌人。鲜于辅、田畴这些出身世家大族的人物,要么竭力反抗,要么不为所用,是很自然的事。

公孙瓒小时候缺少爱,因此长大了也不懂得怎么爱人。他对待老百姓是"恃其才力,不恤百姓,记过忘善,睚眦必报",人民当然不会拥护他。他手下将领被敌人进攻围困,他认为如果去救援的话,将领们都会有恃无恐,不肯死战,因此不肯救援,结果部下将领要么战败被杀,要么投降袁绍,都被各个击破,实力逐渐损耗,他自己也就慢慢走到了穷途末路。他眼见兵败,将自己的姐妹、妻妾、孩子全部缢杀,表面上似乎是为了避免家人被敌人俘虏,实际上也透出了他人性中的自私与残忍。

公孙瓒戎马半生,以骁勇善战而闻名疆场。在所有人眼里,他都是"战死犹闻侠骨香"的勇士、猛士。可是在与袁绍争霸的过程中遭遇挫折之后,他像董卓一样,暴露出懦弱的一面,他选择修建自己的郿坞——易京,幻想躲进这个高高的城堡之中,就像乌龟躲进坚硬的龟壳中,能够逃避这个残酷的世界。这种"鸵鸟政策",当然不可能奏效。自负与自卑交织,是公孙瓒的性格特点。极度的自负,本质上其实就是极度的自卑。勇士和懦夫,有时候转换就在一念之间。

公孙瓒的确是一个悲剧人物。尽管这个悲剧主要归结于他自己的主观错误,但是细细分析成因,又不能不令人感慨万千。

苍天饶过谁？建安四年（199），袁绍攻杀了公孙瓒，成为汉末最大的诸侯。次年，袁绍就被曹操大败于官渡。两年后，袁绍也咀嚼着失败的痛苦忧愤而死。他临死前会不会想起被自己打败的公孙伯珪呢？

袁术：画皮难掩冢中骨

东汉末年，政治腐败，王纲解纽，天下分崩离析，割据势力蜂起，"跨州连郡者不可胜数"，"大者连郡国，中者婴城邑，小者聚阡陌"，互相攻伐，征战不休。汉献帝虽然名义上是天下共主，其实不过是被曹操软禁于许都的傀儡而已。四海之大，尺寸之地已不复汉有。这情形与战国末期的周天子颇为相似。除了荀彧、诸葛亮等少数保汉派之外，"汉室不可复兴"成为鲁肃等大多数人的共识。

正所谓"秦失其鹿，天下共逐之"，人人都希望自己就是最后获鹿的那位"高材疾足者"，于是"郡郡作帝、县县自王"，"叱咤之间，皆自谓汉祖可踵，桓、文易迈"，野心家们纷纷浮出水面。

董卓进洛阳后，大言"我相贵无上""天下之事岂不在我"，废少立献，篡逆之心天下皆知。刘焉听人说"益州分野有天子气"，于是求为益州牧，野心昭然若揭。刘虞坚决反对袁绍、韩馥的翊戴，未必真是忠诚汉室，很可能是因为公孙瓒在幽州附骨之疽般的存在。公孙度在辽东公开对下属讲，"汉祚将绝，当与诸卿图王耳"，对曹操代表汉廷封他为永宁侯嗤之以鼻。袁绍指使主簿耿苞上书"赤德衰尽，袁为黄胤，宜顺天意"，在部下将吏中进行政治测试，发现称帝的阻力很大，不得已杀耿苞来"甩锅"。孙坚貌似忠烈，得传国玺而自匿，无疑是阴怀异志；其子孙策、孙权的奋斗目标是先在江东建立割据政权而后问鼎中原。刘表"郊祭天地，拟仪社稷"，"坐观时变，自以为西伯可规"。士燮"兄弟并为列郡，雄长一州，偏在万里，威尊无上"，实际上已经是交州的土皇帝。刘备给儿子取名"封""禅"，封禅是皇帝的专利，当皇帝是刘备毕生的奋斗目标。

曹操说"设使国家无有孤，不知当几人称帝，几人称王"，的确是实情。曹操早年志向可能的确是成为"汉征西将军曹侯"，但是建安后期随着实力的递增，代汉的野心也如野草般疯长。荀彧为代表的保汉派反对力量的存在，迫使曹操不得不把皇袍当作衬衣穿在汉丞相官服的里面，只好无奈地说："若天命在吾，吾为周文王矣。"曹操自己不敢称帝，其他诸侯慑于曹操的强大，害怕成为奉辞伐罪的对象，也不敢称帝。

从关东诸侯讨董卓（190）到曹丕篡汉（220），汉末三十年间，称帝的唯有一人而已。

这个唯一，就是袁术。

袁术，字公路，出身于四世三公的汝南袁氏，是司空袁逢之子、太仆袁基之弟。袁氏"累世宠贵"，受益于察举征辟制，故而门生故吏遍天下，堪称东汉末年第一高门。袁术就是这样一个含着金钥匙、玉如意出生的"官五代"。他"少以侠气闻，数与诸公子飞鹰走狗"，一副典型的纨绔子弟做派。但在门阀政治滥觞的东汉，这并不影响袁术的仕途进步。他跟曹操一样，先是举孝廉、为郎官，随后"历职内外"，在祖德荫庇和父兄关照下，年纪轻轻就干到了虎贲中郎将的高位（统领虎贲禁兵，负责宫中宿卫，秩比二千石）。

何进欲诛宦官，倚重袁氏，对于"素善养士"的袁绍和"亦尚气侠"的袁术，"并厚待之"。袁术与其堂兄袁绍，并称"二袁"。董卓说"但杀二袁、刘表、孙坚，天下自服从孤耳"。孙权评论曹操："老贼欲废汉自立久矣，徒忌二袁、吕布、刘表与孤耳。"两人提到"二袁"时都是第一顺位。可见，袁术是汉末最有影响力的割据者之一。

但是，因为他的僭立和无能，具有正统封建价值观的史家对他是嗤之以鼻的。裴松之对他的评论很有代表性："袁术无毫芒之功，纤介之善，而猖狂于时，妄自尊立，固义夫之所扼腕，人鬼之所同疾。"陈寿与范晔对于袁术都十分吝啬笔墨。《三国志·袁术传》只有八百余字，相比同书《袁绍传》，篇幅不足十分之一；《后汉书·袁术传》略长，但也不到两千字，都跟袁术在汉末的重要地位不相称。这其中可能有孔融评论刘表时所说的"至于国体，宜且讳之"的因素。对这个臭名昭著的逆臣，大家都不愿意多谈。《三国演义》由正史敷演为章回小说，正史对袁术的记载不多，故小说文字也简略。袁术在第三回出场，"引兵布列青琐门外"，第二十一回"吐血斗余而亡"，生平事迹大体与历史相合，但为了突出其狂妄、愚蠢、僭逆的人设，具体情节或避而不谈、或语焉不详、或凭空捏造、或故意扭曲，人物关系和心理活动都是粗线条、脸谱化处理。我们从小说中无法看到一个血肉丰满的袁术形象。

然而，袁术的确是汉末群雄中不容忽视的重要人物。讨董联盟解散后，关东诸侯开始内斗，最初阶段实际上是"二袁"争霸，其他诸侯站队附骥尾而已。曹操先是和袁绍合力，屡败袁术；后来又派刘备邀击袁术，逼得他走投无路，困窘而死。刘备利用这个机会，摆脱了曹操的控制。曹操在扫平袁术之后，实力进一步增长，才有了跟袁绍在官渡对垒的底气。而孙策占据江东，正是以袁术部将的身份，受袁术委派才得以成行的。所以说，魏、蜀、吴鼎足三分，都跟袁术有着密切的关系。回避袁术，则无以谈三国。

在何进谋诛宦官的过程中，袁绍为其出谋划策，袁术也十分卖力，兄弟俩发挥了重要作用。宦官张让等杀何进后，关闭宫门。袁术与何进部曲将吴匡等人斫攻宫门，随后又火烧南宫青琐门（一说烧南宫九龙门及东西宫），企图逼出张让等。虽说事急从权，但袁术居然采取放火烧宫的极端手段，充分说明曾经神圣不可侵犯的东汉皇权，在袁术眼里已经尊严扫地，所以他才敢这么胆大妄为、不计后果。袁绍则借机大杀宦官，不管少长、不分好歹，一共杀了两千余人。王夫之评论"袁绍兄弟，包藏祸心，乘时构乱，而无勠力王室之诚"，的确是一针见血。

何进死后，如果董卓没有及时赶到洛阳，东汉大权显然就会落入因替何进复仇、尽诛宦官而立下盖世功勋的"二袁"之手。也许，这正是"二袁"积极怂恿何进悉诛宦官的动机所在，他们就是希望朝局乱成一锅粥，然后好分一大杯羹。可惜人算不如天算，东汉大权被凶残的凉州军阀董卓攫取。中平六年（189），董卓打算废少立献，司隶校尉袁绍不同意，当面顶撞董卓后出奔冀州。董卓以袁术为后将军，明升暗降，剥夺了袁术统领虎贲禁军的权力。袁术畏祸，出奔南阳，屯于鲁阳（今河南鲁山县）。次年，关东诸侯起兵讨董卓，推袁绍为盟主，袁术也厕身其间。

袁术出奔南阳后，与随后到来的长沙太守孙坚结成同盟。孙坚杀荆州刺史王睿和南阳太守张咨，朝廷任命刘表为荆州刺史，袁术乘机迫使刘表推荐他为南阳太守。袁术又抓住孔伷新死的机会，表孙坚为豫州刺史，利用孙坚控制豫州，向东扩张势力。袁术为孙坚提供粮草，支持他北讨董卓，孙坚胜利攻入洛阳，迫使董卓西奔长安。其他诸侯讨董，要么畏敌不前，要么一败涂地；只有袁、孙同盟取得了不俗的战绩。这是袁术人生的高光时刻。

"二袁"起兵后，董卓杀包括太傅袁隗、太仆袁基在内袁家五十余人。天下豪杰感其家祸，人思为报，州郡蜂起，莫不以袁氏为名，大家都凝聚在袁氏的旗帜之下。"二袁"本应兄弟同心，团结带领天下英雄协力讨董，上迎献帝还都洛阳，下诛董卓以报家仇。然而，"二袁"却并没有携手合作，反而翻为仇敌，必欲置对方于死地而后快。

在袁绍、袁术反目相攻之前，史书没有记载他俩的关系如何。《三国演义》在第三回讲何进应诏进宫，"袁绍、曹操各选精兵五百，命袁绍之弟袁术领之"，以防不测；在第五回关东州郡联盟讨董卓时，写盟主袁绍安排"吾弟袁术总督粮草，应付诸营，无使有缺"，似乎二袁兄弟感情甚笃，其实这两个情节完全没有历史根据。笔者推测，兄弟俩从小关系就不太和睦。首先，袁术是司空袁逢的嫡子，而袁绍是袁逢庶子，其母是傅婢，虽然袁绍年龄长于袁术，但家族地位远低于袁术，袁术心里是瞧不起袁绍的。其次，袁绍折节下士，"士无贵贱与之抗礼"，担任濮阳县长时"有清名"；而袁术骄豪，担任长水校尉时"好奢淫，骑盛车马，以气高人"，时人称其为"路中悍鬼袁长水"，两人性格正好相反，不是一路人。最后，袁术对待袁绍的铁杆兄弟曹操，一贯不友好。《三国志·魏书·后妃传》载，曹操避董卓之乱，从洛阳逃出，间行东归。这时候，不知袁术是有意造谣还是道听途说："传太祖凶问"，放出曹操已死的消息。曹家闻讯慌乱，曹操"左右至洛者皆欲归"。袁术此举的目的是不是离散曹操的部属，削弱袁曹集团的力量？不能排除这种可能性。最后幸亏操妻卞氏睿智，才阻止了曹家"树倒猢狲散"的后果发生。《三国志·魏书·曹真传》注引《魏略》，袁术部党追杀曹操，曹操逃入秦家，曹真生父秦伯南为掩护曹操而死。俗话说，打狗看主人，说明袁术是不给袁绍面子的，兄弟俩平时很可能是面和心不和。方诗铭先生甚至认为袁绍与袁术是两个完全对立的政治集团。

至于二袁阋墙的原因，《三国演义》处理得更是粗疏。书中第七回写袁术向袁绍求马千匹，绍不与，术怒，自此兄弟不睦。似乎是因为袁术物质要求得不到满足，其实真实的原因是两人在重大政治问题上的立场不同。董卓掌握着汉献帝，关东诸侯讨董，从法统上讲是以逆袭顺。袁绍为了赢得讨董的政治优势，谋立刘虞为帝，亲自写信给袁术寻求支持。袁术阴怀异志，不欲国家有长君，坚决不同意袁绍的提议，表态自己只拥护汉献帝，于是两人"有隙"，互相怨恨。袁术甚至写信给公孙瓒说："绍非袁氏子"，无异于骂袁绍是野种。"二袁"关系破裂，成为公开的敌人。

既然撕破了脸，袁绍一不做，二不休，派会稽周喁来袭取豫州，抢夺袁术的地盘，兄弟俩矛盾激化。袁绍拉拢刘表，袁术结好公孙瓒，二人都对对方形成南北夹攻之势。关东诸侯形成分别以袁绍、袁术为首的两个对立阵营：一边是冀州牧袁绍、东郡太守曹操、荆州刺史刘表、兖州刺史刘岱；一边是南阳太守袁术、豫州刺史孙坚、前将军公孙瓒、徐州牧陶谦。双方为了抢地盘，着眼削弱甚至消灭对方，展开了一系列争夺。

刚开始，因为袁绍的主要精力在对付北边幽州的公孙瓒，无力南顾，所以袁术在争斗中占据了上风。双方先是争豫州。袁绍派周喁（一说周昂）袭夺豫州颍川郡阳城，孙坚回军征讨，周喁失利败走。紧接着袁术南向觊觎荆州，派孙坚攻刘表，不料孙坚被黄祖士兵射杀于岘山。孙坚能征善战，他的死对袁术而言，是一个重大的损失。"二袁"在扬州也进行了争夺。袁术击破袁绍任命的扬州刺史袁遗，改用陈瑀。袁术还派孙贲、吴景分别攻逐袁绍任命的九江太守周昂、丹阳太守周昕，夺其郡。至此，袁术的地盘横贯荆、豫、扬三州，雄踞江淮。

袁术信心大增，开始北向与袁、曹争夺兖州。初平四年（193），袁术打着护送东汉政府任命的兖州刺史金尚上任的旗号，进入兖州陈留郡，屯于封丘（今河南新乡西南，南临黄河），直接向曹操发起了挑战。袁术显然不是曹操的对手，结果可想而知。这是一场跨越兖、豫、扬三州的大溃败。袁术急急如丧家之犬，惶惶如漏网之鱼，一直逃到九江郡，才终于摆脱了曹操的追击。他后来自己回忆说是："流离迸走，几至灭亡。"可见这次战役失败之惨痛。

所幸接下来的两三年，曹操着重巩固兖州、兼并徐州，先后与陶谦、吕布相攻，无力顾及袁术。袁术得以在寿春苟延残喘，并且自称徐州伯，企图夺取徐州。这一时期，袁术主要在与刘备、吕布作战。袁术一度从刘备手中抢占了徐州广陵等地。袁术与吕布则时战时和，直至吕布败亡。

兴平二年（195），投靠袁术已经一年多的孙策，终于求得父亲孙坚生前留下的部分余兵，以袁术部将的身份渡江转战，不数年即据有江东。《三国演义》为了突出袁术的贪婪，称孙策以传国玺为质押，才换取了袁术的许可。这不是史实，历史的真相是袁术"拘坚妻而夺之"。这样，袁术就占据了豫州和扬州大部以及徐州南部，地方数千里，实力得到极大增强。

而也正是在兴平二年，汉献帝在杨奉和董承护送下，离开长安，东归洛阳。途中与反悔追来的李傕、郭汜发生数次大战，百官、兵士死伤甚众，支持汉献帝的力量进一步消亡。等献帝好不容易逃到黄河北岸的时候，身边总共才剩数十人。汉天子的威仪扫地以尽。

在这种内外形势下，袁术自以为"土地之广、士民之众"，打算"徼福齐桓，拟迹高祖"，称帝的野心再也无法压抑。当时流行一句谶语"代汉者，当涂高"，袁术认为自己的名与字都与之相应：涂与途相通，术是城邑内的道路，袁术字公路。又认为袁氏出陈，为舜后，以黄代赤，德运之次，遂有僭逆之谋。袁术还手握传国玉玺。凡此种种，都让他相信自己是代汉的真命天子。他召集部下开会，议称尊号，众莫敢对，无人附和。孙策得知后也写信反对。袁术十分不悦。孙策见忠言不纳，于是乘机断绝了与袁术的关系，开始独立发展。

建安二年（197）春，袁术终于不再等待，决定称帝。他用河内张炯符命,僭号于寿春,自称仲家,以九江太守为淮南尹,置公卿百官,郊祀天地。这在政治上自然是一步臭棋,袁术从此成为人人得而诛之的乱臣贼子。但是,袁术其实也别无选择,他称不称帝,曹操都会消灭他,只是时间早晚而已。因为上年曹操迎献帝都许后,取得了"挟天子以令诸侯"的地位,其他诸侯则处于十分尴尬的政治被动态势:从之则实际上是服从曹操的命令,被曹操牵着鼻子走;不从,则有违抗天子的罪嫌,沦为逆臣反贼。袁术是曹操的死敌,自然不肯服从曹操的命令,那么逆臣反贼的帽子他是戴定了的。袁术可能考虑,既然如此,不如索性先过一把皇帝瘾。当然,他不敢昭告天下,主要是在自己的势力范围内关起门来过把瘾。即使这样,袁术称帝仍然遭到很多人抵制。袁术欲以金尚为太尉,金尚不同意并且逃走,袁术杀之。袁术又召发小沛相陈珪,希望得到他的支持,并且挟持他的儿子相威胁,陈珪坚决不从。袁术遣使者韩胤以称帝事告吕布,吕布向献帝举报袁术,并将韩胤捕送许都枭首。

袁术怒吕布卖己,派大将张勋、桥蕤联合韩暹、杨奉,步骑数万,七道攻吕布。结果韩、杨临阵倒戈,袁军大败,所杀伤堕水死者殆尽。随后,曹操亲自率军讨伐袁术。袁术听说曹操亲来,弃军而逃,留其将桥蕤等拒操。曹操击破桥蕤等,皆斩之。袁术连吃败仗,损兵折将,众叛亲离,形势转衰。再加上天旱岁荒,江淮大饥,人民相食,袁术在耗光了自己的家底后,无以自存,终于走到了穷途末路。

建安四年(199)夏,袁术自烧寿春宫室,投奔部曲陈简、雷薄于潜山,结果又被陈简等所拒。袁术穷困,忧懑不知所为,于是归帝号于袁绍,承认自己失败,支持袁绍称帝。他想去青州投奔侄儿袁谭。此时，曹操已击杀吕布，占据徐州，派刘备邀击袁术。袁术不能通过，只好返回寿春。当时厨下只有麦屑三十斛，袁术口苦求蜜而不得。时盛夏，袁术坐竹床上叹息良久："袁术至于此乎！"呕血斗余而死。一代枭雄袁术就这样可悲地结束了他的一生。

纵观袁术败亡，原因主要有四：

其一，政治上过早就暴露出称帝野心，故人心不附。东汉末年皇权衰落、天子失驭，"非董即袁"成为许多人的政治选择。与残忍暴虐、寡于学术的凉州军阀董卓相比，出身经学世家的袁氏，树恩四世，政治形象和影响力完全占据优势。尤其是董卓杀袁隗后，袁氏赢得了全国上下广泛同情。这是袁氏取刘汉而代之的政治基础。袁氏家族成员也普遍认为袁氏当代汉。袁术给袁绍写信说："袁氏受命当王，符瑞炳然。"袁绍阴然之；袁叙给袁绍写信说："今海内丧败，天意实在我家，神应有徵，当在尊兄。"都反映了这种思想。从宗法制度讲，袁术是嫡子，而袁绍是庶子，本来袁术代汉的合理性更大。年少时袁术就见过"代汉者当涂高"的谶言，自以为名字应之，所以不可一世，以气高人。"二袁"在志向、性格、能力等方面表现出的差异，使得"豪杰多归心袁绍"。孔融评价说："袁公路岂忧国忘家者邪？"世家大族的名士们无一追随袁术。袁术气急败坏地骂道："群竖不吾从而从吾家奴！"这导致袁术集团人才匮乏，除了孙坚、孙策父子之外，连独当一面的将领都没有，更没有荀彧、程昱、郭嘉这样的智囊辅佐。孙策、周瑜、鲁肃都先后弃袁术而去。僭号之后，袁术更是众叛亲离，没有几个人铁了心给他卖命。阵营人才的短缺，使得袁术在政治、经济、军事等各方面都没有制订出有效的方略，基本上属于踩着西瓜皮滑到哪里算哪里，最终全面失败。

其二，军事上没有根据地意识，流寇思想严重，不懂得深根固本的道理。汉高祖以关中为根据地，用萧何管后勤保障，故败能复振，终成帝业。曹操以兖州为根据地，早早就在许下屯田，保障粮食供应，所以在与群雄争锋中能立于不败之地，最终统一北方。袁术初到南阳，南阳是东汉人口第一大郡，户口数百万，而袁术"奢淫肆欲，征敛无度，百姓苦之"。南阳破败，粮道被刘表所断，袁术待不下去，经豫州跑到扬州。扬州本来殷实，但袁术不恤民力，"荒侈滋甚，后宫数百，皆服绮縠，余粱肉"，而"士卒冻馁，江淮间空尽，人民相食"。最后袁术在扬州也待不下去，自己烧寿春宫室而逃，根本的原因就在于他不懂得经营根据地的道理，看不到军粮保障的重要性。《三国志》载："自遭荒乱，率乏粮谷。诸军并起，无终岁之计，饥则寇略，饱则弃余，瓦解流离，无敌自破者不可胜数。"这段话说的"无终岁之计""无敌自破"，实际上就包括袁术在内。袁术每到一地，都不组织农业生产，不储存粮食，而采取临时征调军粮的方法，所以粮食安全没有保障，碰到粮食供应困难往往无法克服。元末朱元璋的谋士朱升提出"高筑墙，广积粮，缓称王"，是对中国几千年诸侯争霸、平定天下策略的经验总结。袁术完全不懂得这九个字的道理，他就像狗熊掰玉米一样，到一个地方就祸害一个地方，然后待不下去只好再去另一个地方。失败是他必然的结局。

其三，管理上失之于宽、失之于软。袁术对于部下，没有实行当时普遍推行的质任制，所以没有约束力。陈宫叛迎吕布，曹操失兖州，形势危急，袁绍邀其将妻子送邺居住，实际上就是作为人质要曹操投入其麾下。官渡之战，沮授被俘，曹操厚待之，沮授不为所动，仍然谋还袁氏，就是因为"叔父、母、弟，命悬袁氏"。张绣在南阳降而复叛，导致曹操大败，子侄丧命，曹操认为"失不便取其质，以至于此"，从中深刻吸取教训。徐庶本来为刘备效力，曹操拘其母以为人质，徐庶乖乖弃刘投曹。马超反叛，曹操毫不犹豫杀马家人质二百余口，极大地震慑了叛变者。曹操数次要求孙权送质，孙权都虚与委蛇，所以能始终保持发展独立性和政策弹性。孙权定交州，征士氏子弟到建业，也是作为人质钳制其不敢轻举妄动。而袁术似乎并不懂得这个道理。他的部下陈瑀、陈简、雷薄在他穷困来投时都敢拒而不纳，显然袁术没有收其质任，对他们并无控制力。尤其是孙策，本来已经替袁术打下了江东，但孙策的母、弟，袁术一直没有控制在手中，导致孙策叛变，袁术无可奈何。如果孙策的家人全质押在袁术手中，那么袁术可以命他北向与曹操、吕布争战，形势肯定大不相同。周瑜、鲁肃都敢于放弃袁术任命的县长官职，转投孙吴，说明袁术对他俩也没有约束力。

其四，能力上的短板。袁术智力正常，但能力平平。孙坚讨董卓，袁术听信谗言，停供军粮，孙坚动之以情，晓之以理，他幡然悔改。六岁的陆绩见袁术，怀橘遗母，袁术称赞他"幼而知孝，大必成才"。袁术见孙策，奇之，常说"使术有子如孙郎，死复何恨"！沛相舒仲应将袁术调拨的十万斛军粮赈济饥民，袁术怒而将斩之，舒仲应表示愿以一人之命救百姓于涂炭。袁术醒悟，说："足下欲独享天下重名，不与吾共之邪？"最后没有杀舒仲应。这些都说明袁术的基本判断力是没有问题的。

《孟子》云："君子之泽，五世而斩。"四世三公的汝南袁氏，到了袁绍、袁术，正好是第五代。袁氏赖以兴家的优良风骨，早已荡然无存。王夫之斥责袁隗"尸位无耻"，并非没有道理。东汉末年，袁氏这样的世家大族已经完全腐朽，他们已经完全脱离了人民，丧失了政治原则、道德底线和经世才能，所考虑的只不过是如何维持自己的权位，并在此基础上攫取更大的利益。袁术这样的纨绔子弟，生长于温柔富贵乡中，年纪轻轻就攀上了高位，其实缺乏历练，能力十分平庸，根本就没有治国安邦的才华，更别说在残酷的虎争之世拨乱反正了。袁术并无军旅之才，他的所有地盘，基本上都是孙坚及其余部帮他打下来的，他自己没有打过一次有重要意义的胜仗。袁术跟南北朝时期听到马嘶以为是虎而吓得要死的建康令王复，是同一类型的人物。他们所依恃的，不过是他们那些杰出的祖先或累世的阀阅而已。而这些，正如孔融所说："冢中枯骨，何足介意！"他们外表可能跟何晏一样，面容姣好、手白如玉，生得一副好皮囊；但能力方面则跟同时代青州刺史焦和一样，"入见其人，清谈干云，出观其政，赏罚淆乱"，最终必然被历史的车轮辗入尘土之中。袁术的失败，不是偶然的，它折射出东汉末年腐朽的世家大族必然失败的结局。

《三国演义》讲，袁术死后，侄袁胤将灵柩及妻子奔庐江，被徐璆尽杀之。这也不是史实。正史记载，袁术的家眷最后投靠了孙吴，袁术儿子袁耀仕吴为郎中，袁术的女儿成为孙权的夫人。短短十年间，袁、孙君臣关系互换。这应该是袁术生前没有料到的。

孙坚：一生忠奸复谁知

王夫之《读通鉴论》一书颇多真知灼见，但也有一些观点，囿于时代局限而有失偏颇。比如，王夫之认为，董卓之乱，袁绍等人屯兵不进，犹疑观望，天下真心讨董卓的，只有孙坚和曹操两人而已，所以后来"三分天下，而操得其一，坚得其一"；孙吴政权的灭亡甚至在曹魏政权之后，是因为孙坚讨董卓、卫汉祚之心比曹操更"正"，比曹操"速易其心"（很快就改变了讨卓的初心）强多了。这显然是船山先生的善恶因果报应思想在作祟。

纵观孙坚的一生，十七岁由于讨海贼胡玉有功而崭露头角，三十七岁在讨伐刘表的战斗中殒命岘山。他因讨贼而生，为讨贼而死，像一颗流星划过汉末的天际，生命短暂而又璀璨。如果只是浮于表面简单考察孙坚的生平，用今天的语言来叙述，孙坚在二十年的"革命生涯"中，大多数时间都在为国征战，戎马倥偬，舍生忘死，最后战死沙场、壮烈殉国，为革命流尽了最后一滴血，实乃革命之先锋、国家之干城，是个大大的忠臣，怎么高度评价都不过分。

然而，人性是世界上最复杂的一种东西。评价历史人物，往往是一项最困难的任务。白居易《放言五首》诗云："周公恐惧流言日，王莽谦恭未篡时。向使当初身便死，一生真伪复谁知。"孙坚的忠奸，即使在仔细爬梳剔抉史实的基础上，自以为不偏不倚、客观公正地进行评论，仍然是一个见仁见智的问题。

今天让我们尝试着围绕三个话题来讨论一下孙坚的忠奸。

首先来看一看，孙坚早期到底是个什么样的人？

孙坚是吴郡富春人（今浙江富阳），出身寒微，祖上没有任何有名气的人。韦昭《吴书》载"坚世仕吴"，只是虚饰之词。陈寿《三国志》帮孙家装点门面，说孙坚"盖孙武之后也"。孙武与孙坚相距约七百年，这种毫无根据的推测，没有任何实质意义。有史料载其父孙钟（一说是其祖父）"以种瓜自业"，是直接从事农业生产的瓜农。孙坚是汉末诸侯中出身最贫贱的，没有之一。刘表、刘虞、刘焉是汉朝宗室，曹操、二袁是三公子弟，且不必论；二公孙，公孙瓒"家世二千石"，后为辽西太守女婿，公孙度为玄菟太守义子；张鲁，其祖父张陵创立五斗米道，张家三代行其道，徒众甚多，属于宗教界上层人士；士燮，出身交州豪族；就连陶谦，其父也是"故余姚长"；只有刘备，与孙坚一样出身贫寒，但刘备好歹是汉室之胄，其祖父刘雄曾举孝廉，官至东郡范令，其父早逝，家道中落，才"与母贩履织席为业"，比孙坚毕竟多了一层祖荫的余晖。

孙坚靠个人勇武被东汉政府用为郡县吏。熹平元年（172），会稽郡爆发了许生起义，十八岁的孙坚时为吴郡司马，他召募千余人，参与镇压起义有功，被朝廷任命为盐渎县丞，随后调任盱眙县丞、下邳县丞。在差不多十二年的时间里，孙坚"历佐三县,所在有称,吏民亲附",但职务却一直没有获得提升,连个县令都当不上。这再次证明了孙坚没有任何可资凭借的家庭背景。与孙坚同年出生的曹操,职位提升比他要快得多。我们完全可以推断,如果天下太平,孙坚极可能在卑微的职位上度过平庸的一生。

孙坚显然不是一般人。《三国志》注引《江表传》载,孙坚在当县丞期间,"乡里知旧,好事少年,往来者常数百人,坚接抚待养,有若子弟焉"。一个县丞,居然常年"接抚待养"门客数百人,把他们当作自己的"子弟"一般。换到对面角度理解,这些人有的敬他如父,有的奉他为兄。拿人碗,服人管,这些人必然唯孙坚之命是从。"乡里知旧"指同乡、老朋友,也还罢了;"好事少年",是喜欢寻衅滋事之辈,孙坚豢养他们的目的何在?

不由得想起两位人物,可以帮助我们理解孙坚的行为动机。一位是与孙坚同时代的袁绍。中常侍赵忠曾经发出诘问:"袁本初坐作声价,不应呼召而养死士,不知此儿欲何所为乎?"后来的事实证明,袁绍养死士的目的,是为了诛宦官,进而实现个人更大的政治野心。孙坚养一大批人,其动机应该与袁绍相似,当然也不是为了做慈善,而是为了干大事。后来孙坚随朱儁讨黄巾,"乡里、少年随在下邳者皆愿从",充分说明了他们唯孙坚马首是瞻,不怕真刀真枪上战场。

另一位是《水浒传》中的郓城县押司宋江。宋江与孙坚类似,都是"县政府"工作人员,尽管职务低微但也是"国家干部"身份。《水浒传》载,宋江"平生只好结识江湖上好汉,但有人来投奔他的,若高若低,无有不纳,便留在庄上馆谷,终日相陪，并无厌倦。若要起身，尽力资助，端的是挥金似土。人问他求钱物，亦不推托；且好做方便，每每排难解纷，只是周全人性命"。孙坚身为国家干部而"接抚待养"江湖人物的做派，与宋江何其相似乃尔！宋江执法犯法，最终因为给江湖上犯抢劫罪的朋友（晁盖）通风报信而一步步蜕变成梁山反政府武装的头号首领。孙坚如果不早死，会不会也发展成为一个武装对抗朝廷的割据军阀？这不能不让我们浮想联翩。

更重要的一个问题是，孙坚只是一名普通县丞，家境十分贫寒，俸禄也十分微薄，他靠什么经济来源来"接抚待养"数百人？《三国志·吴书·妃嫔传》中提到，孙坚"轻狡"。方诗铭先生考证"轻狡"即是"剽狡"，是"劫财物"之意；认为孙坚实际上是以县吏之尊干着打家劫舍的勾当。窃以为，"轻狡"当是描摹性格及行为特点的形容词，未必就是"劫财物"。但是，方先生的看法还是有一定见地的，为我们启发了思路。孙坚豢养着这么一大批"好事少年"，实际上就是形成了一个以他为首的黑社会性质组织，或者说类似于黑社会性质组织的犯罪团伙。他们最初的经济来源，必然是通过暴力犯罪来取得非法收入，至于后期是否转向正当经营，那就另当别论了。在这一点上，古今黑社会性质组织并没有多大差别。

读者诸君可能不相信。孙吴政权的"武烈皇帝"早期怎么可能是一个黑社会性质组织头目？《三国志·吴书·妃嫔传》所载孙坚强娶吴夫人的经过，可以作为旁证："孙坚闻其才貌，欲娶之。吴氏亲戚嫌坚轻狡，将拒焉，坚甚以惭恨。夫人谓亲戚曰：'何爱一女以取祸乎？如有不遇，命也。'"孙坚长子孙策生于熹平四年（175），那么孙坚娶吴夫人的时间，正是他担任盐渎县丞前后。自古民间嫁娶须双方自愿协商一致，一方求婚被拒是再正常不过的事，被拒绝的一方可能有点丢面子，但绝不至于去挟恨报复。请问，如果孙坚只是一名普通县吏，吴夫人为什么说拒绝孙坚的求婚可能"取祸"？江北盐渎县一个小小县丞，如果是奉公守法之人，难道因为求婚被拒，就有意向、有能力打击报复数百里外、家住江南钱塘的吴家吗？吴夫人害怕的，显然是孙坚县丞之外的另一重身份，那就是黑社会性质组织头目。正是这样一个白天披着县丞"红外衣"，夜晚戴着强盗"黑面罩"的孙坚，令吴家这样的普通老百姓分外害怕。

明面上是"国家干部"、是"政府工作人员"，背地里却组织领导黑社会、打家劫舍、干着违法犯罪的勾当，虽然早期还不一定有明确的反政府目的，但是也显示出孙坚为了特定利益是不怕挑战东汉政府统治秩序和法律禁令的。谁都能够判断，"红皮黑心"的孙坚，绝对不是东汉政府的忠臣、纯臣。

第二个话题，孙坚出兵讨董卓的动机是什么？

初平元年（190）正月，关东州郡推勃海太守袁绍为盟主，起兵讨董卓。袁绍等人畏董卓兵强，诸军莫敢先进，日日置酒高会，不图进取。只有曹操孤军进击，与董卓部将徐荣战于荥阳汴水，兵败负伤而归。

孙坚此时为荆州长沙郡太守，亦举兵讨卓。与袁绍等人各怀鬼胎、迟疑不进产生强烈对比的是，孙坚与董卓军队发生了激烈的战斗：一战于梁东，孙坚差点被卓军俘虏，他将自己常戴的赤罽帻（红头巾）交给部将祖茂，转移追兵视野，才成功逃脱；二战于阳人，孙坚大破卓军，枭其都督华雄（关羽温酒斩华雄出自《三国演义》，是剥夺了孙坚之功）。董卓"惮坚猛壮"，派李傕等来求和亲，孙坚不仅坚决拒绝，还发誓要夷董卓三族，悬示四海。接着，孙坚进军大谷，此地离洛阳只有九十里。董卓亲自出马，与孙坚战于诸陵间，董卓战败西奔。孙坚击溃吕布，进入洛阳，扫除宗庙，修塞诸陵。可见，在讨董卓战役中，最卖力的是孙坚，取得战果最大的也是孙坚。

王夫之《读通鉴论》高度评价孙坚讨董卓的动机，认为"孙坚，以戡乱为志者也"，"天下皆举兵向卓，而能以躯命与卓争生死者，坚而已矣"，"其始起也，未尝有窥窃神器之心，而奋志勠力以天下之祸乱为己任"，"知有讨贼而不知有他"。这也代表着千百年来评价孙坚的主流观点。真的是这样吗？让我们来细细分析。

其一，孙坚讨董卓，主要目的是通过战争在乱世中取利。关东州郡十几万军队屯于酸枣，尚畏董卓兵强，莫敢先进。孙坚军队数量与之相比，要少得多，他怎么就敢先进？难道他狂妄到觉得自己比袁绍所有人加起来都要强，有信心打败董卓吗？如果真是这样，进入洛阳后，孙坚为什么不乘胜向长安进军，而是选择退守鲁阳？袁绍派周㬂来袭取豫州，孙坚马上急急忙忙赶回来争夺，可见最在乎的还是地盘。唯一合理的解释是，孙坚真实的目的，并不是像他自己标榜的那样一定要讨灭董卓，而是想借机"捞一把"，攫取更多的政治资本。董卓能灭则灭，不能灭也没有多大关系，重要的是自己能从震天的厮杀声中得到切实的更大利益。

孙坚深谙"有为才有位"的道理，征伐是他起家的唯一凭借，他能由一介小吏成长为乌程侯、长沙太守，靠的就是征伐。黄巾起义爆发，孙坚随中郎将朱儁征讨，攻破宛城，拜为别部司马，开始名正言顺地拥有自己的武装力量。边章、韩遂作乱凉州，孙坚随车骑将军张温征讨，拜为议郎，跻身朝堂。长沙区星起事，朝廷以孙坚为长沙太守前往镇压。孙坚不负众望，连带零陵、桂阳二郡，全部平定，三郡肃然。汉朝封他为乌程侯。也正是在征伐中，他的实力不断得到壮大。比如名将黄盖，零陵泉陵人，很有可能就是孙坚在征伐零陵郡时结识而后收揽到麾下的。孙坚公开宣称："太守无文德，以征伐为功"，征伐是他的特长，他要将这个优势发挥到极致。天下皆讨伐董卓，岂可少我孙文台？如果不是讨董卓，如何有机会跳出长沙郡，夺取更大的地盘？

其二，孙坚在讨伐董卓的征途中，连杀荆州刺史王睿、南阳太守张咨。王睿出身世家大族，一直瞧不起孙坚，"以坚武官，言颇轻之"。如果说，孙坚杀王睿，还可以找一个借口——武陵太守曹寅伪造中央巡视专员温毅的檄文向孙坚传达了捕杀王睿的命令——是受人欺骗；那么孙坚杀张咨，则完全是利益驱动。孙坚军到南阳，向张咨索要军粮。张咨认为南阳郡没有供给长沙郡军粮的义务，就没有答应。孙坚于是诱杀张咨，此后南阳"郡中震栗，无求不获"。通过杀张咨立威，孙坚控制了南阳郡，把它变成了自己的后勤保障基地。

孙坚擅杀朝廷命官，根本就没有将东汉政府放在眼里，怎么可能效忠它？一个不尊重中央权威的人，会真心地拥护、维护它吗？南宋洪迈说得好，"是以区区一郡将，乘一时兵威，辄害方伯、邻守，岂得为勤王乎？"王睿和张咨都属于讨董阵营，孙坚杀他们无疑是为私利而损公义。王夫之对此二事视而不见，认为孙坚是汉室忠臣猛将，是真心"勤王""讨逆"，无异于一叶障目,不见泰山。

其三,孙坚在洛阳得到传国玉玺,不是上还朝廷,而是据为己有。宦官张让、段珪等挟持少帝刘辩和陈留王刘协逃出皇宫,"夜至小平津,六玺不自随"。董卓将小哥俩迎回宫中,发现"失传国玺,余玺皆得之"。韦昭《吴书》言之凿凿,称孙坚得传国玺于洛阳城南甄官井中,当非虚言。《山阳公载记》载:"袁术将僭号,闻孙坚得传国玺,乃拘坚夫人而夺之。"《后汉书·袁术传》也有同样的夺玺记载。《三国志·魏志》注引《先贤行状》载,袁术死后,徐璆得术玺,致之汉朝。《后汉书·徐璆传》载:"术死军破,璆得其盗国玺,及还许,上之。"后来曹丕篡汉,多次向献帝曹皇后索要玉玺,玉玺由汉室转入曹魏。这些记载形成了一个闭环,勾勒出了一个基本史实:孙坚偶然得到传国玉玺后企图独占,不料却被袁术夺走。

裴松之认为"孙坚于兴义之中,最有忠烈之称,若得汉神器而潜匿不言,此为阴怀异志,岂所谓忠烈者乎!吴史欲以为国华,而不知损坚之令德"。这是先入为主、视史实于不顾的主观臆断:先认为孙坚忠烈,然后判断孙坚不可能干这种败德之事,进而否认《吴书》的记载。只要我们冷静下来思考,承认孙坚曾经得到过传国玉玺,那么就不得不承认孙坚的确是"阴怀异志"。

最后一个话题,孙坚和袁术是什么关系?

范晔认为孙坚是投靠了袁术,成了他的部将的。《后汉书·孝献帝纪》在初平元年第一次提到孙坚时,直呼其名,"孙坚杀荆州刺史王睿,又杀南阳太守张咨",这时候的孙坚是独立的个体;初平二年、初平三年提到孙坚时,分别是"袁术遣将孙坚与董卓将胡轸战于阳人,轸军大败","袁术遣将孙坚攻刘表于襄阳,坚战殁",这时候显然将孙坚视为袁术的部将。《后汉书·袁术传》写得更明白:"会长沙太守孙坚杀南阳太守张咨,引兵从术。刘表上术为南阳太守,术又表坚领豫州刺史,使率荆、豫之卒,击破董卓于阳人。"说明孙坚是在杀张咨之后投靠袁术,奉其为主的。司马光《资治通鉴》处理得比较含糊,只说孙坚"前到鲁阳,与袁术合兵,术由是得据南阳"。但既已合兵,说明孙坚、袁术两股势力合成了一股。这家"合资公司"谁说了算?显然是袁术。孙坚的角色,更像是负责为袁术征伐的将领。

《三国志》对孙坚投入袁术麾下讳莫如深,只说孙坚"前到鲁阳,与袁术相见"。《江表传》记录孙策见袁术时说:"亡父昔从长沙入讨董卓,与明使君会于南阳,同盟结好,不幸遇难",似乎孙坚生前与袁术是平等的同盟关系。

窃以为,孙坚的确是投靠了袁术的。一向桀骜不驯的孙坚之所以如此决策,全是迫于形势。王睿出身琅琊王氏,为西汉谏议大夫王吉之后,其父王仁官至东汉青州刺史,是如假包换的世家大族,与袁绍等人属于同一阶层。张咨是与韩馥、刘岱、孔伷、张邈等一起,由周毖、伍琼向董卓推荐出宰州郡的。这批人,事后证明与袁绍属于同一阵营。王睿、张咨都参与了讨卓,孙坚如果服膺讨卓大义、着眼讨卓大局,即使不与二人和衷共济,也不该杀王睿、张咨。但他既然执意如此,说明另有算计,因此不惜站在了袁绍及关东州郡的对立面。

孙坚杀王睿、张咨后,天下虽大,实际上已经没有了容身之地。只有投靠与袁绍有隙的袁术,才是孙坚此时最佳的选择。

袁术是四世三公袁家的嫡子，家族地位高于袁绍。天下此时只有袁术不怕跟袁绍翻脸，并且袁术亟需孙坚这样的勇将战将帮他打地盘。而孙坚有了袁术这个新靠山，有了后勤保障，更可以无后顾之忧地发挥自己能征惯战的特长。这无疑是一个双赢的合作，所以两人一拍即合。笔者此处有一个猜想，鉴于袁术先于孙坚到达南阳，诱杀张咨说不定是袁、孙二人事前合谋，惜乎目前没有确凿证据支持。《献帝春秋》载，袁术表孙坚为假中郎将，尔后孙坚"到南阳，移檄太守请军粮"。张咨不供军粮是预料中事，孙坚是不是与袁术达成共识、制造这个借口来杀他，我们不得而知。

袁、孙双方的"战略合作协议"大致是这样的：一、孙坚将新控制的"户口数百万"的南阳郡让给袁术；二、袁术表孙坚为行破虏将军、领豫州刺史，支持他控制豫州；三、孙坚按袁术的指示征伐，袁术负责提供粮草。孙坚死后，这个协议仍然有效，孙坚的侄儿孙贲率孙坚余部依然投靠袁术，袁术仍然推荐孙贲为豫州刺史，承认孙家在豫州的利益；而孙家仍然为袁术征伐，直至孙策在袁术僭号之后才与袁术断绝臣属关系。

王夫之认为："孙坚之因袁术也……固未可深责也"，"袁氏四世五公之名，烜赫宇内，孙坚崛起，不能不藉焉"，"与术比而姑从之，恶足以病坚哉？"对孙坚投靠袁术，持理解态度。王夫之对孙坚十分偏爱，"使坚不死，得自达于长安，肯从术以逆终而为乱贼之爪牙乎？"这显然又是不顾事实的主观臆断之言。

袁术包藏奸心，天下共知。阴鸷的孙坚选择投靠袁术，只是一时的权宜之计。袁术的能力，显然驾驭不了孙坚。一旦他羽翼丰满、实力强大，脱离甚至反噬袁术，是迟早的事。

跟孙坚相比，曹操的确是"速易其心"——他从一个立志长大后封侯、做汉征西将军的少年，在讨董卓失败后，逐步走上了渐进式篡汉的道路。作为太尉之子，曹操曾经是东汉政权的受益者，他起初的确是维护刘汉皇朝的。而孙坚，他的价值观一直没有改变，作为底层一个无权无势的草根少年，他改变命运的工具，是靠他的拳头、他的刀枪。他从来就没有真正臣服过东汉政权，他一直潜伏其中，一旦机会来临，他必然会一跃而起，靠他的拳头和刀枪去攫取更大的利益。

吕布：折戟休怨白门楼

旧小说喜欢给英雄好汉排座次，比如《隋唐演义》把天下第一条好汉的金交椅封给了李元霸，《说岳全传》中挑滑车的高宠俨然是武功天下第一。而说到《三国演义》，就个人战力而言，吕布认第二，没人敢认第一：关、张都是公认的万人敌，但是虎牢关前加上刘备"三英战吕布"，硬是拾掇不下来；濮阳城外，曹操麾下许褚、典韦、夏侯惇、夏侯渊、李典、乐进六将齐出，共攻吕布，方才杀得吕布遮拦不住，拨马回城。当然，这是文学杜撰。但辕门射戟，史有明文，众将齐呼"将军天威也"，堪称神级的表现。民间有一种说法，叫作"一吕二赵三典韦，四关五马六张飞，七许八黄九姜维"，说明吕布三国第一猛将的地位得到了民众广泛的认可。

偏偏就是这样一位武功天下第一的猛将，建安三年（198）就在刘备的撺掇下被曹操砍了脑袋，早早退出了三国的舞台。从中平六年（189）吕布被董卓收买杀丁原，第一次出现在我们的视野中，吕布实际上只有短短的十年时间可供我们考察。他就像一颗绚丽的流星，在历史的长河中划过，从杀戮开始，到被杀戮终结，生如夏花般灿烂，死如秋叶般静寂。

以初平三年（192）六月自武关逃出长安奔南阳投袁术为分界点，吕布的十年可以分为前后两个时期。

前面一个时期，吕布过得相当惬意。他通过两次弑主，政治地位不断上升，一度跻身国家核心领导层。吕布是并州五原郡九原县（今内蒙古自治区包头市境内）人，因为"弓马骁武"，得到了并州刺史丁原的赏识。后来丁原调任武猛都尉，屯于河内郡，用吕布为主簿，"大相亲待"，对吕布是极好的。

我们从小说和影视剧中看到的吕布形象，清一色都是玉树临风、潇洒倜傥的年轻武将。《三国演义》第三回在吕布第一次出场时，写道"时李儒见丁原背后一人，生得器宇轩昂，威风凛凛，手执方天画戟，怒目而视"，随后吕布随丁原攻伐董卓，"只见吕布顶束发金冠，披百花战袍，擐唐猊铠甲，系狮蛮宝攻带，纵马挺戟"，英姿勃发；第五回虎牢关前大战，吕布出阵，全身行头更加华丽："头戴三叉束发紫金冠，体挂西川红锦百花袍，身披兽面吞头连环甲，腰系勒甲玲珑狮蛮带，弓箭随身，手持画戟，坐下嘶风赤兔马，果然是'人中吕布，马中赤兔'！"罗贯中在小说中还赋诗赞道："温侯吕布世无比，雄才四海夸英伟。"实际上史书上无一言夸吕布相貌英俊，而袁绍、公孙瓒、荀彧、孙策、周瑜、诸葛亮等，都是明文记载的帅哥。生长边地、久历战阵的吕布，更大可能是身强力壮、膀大腰圆、猿臂善射的"糙哥"。

另外，吕布也不年轻。建安三年十二月癸酉（199年2月7日），曹操攻破下邳，擒杀吕布。史书没有记载吕布死时的年龄，因此，我们无法确定他准确的出生年份。但是，吕布年长于刘备，常说"玄德，布弟也"，而刘备生于延熹四年（161），那么吕布生年当在此年之前，他可能与曹操（155—220）年龄相若。推测吕布杀董卓（192）时，年龄在四十岁左右。不少影视剧找一些年轻英俊的流量小生饰演吕布，与史实并不相符。

吕布也不仅仅是一介武夫。从丁原以吕布为主簿来推断，吕布还是具有一定文化的。主簿是汉代各级主官属下掌管文书的佐吏，常参机要，权势颇重，通常由儒生文士担任。比如，陈琳曾为大将军何进主簿，杨修和司马懿都在曹操麾下当过主簿，蜀汉大臣黄权、杨仪、殷观分别担任过益州牧刘璋、荆州刺史傅群、荆州牧刘备的主簿，这些都是博学有文才之人。武将为主簿的，似乎只有廖化，他曾担任过前将军关羽的主簿。但廖化是襄阳中卢人，"世为沔南冠族"，应该受过良好的教育，不能简单以武将目之。因此，吕布很可能也是一个文武双全的人才。我们不能因为吕布武力值爆表，就误以为他是个目不识丁的文盲。

灵帝崩后（189），大将军何进欲诛宦官，将丁原召进京，任命为执金吾。吕布又追随丁原来到了都城洛阳。何进被宦官所杀后，董卓乘乱攫取了朝权，兼并了何进、何苗兄弟的部队，掌管宫城外治安警卫的丁原成为他下一个兼并目标。如何杀其人而夺其兵，董卓需要找一个突破口。董卓找到了吕布。我们不知道董卓是不是贿赂了吕布或者进行了封官许愿，也不知道吕布究竟是如何战胜自己的良心行此凶逆，只知道吕布杀丁原后，董卓马上任命吕布为骑都尉，不久又提升为中郎将，封都亭侯。跟后来杀董卓不同，吕布杀丁原没有一点正义借口，无论如何也只能解释为见利忘义、恩将仇报、助纣为虐、弑主求荣。仅此一件事，吕布就应该永远被钉在历史的耻辱柱上。

吕布作为并州人，却为了眼前利益杀并州军事集团的头领丁原，投靠凉州军事集团首脑董卓，是一个重大的政治错误。汉末乱世鼎沸，各方势力分分合合，敌友关系瞬息变化，盟友翻为仇敌，干戈化为玉帛，成为常态。个人辗转其中，有的为了理想，有的为了生存，有的迫于形势，有的主动选择，或朝秦暮楚、频繁跳槽，或少相友善、反目成仇，或不计前嫌、重归于好，正所谓"良禽择木而栖，贤臣择主而事"，在三国虎争之世实在是见怪不怪，无足深责。但像吕布这样"斩原首诣卓"、手刃主公作为投名状改换门庭的，在推崇"二重君主观"的东汉，无疑触碰了绝大多数人的道德底线。

并州籍将领张杨和张辽都是丁原的部下，前期都是受丁原的派遣来到洛阳。张辽在董卓死后，曾经"以兵属布"，投入吕布麾下，但保持相对的独立地位。而张杨，自始至终与吕布是平起平坐的，没有臣属过他。由于吕布并没有与丁原相同的资历和威信，因此他杀丁原之后，根本驾驭不了张杨，也就不可能取得并州军事集团公认的首领地位。这实际上导致了并州军事集团力量的分裂和衰弱，令它今后在与董卓为首的凉州军事集团的争斗中完全处于下风。即使董卓被杀，吕布仍然抵挡不住李傕、郭汜等人率领的凉州残余军事力量的进攻，就是明证。吕布最终失败的命运很大程度上在这时候就已经注定——杀丁原的道义亏欠，使他始终无法凝聚起一支强大的武装力量。张杨、张辽等人没有因为替丁原复仇而跟吕布兵戎相见，吕布就应该庆幸了。

吕布投靠董卓后，二人刚开始有一段蜜月期。董卓对吕布

"甚爱信之,誓为父子","行止常以布自卫",拿吕布既当干儿子又当保镖用。但是,不久董、吕两人就产生了裂痕。一方面是董卓脾气坏,"性刚而褊,忿不思难,尝小失意,拔手戟掷布",幸亏吕布身手敏捷避过了。另一方面是吕布德行差,吕布利用董卓"常使布守中阁"的职务便利,偷偷与董卓的侍婢(在文艺作品中被敷演成貂蝉)私通。吕布做贼心虚,很害怕被董卓知道后惹来杀身之祸。

这时候,司徒王允正在密谋除去董卓。王允和吕布是并州老乡,于是乘机劝说吕布诛杀董卓。这一次吕布稍稍犹豫了一下,"董卓和我算是父子哩!"但是,出于自身安全的考虑,吕布很快克服了心理障碍,答应王允作为内应。董卓临死也没想到吕布会谋害他。当他被李肃突然袭击堕车后,他的第一反应是呼喊吕布相救:"吕布何在!"吕布的回答是"有诏讨贼臣",然后亲手持矛刺董卓。不可一世的董卓就这样死于自己的保镖吕布之手,想必是死不瞑目的。

当然,吕布之所以杀董卓,不光是两人之间存在私人恩怨那么简单,更深层次的原因可能是凉州与并州两大军事集团的矛盾无法调和。并、凉二州都出劲兵,在争夺朝廷军政大权时有排他性,因此二州人之间的嫌隙一直存在。虽然董卓表面上待吕布不错,但是不代表董卓的凉州部属都能接纳吕布。董卓曾经派吕布与"凉州大人"胡轸一起去攻打孙坚,胡轸就扬言"今此行也,要当斩一青绶,乃整齐耳",矛头直指吕布。吕布杀董卓后,"畏恶凉州人,凉州人皆怨",吕布劝王允尽诛董卓部曲;而李傕、郭汜因为王允、吕布杀卓,也"忿怒并州人",尽诛在其军中的数百并州人。可见,并、凉二州军事集团向来互相敌视，尤其是吕布杀董卓后这个矛盾激化。后来，董卓余部用贾诩策，集结起来反攻长安，他们的动机也是害怕解散后被王允、吕布为代表的并州人杀害。他们入长安后，首先要杀的人就是王允和吕布。

刺杀董卓给吕布带来了更加丰厚的回报。王允以吕布为奋威将军，"假节，仪同三司，封温侯"，共秉朝政。吕布两次弑主，用丁原和董卓的鲜血，攀上了权力的顶峰。可以想象杀董卓之后加官晋爵、位高权重的吕布是如何的志得意满，董卓的那位侍婢想必也被吕布堂而皇之地据为己有。但是好景不长，由于王允政治举措失当，没有很好地安抚好董卓的旧部，李傕、郭汜等人领兵围攻长安。王允一方战败，吕布率数百骑逃出。

这时候有两个细节值得我们玩味。一是吕布驻马青琐门外，招王允一同逃走。王允平时是瞧不起吕布的，只把他当作刺客看待。危难关头，吕布居然还记得王允，除了用吕布有人情味来解释之外，更大的可能性是吕布对王允产生了较强的依赖心理，希望继续牵着王允的衣角前行。吕布大半辈子都是跟着别人干，现在要自己单干了，他心里没底。王允视死如归，坚持要陪在汉献帝身边，拒绝逃走。吕布没奈何，只得带着自己亲信数百骑逃走。

二是吕布将董卓的首级系于马鞍出走武关。要知道，董卓此时已经死了一个多月。吕布在百忙之中还不忘带上董卓的首级，他要这个臭烘烘的东西做什么用呢？原来吕布逃出长安，要投奔的对象是南阳袁术。董卓不是杀了你们袁家五十余口吗？我吕布亲手给你们报仇了，是你们袁家的大恩人。瞧，我连董卓的头都给你带来了。你可得好好感谢我！取信和示恩的双重心理，折射出吕布凡事讲求现实利益的处世观。

接下来的六年半，吕布进入人生后半段。他东奔西走，基本上都在诸侯混战中度过。近现代国际关系中有一句名言："没有永远的敌人，也没有永远的朋友，只有永远的利益。"实际上吕布早在一千多年前就是这么实践的，并且在吕布的眼里，不需要长远的重大的利益，只需要眼前的一点蝇头小利，敌友关系马上就可以转换。

吕布先投袁术，袁术恶其反复，拒而不受。吕布不得已，北投袁绍。他以替袁家复仇的功臣自居，非要袁氏兄弟感恩不可。刚开始袁绍与吕布关系不错，袁绍利用吕布带领的并州骑兵进攻张燕农民军，吕布"常与其亲近成廉、魏越等陷锋突阵，遂破燕军"。吕布要求袁绍给他增兵，但是吕布的部队军纪很差，"将士钞掠"，祸害老百姓；吕布自己也骄傲自大，瞧不起袁绍麾下诸将，认为自己是王官，而他们是"擅相署置不足贵"。袁绍"患忌之"，吕布瞧出风向不好，决定离开袁绍。袁绍表面上答应送他离开，表他领司隶校尉，暗地里安排甲士三十人以送行之名谋杀吕布。吕布用金蝉脱壳之计，伪使人在帐内鼓筝，迷惑这些甲士，自己偷偷离开，投奔老友河内太守张杨。李傕、郭汜等人要求张杨杀吕布，张杨阳奉阴违，表面答应，实际上暗暗保护吕布。李傕、郭汜没奈何，改用拉拢策略，任命吕布为颍川太守。

兴平元年（194），兖州牧曹操远赴徐州攻陶谦，曹操部将陈宫、张邈等背叛曹操，迎吕布牧兖州。曹操十分狼狈，仅余鄄城、范、东阿三城在手，失去了对兖州绝大部分地区的控制。陈宫等人迎吕布牧兖州，主要原因是曹操杀陈留名士边让，"兖州士大夫皆恐惧",他们为了自保,决定背叛曹操。他们看中了吕布的武勇,"吕布壮士,善战无前",想利用吕布来对抗曹操。他们并不是真心奉吕布为主,而只是他们的权宜之计,"若权迎之,共牧兖州,观天下形势,俟时事之变,此亦纵横一时也"。

吕布丝毫没有犹豫,有当州牧的机会,他自然不会拒绝。吕布在兖州足足过了一回封疆大吏的瘾,并且一度占据曹操的上风,兖州百城皆叛曹应吕。曹操处境十分困难,甚至产生了委质投靠袁绍的想法。当然,吕布最终不可能是曹操的对手,很快连吃几个大败仗,被曹操赶出了兖州。

吕布又去徐州投刘备。两人都是北部边疆人,刚开始关系是极好的。不久,袁术攻刘备,在袁术的利诱下,吕布倒戈,袭取了刘备的大本营下邳。刘备走投无路,只好投降吕布,吕布自称徐州牧,表刘备为豫州刺史。鸠占鹊巢的吕布再次给我们演了一出农夫和蛇的好戏。刘备心里肯定对吕布是恨之入骨。这中间,吕布跟袁术互相利用,今天打,明天和,后天又打,就像小孩子玩过家家。吕布后又出兵攻刘备,刘备无奈投降曹操。这为吕布最后的命运埋下了伏笔。

建安二年(197),吕布遣部将陈登去见曹操,希望结成联盟,但是陈登已经看透吕布成不了大事,反而向曹操献计除吕布,并许为内应。建安三年(198),曹操攻吕布,围下邳,以水灌城。吕布部将侯成、宋宪、魏续等,捕执陈宫,率领部下叛降曹操。吕布众叛亲离,被困白门楼,最终走投无路投降曹操。

可笑的是,吕布居然向曹操乞命,对曹操说:"明公将步,令布将骑,则天下不足定也。"曹操心动,坐在一旁的刘备轻描淡写地说了一句话,"您没见过丁原和董卓的下场吗",彻底将吕布打入了地狱。一代英雄吕布就这样走到了末路,他和陈宫一起被曹操缢杀。

吕布败亡的原因很多,最主要的一条是缺乏战略思维能力。他逃出长安后,实际上就迷失了方向,他不知道自己要去向何方。他没有长远目标,似乎也没有代汉的政治野心。他不甘屈居人下,但又不懂得如何经营一方。陈寿评价他"有虓虎之勇,而无英奇之略",是恰如其分的。他擅长的是冲锋陷阵、单打独斗,而缺乏运筹帷幄的雄才大略。就连指挥作战,其实他也不太擅长。吕布到兖州后,攻鄄城不能下,西屯濮阳。曹操说:"布一旦得一州,不能据东平,断亢父、泰山之道,乘险要我,而乃屯濮阳,吾知其无能为也。"曹操认为吕布不懂得利用战胜优势和地理环境截断自己的归路,而让自己从容从徐州返回兖州展开争夺,是军事上无能的表现。

吕布政治上的短视,导致了他利益上的近视。无大略,则重小利。因为没有长远目标,所以更容易被眼前利益所迷惑。董卓"诱布杀原",估计是许了些利益的,吕布马上照做。王允"厚接纳之",希望他做诛卓的内应,"布遂许之"。袁术起初不肯收留他,后来想利用他夹击刘备,送军粮送兵器战具进行拉拢,吕布不计前嫌,欣然袭取下邳。陈登要去见曹操,吕布先不同意他去,后来曹操派使者拜他为左将军,赐其金印、紫绶,吕布"大喜,即听登往,并令奉章谢恩",前后态度反差强烈。陈登对曹操评价吕布:"待将军譬如养虎,当饱其肉,不饱则将噬人";曹操自己评价吕布:"譬如养鹰,饥则为用,饱则扬去。"不管是虎是鹰,它们的行为选择,都是为了那点充饥饱腹的肉食。吕布的个性是"轻狡反复,唯利是视",只要给他些现实利益,再给他戴几顶高帽,他可以马上转变立场,为人火中取栗。这跟他没有树立长远战略是密切相关的。因为吕布不知道自己的目标是什么,所以旅途中无论谁给他一根胡萝卜,他都会停下脚步,高兴地收下来,然后送到自己的嘴里。

另外,吕布的领导力也很成问题。《三国志》载:"布虽骁猛,然无谋而多猜忌,不能制御其党,但信诸将。诸将各异意自疑,故每战多败。"他手下的将领高顺,作战勇猛,攻无不克,持身清白,廉洁自律,更难得的是对吕布忠心耿耿,经常直言切谏。"布知其忠,然不能用",而信任有外内之亲的魏续,甚至"悉夺顺所将兵以与续"。而临到打仗的时候,又让高顺率这些士兵去冲锋陷阵,高顺"终无恨意"。这么好的部下,吕布不知道珍惜和使用,失败是必然结果。吕布投降后对曹操抱怨,为自己的失败找借口:"布待诸将厚也,诸将临急,皆叛布耳。"曹操反唇相讥:"卿背妻,爱诸将妇,何以为厚?"吕布默然。这说明吕布有严重的生活作风问题,他很可能跟手下一些将领的妻妾关系不寻常。侯成、宋宪、魏续等部将背叛吕布,也就在情理之中了。吕布的败亡,其实怨不了任何人。他的德和能,都不配位。

沧海横流,方显英雄本色。三国乱世,正是英雄辈出的时代。吕布无疑是三国时期一个不可忽视的重要人物。建安元年(196),曹操迎献帝都许后,与袁绍矛盾加剧,开始谋划北伐袁绍。荀彧建言:"不先取吕布,河北亦未易图也。"建安三年(198)年底,曹操擒杀吕布后,才腾出手来与袁绍相拒,直至建安五年(200)双方爆发官渡之战。可见,吕布一度给曹操制造了很大的麻烦。吕布不死，曹操无力与袁绍争锋，更不可能统一河北。那么，吕布算不算是英雄？

跟吕布几乎同时代的刘邵《人物志》中关于"英雄"的论述，有助于我们理解吕布的人生："聪明秀出，谓之英；胆力过人，谓之雄。""胆力者，雄之分也，不得英之智，则事不立。""徒雄而不英，则智者不归往也。""故一人之身，兼有英雄，乃能役英与雄。能役英与雄，故能成大业也。"严格来讲，吕布并不算是英雄，他"雄"而不"英"，只能称为半截英雄，是成不了大业的。

吕布是斗将、战将，但不是大将，更不是帅才。如果不那么唯利是视，他可能是一个出色的保镖或刺客。如果他安心做许褚或典韦，甘为臣属，也未尝不是正确的选择。历史把他推上了汉末诸侯的高位，与曹操、刘备等真正的英雄竞争，可以说吕布的身份完全错位。他挑着一副根本挑不动的担子，既找不到方向，能力又不能匹配，败亡是不可避免的结局。这是历史的悲剧，也是他个人的悲剧。

孙策：少年心事当拏云

中国历史上少年英雄不少，尤其三国乱世，沧海横流，时势造就众多少年英雄，如年十五六就偷偷随姐夫邓当上阵杀敌、"呵叱不能禁止"的吕蒙，"少善射御，膂力过人，手格猛兽，不避险阻"的曹彰，"兼资文武，雄烈过人"、自幼随父马腾征战的马超……这些少年英雄之中，很多是勇力过人、冲锋陷阵的战将、斗将类型，另一些是足智多谋、运筹帷幄的谋士、智囊类型，然而文武双全、有勇有谋的统帅型英雄犹如凤毛麟角，十分罕见。孙策（175—200），正是这样一位五百年难得一遇的统帅型少年英雄。

孙策"弱冠以一校尉创业"，率领父亲孙坚（155—191）留下来的旧部，渡江转斗，所向披靡，不数年间即据有江东，势力扩展之快，创业效率之高，是曹、刘两家所不能比拟的。当时州郡刺史、太守之子何止百千，父亲死后留有余兵的估计也不在少数。像刘岱、刘虞、韩馥、陶谦、公孙瓒死后，儿子们默默无闻；刘焉之子刘璋，刘表之子刘琮，袁绍诸子袁谭、袁熙、袁尚，袁术之子袁耀，都没有能力承其父业；能像孙策一样在父亲死后奋力开创出一片新天地的，三国仅此一人而已。

孙策生于熹平四年（175），卢弼推测正在孙坚担任盱眙县丞期间。那么孙策的童年，很有可能主要是在盱眙（治所在今江苏盱眙）、下邳（治所在今江苏邳州）两县度过的。他有时候可能也被父母带回老家富春（治所在今浙江富阳）、舅家钱塘（治所在今浙江杭州）小住。中平元年（184），黄巾起义爆发，孙坚随朱儁前往镇压，留家寿春（治所在今安徽寿县）。初平元年（190），孙坚兴兵讨董卓，孙策听从周瑜的建议徙居舒县（治所在今安徽庐江县）。初平二年（191），孙坚为袁术讨刘表，殒命岘山，还葬曲阿（治所在今江苏丹阳县）。安葬完父亲后，孙策奉母携弟渡江居江都（治所在今江苏扬州）。笔者推测，多地迁居的经历，使得孙策对于长江下游两岸地区的地理环境、风土人情相当熟悉。这是他数年后在这片地区用兵纵横驰骋、无往不利的重要因素。

史书没有记载孙策少年时期是否跟随父亲孙坚征讨。罗贯中《三国演义》第七回载孙策曾随孙坚跨江击刘表，并无史料佐证。考虑到黄巾起义爆发时，孙策只有十岁，年龄尚幼；孙坚死时，孙策十七岁，但率领孙坚余部投靠袁术的是孙策的堂兄孙贲而非孙策本人；兴平元年（194），孙策投靠袁术时二十岁，"术甚奇之"，似乎袁术是第一次见到孙策，以前并不相识：笔者推测，孙策并没有跟从父亲征伐，他的军事才能近乎天授。他跟曹操一样，是三国时期在战争中学习战争、成长为杰出军事统帅的典范。

但是，我们不能因此否认原生家庭对孙策的重要影响。

孙坚因参加镇压会稽许生起义有功，"孤微发迹"，被东汉政府任命为县丞。年轻的孙坚，心中充满着对未来富贵的憧憬和权力的渴望。这一点，我们可以从他四个儿子的名字中窥见端倪。孙坚为长子起名策，字伯符——策是君主对臣下封土、授爵、免官或发布其他敕令的文件，符是朝廷传达命令或征调兵将用的凭证——透露出他作为武将盼望通过立功疆场而得以加官晋爵的愿景。荣膺符、策，是孙坚为之毕生奋斗的目标。孙坚为次子起名为权，字仲谋，进一步透露了他对权谋的推崇。这是他获取符、策的手段。三子名翊字叔弼，四子名匡字季佐，说明孙坚希望这两个小儿子能够翊赞、辅弼、匡扶、佐助哥哥们建功立业。根据皮格马利翁效应，孙坚的期望，或耳提面命或潜移默化，必然对儿子们形成正向激励，从而影响他们的志向和思行模式。

事实证明，孙坚及其尚武家风对儿子们尤其是孙策的影响是巨大的。孙坚为人"勇挚刚毅""以征伐为功"，孙策"英气杰济，猛锐冠世"，勇猛是父子两人最鲜明的共同特点。孙坚"容貌不凡，性阔达，好奇节"，孙策"美姿颜，好笑语，性阔达听受"，也高度一致，都是性格豁达、卓尔不凡的美男子。孙策更比父亲多了几分幽默感。孙坚接抚待养乡里知旧、好事少年常数百人，有若子弟；孙策"年十余岁，已交结知名，声誉发闻"，居舒县之后，"收合士大夫，江淮间人咸向之"，显然是学习继承了父亲好侠养士的做法。

孙策的母亲吴夫人才貌双全，"智略权谲"，也是很有主见和才能的杰出女性，一直对孙策、孙权兄弟俩的军国大事有较强的话语权和影响力。正是孙坚、吴夫人这样一对充盈着智慧、力量和上进心的父母，才培育出了孙策、孙权这样少年即有大志、大才的儿子。唐人李贺有诗："少年心事当拏云，谁念幽寒坐呜呃！"不甘平凡、志存高远、奋发有为，正是孙策的人生写照。

孙策十七岁失怙，二十六岁被杀，在三国舞台上登场的时间不过十年；如果自兴平元年（194）从袁术、尔后渡江攻刘繇算起，更短短不过六七年时间。孙策如此年轻，能够在如此短暂的时间内，开创孙吴政权如此基业，缘于他身上有许多年轻人甚至壮年人都难以望其项背的过人之处。

孙策的过人之处，首屈一指的是"明略绝群"。他很早就提出了开基创业的战略。

做大事业一定要有大战略。没有战略就没有清晰的目标和长远的打算，就容易在前进的道路上迷失方向。曹操拥有完整的多层次战略体系，先是"任天下之智力，以道驭之""规大河之南，以待其变"，继而"挟天子以令诸侯"，所以成为最后的赢家。自称"智术浅短，遂用猖蹶"、一直寄人篱下的刘备，在三顾茅庐得到诸葛亮后有了"跨有荆益，鼎足三分"的战略，从此如鱼得水、翻然翱翔，走上了发展的快车道，有没有战略前后景况大不相同。吕布、袁术败亡的原因固然很多，但是没有明确的发展战略是重要一条。刘表只知道守境安民，其实是没有发展战略，往难听点讲就是坐以待毙，所以他失败的结局早就注定。

孙策迁居江都不久，就向扬州名士张纮（153—212）提出了自己的发展战略："欲从袁扬州求先君余兵，就舅氏于丹杨，收合流散，东据吴会，报仇雪耻，为朝廷外藩。"张纮完全同意孙策的谋划，并且进一步给予升华，"若投丹杨，收兵吴会，则荆、扬可一，仇敌可报。据长江，奋威德，诛除群秽，匡辅汉室，功业侔于桓、文，岂徒外藩而已哉？"张纮修正孙策的战略目标，认为不应止于割据一方"为朝廷外藩"，而应该在"诛除群秽"后做齐桓公、晋文公这样的天下霸主。这就是比"隆中对"要早十几年的"江都对"。"江都对"之于孙吴的意义，与"隆中对"之于蜀汉的意义一样重大。孙策后面几年完全是按"江都对"确定的战略在行动，并且取得了巨大成功。

这个战略具有创新性，它并没有因循孙坚生前依术攻表的老路，而是将眼光投向了一片新的区域——江东；这个战略具有独立性，孙氏虽然仍然依托袁术，但不再为人火中取栗，而是确立了独立发展进而武装割据一方的目标；这个战略也具有可行性，北方袁曹集团实力强大难与争锋，西边荆州刘表"地方数千里，带甲十余万"也不好惹，只有东南方向的扬州江东地区相对薄弱可以争夺。

汉末天下大乱，四方云扰，一个十几岁的少年，居然有如此雄才大略，能够拨云见日，对当前形势、远期目标、实现路径作出这么精准的判断、预测和规划。数年后，鲁肃向孙权提出"榻上策"，核心是"剿除黄祖，进伐刘表，竟长江所极，据而有之，然后建号帝王以图天下"，与"江都对"中提出的"报仇雪耻""荆扬可一""据长江""岂徒外藩"，并无实质差别。而此时，孙吴政权已经基本建立，江东鼎足之势已成，形势比孙策在江都时要明朗得多。孙策天才般的预见，显然比鲁肃高明不少。孙权继位后，完全继承了其兄孙策的谋划，一以贯之地执行这个战略，孙吴政权得以巩固发展。

孙策的第二点过人之处是知人善任。

孙坚生前就善于用人，他死后部下没有离散，仍然团结在孙氏的旗帜下。梳理孙坚部下，多为乡里故旧，其中孙氏宗族如孙贲、孙河、孙香，同郡亲戚如吴县吴景、富春谢琨，同州邻郡如丹杨朱治、芮祉；另外，荆州有零陵黄盖，幽州有右北平程普与辽西韩当。这些人都是随孙坚征伐，"攻城野战""陷敌擒虏"的战将、武士。孙坚孤微的出身，决定了他难以吸引到世家大族的名士来帮助他运筹帷幄，决胜千里。他靠一己之勇力拼杀的创业模式，格局终究有限，也难以持续。笔者认为，这是孙坚"不幸遇难，勋业不终"的重要原因。

孙策在延揽人才方面，青出于蓝而胜于蓝，比他父亲更加高明。陈寿写道："策为人，美姿颜，好笑语，性阔达听受，善于用人，是以士民见者，莫不尽心，乐为致死。"年轻英俊、幽默风趣、宽容大度、虚怀纳谏、善于用人……这样的领导谁不喜欢？干部群众不光是愿意为他尽心效力，甚至愿意为他献出生命。这是《三国志》对于领导用人的最高评价。曹操得到的评价也不过是"官方授材，各因其器，矫情任算，不念旧恶"，这是为了大局不得不屈己容人，比孙策用人的境界毕竟差了一个档次。

孙策对待人才的基本方针是充分尊重以慰其心、充分信任以安其身、充分使用以展其能、充分关怀以厚其恩，故"用乌集之众，驱散附之士，皆得其死力"。这在孙策创业团队核心成员"一周二张"身上，得到了充分的体现。

孙策首先获得了周瑜（175—210）的支持。周瑜出身两世三公的庐江周氏，其人"长壮有姿貌""性度恢廓""胆略兼人""英达夙成""雅量高致"，并且精通音律，刘备称赞他"文武筹略,万人之英",陈寿评价他"实奇才也"。出身高门大族、自身又出类拔萃的周瑜,按理是耻为人下、不会轻易屈身事人的。但是他与孙策一见面就惺惺相惜,"便推结分好,义同断金",又请孙策徙居舒县,让出自家的"道南大宅"给孙策居住。孙策称赞他是"英俊异才",并称与其有"总角之好,骨肉之分","升堂拜母,有无通共",明确是发小加兄弟的关系。建安三年(198),周瑜弃袁术来投孙策,孙策亲自相迎,授建威中郎将,马上与兵二千人、骑五十匹,"又给瑜鼓吹,为治馆舍,赠赐莫与为比",待遇优厚,关怀备至;后又以周瑜为中护军,领江夏太守,大胆放手使用。孙策破庐江,得桥公二女,皆国色,自纳大桥,以小桥赐周瑜,二人成为连襟,进一步结成了休戚与共的命运共同体。孙策死后,周瑜又赤胆忠心地辅佐孙权,"入作心膂,出为爪牙,衔命出征,身当矢石,尽节用命,视死如归",在赤壁之战这场决定鼎足三分的重大战役中立下不朽奇功。孙策能吸引周瑜这样不世出的英才倾心效忠,足见其具有很强的领袖气质和人格魅力。

紧接着,孙策获得了以张纮为代表的徐州名士的支持。孙策移居江都后"数诣纮",拜访的次数看来不止"三顾茅庐",充分展现了自己的诚意和志向,赢得了张纮的认可和归心。临别又"以老母弱弟委付"于张纮,体现出高度的信任。张纮向孙策承诺:"方今世乱多难,若功成事立,当与同好俱南济也。"在张纮的带领下,徐州"同好"士人毕至,孙策以"彭城张昭、广陵张纮、秦松、陈端等为谋主"。

张纮后受孙策派遣奉表至许都。张纮作为孙策的外交代表,向"在朝公卿及知旧"广泛宣传孙策"平定三郡,风行草偃"

的军事才能及其"忠敬款诚，乃心王室"的政治立场，为孙策树立了良好的形象。曹操对孙策"优文褒崇，改号加封"，这都是张纮的功劳。曹操拉拢张纮，辟张纮为司空掾，举高第，补侍御史，又任命张纮为九江太守。张纮"心恋旧恩，思还反命，以疾固辞"，不为所动，始终心向孙策。孙策死后，曹操欲因丧伐吴，在张纮的劝阻下，曹操改变主意，表孙权为讨虏将军，领会稽太守，承认了孙权在江东的合法地位。张纮后来回到东吴辅佐孙权，"思惟补察"，"微言密指，常有以规讽"，比如首劝孙权定都秣陵，为孙吴政权的建立发展作出了重要贡献。

张昭与张纮并称"二张"，孙策"常令一人居守，一人从征讨"。孙策得到张昭后很高兴，"升堂拜母，如比肩之旧"，对他说："吾方有事四方，以士人贤者上，吾于子不得轻矣。"说明孙策延揽人才的目的和对象十分明确，尊重贤士是孙策的既定方针，目的就是为了开疆拓土，争战四方。这是他高于孙坚之处。孙策用张昭为长史、抚军中郎将，"待以师友之礼"，对张昭非常信任，"文武之事，一以委昭"。当时北方士大夫每每将孙吴功业归美于张昭，张昭惶惧不安。孙策"闻之欢笑"，大度地说："今子布贤，我能用之，其功名独不在我乎！"孙策临终以弟孙权托张昭，张昭牢记嘱托，此后与周瑜一文一武，忠心耿耿辅佐孙权，巩固了在江东立足未稳的孙吴政权。张昭自己跟孙权说："昔太后、桓王（指孙策）……以陛下属老臣，是以思尽臣节，以报厚恩"，可见孙策对他的影响力。

孙策麾下的武将，除了全盘继承父亲孙坚的旧部如程普、黄盖、韩当、朱治等人外，又新招揽了东莱太史慈、汝南吕范、九江蒋钦、周泰、庐江陈武、会稽董袭、贺齐、吴郡凌操、全柔等人，江东人才阵营空前扩大。对待他们，孙策也充分展现出善于笼络人心的一面。太史慈（字子义）原是扬州刺史刘繇麾下一名不受重用的偏将，曾与孙策发生打斗，抢走了孙策的兜鍪。后来，太史慈战败被俘，孙策不计前嫌，马上解缚相见，推心置腹，大胆使用。吕范避乱寿春时"将私客百人归策"，"跋涉辛苦，危难不避"，孙策"以亲戚待之，每与升堂，饮宴于太妃前"。孙坚旧将朱治初未有子，求以外甥施然为嗣，孙策命丹杨郡以羊酒召施然（后改名朱然），到吴后"优以礼贺"。这些人都感念孙策之恩，成为对孙吴政权忠心耿耿的股肱之臣。

事业兴衰，唯在得人。后来曹丕临江兴叹"彼有人焉，未可图也"，不敢大举伐吴，根子就在于孙氏父子尤其是孙策为东吴奠定了良好的人才基础。

孙策是一件发光体，他一心想干大事业，谋划大战略，故有大胸怀、大格局，充满着人格魅力，走到哪里，都能吸引人才共同创业。程普评价周瑜："与周公瑾交，若饮醇醪，不觉自醉。"这句话用来形容孙策，也十分合适。孙策寓居江都时，只是一位十几岁的少年，"徐州牧陶谦深忌策"，将他视为一个重大威胁。孙策初投袁术，只是一名年轻校尉，但袁术手下的大将桥蕤、张勋"皆倾心敬焉"。袁术死后，长史杨弘、大将张勋等率领袁术的余部投靠孙策。这充分说明，有志不在年高，孙策虽然年轻，但他的领导魅力让人难以抵挡。

孙策的第三点过人之处是能征善战。

有想法的年轻人很多，但是有办法实现自己想法的年轻人并不多。孙策恰恰是一个既有想法又有办法的年轻人。他不是口头革命派，而是有着很强的行动能力。他不光能制订宏大、正确的发展战略，还有本事一步步把战略蓝图变成路径图、施工图，进而变成现实。

兴平元年（194），刚刚二十岁的孙策离开徐州，南下投靠袁术。他的目标是要实现自己战略蓝图的第一步："从袁扬州求先君余兵。"

孙坚余部有数千人，都是跟随孙坚东征西讨的百战精兵，孙坚死后由孙贲率领尽归袁术。袁术自然不肯轻易归还孙策，孙策讨要了两次，他才给了千余人。《三国演义》载，孙策是以传国玉玺为质当，才诱得袁术借兵三千、马五百匹。这当然也不是史实，孙坚在洛阳偶然得到的传国玉玺早就被袁术抢走。总之，袁术对孙策是警惕和防范的。他两次许诺让孙策担任郡守，但最后都食言而肥，始终不肯给孙策一块实控的地盘。当时，东汉政府任命的扬州刺史刘繇占据了丹杨郡，将袁术任命的丹杨太守吴景、丹杨都尉孙贲都驱逐到江北的历阳（属九江郡，治所在今安徽和县）。刘繇派樊能、张英等在南岸沿江拒守，袁术命惠衢为扬州刺史与吴景、孙贲一起攻击，岁余不能克。袁术的势力一直无法突入江东。孙策抓住这个有利机会，游说袁术派自己去帮助舅舅吴景、堂兄孙贲平定江东，并且向袁术承诺：过江后"因投本土招募，可得三万兵，以佐明使君定天下"。当时江东形势复杂，各路势力纵横，袁术认为孙策未必能讨平，所以同意了，表孙策为折冲校尉，行殄寇将军。兴平二年（195）十二月，孙策兵才千余，骑数十匹，宾客愿从者数百人，从寿春出发，踏上了创业之路。

等孙策到历阳，收合人众已五六千人，驰书告周瑜，周瑜将兵迎之，并助以资粮。孙策于是渡江攻击，樊能、张英等破走。孙策乘胜北上，攻击从徐州渡江南来、屯于秣陵（今江苏南京境内）的彭城相薛礼、下邳相笮融，复攻丹阳、湖孰、江乘，皆克之。孙策遂攻曲阿，扬州刺史刘繇拒战兵败遁逃，诸守令皆弃城郭奔走。老百姓听说孙策军至，都逃之夭夭，窜伏山草，后看到孙策军纪严明，"鸡犬菜茹，一无所犯"，民心乃悦，争相以牛酒犒军。孙策又发布军令，刘繇、笮融等旧部来降者，一无所问，愿从军者，除其门户赋役。旬日之间，四面云集，得兵二万余人、马千余匹，威震江东，形势转盛。这就基本上实现了"江都对"战略中"于丹杨收合流散"的第二步目标。

建安元年（196），孙策率军攻会稽太守王朗，王朗败降。孙策派朱治袭破吴郡太守许贡，遂领其郡，许贡归降孙策，后因偷偷向朝廷打孙策的"小报告"，被孙策所杀。孙策又攻破严白虎、邹他、钱铜、王晟等地方屯聚势力，"所向皆破，莫敢当其锋"，完成了"江都对"第三步"东据吴会"的目标。建安二年（197），袁术僭号，孙策以书责而绝之，彻底摆脱了与袁术的主从关系，走上独立发展的道路。曹操以孙策为骑都尉，袭乌程侯，假明汉将军，领会稽太守。建安四年（199），孙策用调虎离山之计，夜袭庐江，庐江太守刘勋兵败逃走。随后为父报仇，继续西进攻击江夏太守黄祖，大获全胜，斩首二万余级，俘祖妻、子七人，黄祖脱身逃走，孙策初步实现了第四步"报仇雪恨"的目标。十二月，孙策回军取豫章，派虞翻前往游说豫章太守华歆，华歆畏惧孙策威名，将豫章郡双手奉上。孙策不战而得豫章，分其西为庐陵郡。至此，孙策仅用四年时间，据有丹杨、吴、会稽、庐江、豫章、庐陵六郡，奠定东吴开国基业。

曹操方与袁绍相持，无力南顾，但他密切关注着江东局势的发展，对孙策的才能给予高度评价，常呼"猘儿难与争锋也"，于是对孙策采取羁縻之策，以弟女配策弟匡、为儿子曹彰娶孙贲女，礼辟策弟权、翊，举权茂才，极尽拉拢之能事。袁术也曾经说过一句关于孙策的名言："使术有子如孙郎，死复何恨！"这可能也代表了汉末虎争之世群雄们共同的心声。

孙策在平定江东的过程中，表现出卓越的军事才能，称得上是战无不胜。虞翻评论为"智略超世，用兵如神"，并非溢美之词。樊能、张英等为刘繇守横江、当利等处沿江要寨，吴景、孙贲等人年余不能攻克，孙策一到，瞬间土崩瓦解。孙策利用朱治为吴郡都尉治钱塘的有利地形，命他北攻吴郡太守许贡，破之于由拳（今浙江嘉兴），遂隔离吴、会二郡，使许贡与王朗不能联合，有利于各个击破。吴景等主张先攻严白虎等，后攻会稽；孙策认为"虎等群盗，非有大志，此成禽耳"，决定先攻会稽，后攻白虎，果然很顺利地先后平定。攻会稽时，王朗拒之于固陵（今浙江萧山县西），孙策听从叔父孙静的建议，分兵奇袭查渎，绕过固陵，遂破斩周昕，攻拔会稽。取豫章时，先进军椒丘（今江西新建县北），形成大军压境之势，然后派虞翻游说华歆，达到兵不血刃和平入城的效果。

在战争中，孙策不仅是指挥员，还亲自参加战斗。在攻袭笮融的战斗中，孙策亲冒矢石，为流矢所中，伤了大腿，不能乘马，未等伤愈又出战。在进攻曲阿的途中，他亲自带十三骑做前锋，与敌方负责侦察的太史慈遭遇，两人发生打斗，孙策刺其马，并抢得太史慈的手戟。攻严白虎时，虎派其弟严舆来与孙策讲和。会谈中，孙策"引白刃斫席"，一向"有勇力"的严舆"体动"，孙策知其似勇实怯，以手戟投之，杀严舆。严白虎部众为之夺气，"甚惧"，孙策遂进攻破之。在讨黄祖的战斗中，孙策"身跨马擽阵，手击急鼓，以齐战势"。主帅亲自上阵激励，将士自然奋不顾身，"吏士奋激，踊跃百倍，心精意果，各竞用命"，果然大破黄祖。

孙策优点很多，近乎完美，但是有一个致命的缺点，就是自恃其勇，行不设备，不太重视个人安保问题。这就是孙策的"阿喀琉斯之踵"。孙策是以逆臣袁术部将的身份渡江的，他在江东攻城略地、驱逐汉官，既是入侵，也是叛逆。因此，孙策在江东遭遇了州郡官兵和世家大族的顽强抵抗，除豫章华歆是畏于兵威投降之外，其余四郡全是靠武力征服。一直到孙策临终，孙吴在江东的统治都不稳固："深险之地犹未尽从，而天下英豪布在州郡，宾旅寄寓之士以安危去就为意，未有君臣之固。"孙策在招揽人才的同时，对于不愿归顺的强硬反对派，不得不诛其英豪。孙策在江东，可以说是四面皆敌、步步惊心，所处的安全环境并不乐观。他应当提高警惕、加强戒备、认真防范。但是，孙策太骄傲、太自负，他自恃个人勇武，认为人莫予毒，可以横行天下。

孙策喜欢驰骋游猎。《淮南子》有云："夫善游者溺，善骑者堕，各以其所好，反自为祸。"虞翻曾经给他提过意见，认为为人君者轻出微行是有危险的，"愿少留意"，但孙策不大听得进去。曹操的谋士郭嘉也看到了孙策这个致命的缺点，他预言说："策轻而无备，虽有百万之众，无异于独行中原也。若刺客伏起，一人之敌耳。以吾观之，必死于匹夫之手。"后来果然一语成谶。

建安五年（200），孙策将讨广陵太守陈登，驻军于丹徒，等待军粮运到后渡江北上。闲居无事，孙策带数骑外出打猎。显然，他并没有吸取当年作为主帅轻出、遭遇太史慈、缠斗险遭不测的教训。孙策骑的马十分精骏，跑得很快，从骑都跟不上。结果孙策遭遇了原吴郡太守许贡的三名门客，他们一直处心积虑要为许贡报仇，碰到这个机会当然不会放过。他们射中了孙策的面颊，孙策受了重伤，不久死去。《吴历》载，孙策虽然伤重，医生说只要好好护理休养，百日勿动，可以治好。但是孙策引镜自照，昔日"美姿颜"的大帅哥看到自己受伤后狰狞的脸，心里实在承受不了，对左右说："面如此，尚可复建功立事乎？"于是"椎几大奋，创皆分裂，其夜卒"。笔者认为这个小细节倒是符合孙策作为完美主义者的人设。

孙策遇刺身亡，是一起典型的"黑天鹅"事件。当时孙策本来还踌躇满志地酝酿着要乘袁曹相持的有利时机，奇袭许都，夺取汉献帝。这起突发事件一定程度上改变了三国历史发展的进程。笔者读史至此，每每遐想，如果孙策、周瑜这对绝代双骄命长，拥有比曹操小二十岁的年龄优势，与曹操、刘备争衡，真难说谁才是最后的赢家。当然，历史不容假设。

孙策自己有儿子，但年龄尚幼；孙策的三弟孙翊"骁悍果烈，有兄策风"，跟孙策性格很像，张昭等都以为孙策会传位于孙翊，结果孙策呼二弟孙权"佩以印绶"。孙策临终前对孙权说："举江东之众，决机于两阵之间，与天下争衡，卿不如我，举贤任能，各尽其心，以保江东，我不如卿。"历史证明，这是一个十分明智的决策。孙权站在哥哥的肩膀上，巩固和发展了孙吴政权，最终在与魏、蜀汉的多次角力中成功实现了鼎足三分。而孙翊与哥哥孙策的确很像，最终的命运也是被刺客所杀。如果孙策选择孙翊作为接班人，孙吴政权的命运真是不堪设想。临终对于接班人的选择，充分证明了孙策的清醒和睿智。

孙策是孙吴政权的奠基人。孙权称帝后，追谥父亲孙坚为武烈皇帝，追谥哥哥孙策为长沙桓王，封策子孙绍为吴侯。陈寿为孙策鸣不平，"割据江东，策之基兆也，而权尊崇未至，子止侯爵，于义俭矣"。这与司马昭、司马炎追谥司马师为景王、景皇帝相比，的确是太吝啬了。笔者同意陈寿的观点，孙权气度不及其兄孙策，远矣！

天妒英才，孙策英年早逝，过早地退出了三国舞台，令人扼腕。修短有命，夫复何言！英勇无畏、一往无前，是孙策最鲜明的个性。这是一把双刃剑，他据此迅速平定江东，也因此而遇刺身亡。没有缺点的英雄个体是不存在的。孙策有延揽人才的行动自觉，懂得建立统一战线、团结士人贤者共同奋斗的朴素道理，善于武装斗争，但是他不懂得全面加强自身建设的重要意义。"三大法宝"有其二，所以他能够开辟江东基业；但他没有补强最重要的一件法宝，最终落得遇刺身亡、勋业不终的悲剧下场。

马超：悲情英雄泪如倾

章武二年（222），蜀汉骠骑将军、领凉州牧、斄乡侯马超（176—222）病重，临终前给皇帝刘备上疏："臣门宗二百余口，为孟德所诛略尽，惟有从弟岱，当为微宗血食之继，深托陛下，余无复言。"翻译成大白话：我们老马家两百多口人几乎都给曹操杀光了，家族延续以后只有指望堂弟马岱了，我郑重地将他托付给您请您关照，别的我也没啥说的了。

《论语》有言："鸟之将死，其鸣也哀；人之将死，其言也善。"此时，关、张都已死于非命，骠骑将军马超是蜀汉军队中地位最高的将领。然而他临终上疏，无一言提及汉室兴复大业，念念不忘的只是家门惨祸，可见此事于他而言，一直是痛彻心扉、缠绕不去的噩梦。

马超兼资文武，雄烈过人，青年时代即在战场纵横驰骋，斩将立功，然而最后不得不狼狈逃出凉州，羁旅异乡，咀嚼着失败的苦果赍恨而殁。马超原本继承了父亲马腾数万兵马，几场溃败之后，赖以在乱世立足的军队丧失殆尽，变成"光杆司令"，不得不孤身投靠张鲁、刘备，寄人篱下，听人穿鼻。马超因为背叛曹操、张鲁，连累家人被诛杀殆尽，马超在许多人眼中成了"阻戎负勇，以致覆族"的不忠不孝之人。他背负的舆论压力之大和内心痛苦之深让人不忍细思。

马超，字孟起，是凉州军阀马腾的长子。马腾是汉羌混血，"长八尺余，身体洪大，面鼻雄异，而性贤厚，人多敬之"，长相跟一般汉人明显不一样。马腾年轻的时候家贫"无产业"，"常从彰山中斫材木，负贩诣城市，以自供给"，是个以砍柴卖柴为生的樵夫。如果欣逢太平盛世，马腾多半会在陇西度过自己碌碌无为的平凡一生。他的儿子马超，很可能也只是一个普通的牧童或农夫。汉末乱世，风云际会，给了他们父子崭露头角的机遇。

中平元年（184），黄巾起义的消息传到凉州。凉州羌胡闻风响应，共立北宫伯玉、李文侯为将军，攻烧州郡，并诱劫"素著名西州"的金城人边章、韩遂加入，"使专任军政"。东汉政府先后派皇甫嵩、张温率军镇压。凉州地方政府也招募"民中有勇力者"，攻讨起义军。马腾应募参加了凉州政府军，连年作战有功，拜为军司马。中平四年（187），起义军发生内讧，韩遂杀边章及北宫伯玉、李文侯，拥兵十余万，进围陇西。凉州刺史耿鄙率军攻讨韩遂，途中部队哗变，耿鄙被杀。马腾拥兵反，由官兵而为"寇贼"，与韩遂合军，"寇掠三辅"，向东进攻关中地区。董卓、皇甫嵩离开凉州后，韩、马逐渐发展成为西北地区势力最强的军事集团。董卓死后，李傕、郭汜等为拉拢韩、马，以东汉朝廷名义任命韩遂为镇西将军，遣还凉州金城；马腾为征西将军，屯郿（属司隶右扶风，在长安西）。短短数年间，马腾从一名樵夫，摇身一变，成了曹操年少时无限憧憬的"汉征西"。

不久，马腾私有求于李傕，没有得到满足，怒而举兵相攻，败还凉州。马超此役是否随父征讨，正史并无记载。但《三国演义》在第十回，安排了"年方十七岁"的马超首次登场："只见一少年将军，面如冠玉，眼如流星，虎体熊臂，彪腹狼腰；手执长枪，坐骑骏马，从阵中飞出。"小说中，马超战不到数合即杀王方、擒李蒙，帮助韩、马军队大获全胜，一个英勇无敌的少年英雄形象跃然纸上。

考虑到马超的祖父原本是天水郡一个县尉，失官后"因留陇西，与羌错居，家贫无妻，遂娶羌女，生腾"，马家的生活环境和经济条件，在马腾成年后并无改善，推测马腾本人娶羌女的概率也是比较大的，那么马超具有至少四分之一甚至四分之三的羌人血统。如果马超遗传马腾的相貌，很可能也是"身体洪大，面鼻雄异"。《三国演义》用"虎体熊臂，彪腹狼腰"形容马超还算合适，而"面如冠玉，眼如流星"显然不太恰当，用来描写年轻时的荀彧、孔融等世家子弟倒比较贴切。

建安四年（199），曹操与袁绍即将摊牌，颇以关中为忧。为免腹背受敌，曹操命钟繇以侍中领司隶校尉，持节督关中。钟繇到达长安后，致信韩、马，"为陈祸福"。于是，韩、马归顺曹操，各送一子到朝廷为人质。建安七年（202），袁绍病逝，其子袁尚继立，遣所置河东太守郭援，与高幹、匈奴南单于共攻河东，欲与马腾、韩遂联合，马腾阴许之。钟繇派张既游说马腾，马腾转而决定支持曹操，派马超带领万余人去帮助钟繇，随繇讨郭援、高幹于平阳。马超作战英勇，战斗中为飞矢所中，他轻伤不下火线，"乃以囊囊其足而战"，结果大获全胜。超将庞德亲斩援首，南单于遂降。诏拜马超徐州刺史，后拜谏议大夫，马超都没有赴任。这是正史中马超的第一次亮相，时年二十五岁。马超这么年轻，马腾就放心地让他"将兵万余人"，而马超也不负期望，斩将立功，摧破强敌，说明马超此前已经久历战阵，具有较强的军事才能和丰富的战斗经验。这在同时代的年轻人中是不多见的。

马腾与韩遂曾经有过一段蜜月期，二人"结为异姓兄弟，始甚相亲"，后来由于部曲相侵，关系破裂，"更为仇敌"，互相攻杀，连兵不解。韩遂"杀腾妻、子"。我们不能判断马腾被杀的"妻"，是不是马超的生母。在残酷的战争中，马超开始品尝失去亲人的滋味。曹操命钟繇充当韩、马调停人，利用这个机会征马腾屯槐里（治所在今陕西兴平），离长安只有一百多里，进一步加强了对马腾的控制。

建安十三年（208），曹操欲有事于荆州，恐马腾在后方作乱，派张既劝说马腾"释部曲还朝"。马腾一度犹豫，但迫于压力，最终同意来东。曹操表马腾为卫尉，以马超为偏将军、封都亭侯，统其众，将马家上下二百余口全部迁到邺城，仅留马超一人在西。上兵伐谋，此时马腾、马超父子实际上已经堕入老谋深算的曹操彀中。为了确保数量巨大的人质安全，听凭曹操的摆布，成为马家唯一能做的选择。而这也正是曹操的战略意图。

建安十六年（211），曹操派司隶校尉钟繇讨汉中张鲁。而讨汉中，必经马超等凉州军阀在关中的领地。高柔谏言："大军西出，韩遂、马超疑为袭己，必相扇动"，曹操不听。事实上，这正是曹操的假途灭虢之计。曹操自以为手握韩遂、马超两家人质，二人不敢反抗。他高估了他们对亲情的眷恋，低估了他们对权力的欲望。马超决计反曹，他对韩遂说："今超弃父，以将军为父；将军亦当弃子，以超为子。"韩遂、马超结成新的同盟，联合关中诸将，十部皆反，聚众十万，屯聚潼关。曹操亲自率军迎战，双方爆发了历史上著名的潼关之战。这一战，曹操差一点被马超擒杀，赖许褚死战护卫得免。曹操战后自我反省，"今日几为小贼所困乎！"这实际是对马超的肯定。最终，曹操用贾诩计，离间韩遂、马超，使他们互相猜疑，大破韩、马联军，马超奔回凉州。适逢河间民反，曹操唯恐冀州大本营有失，也撤军东还。曹操可能考虑确是自己逼反马超在先，或者还想留着马腾牵制马超，回邺城后并没有马上处理马腾。

建安十七年（212），马超依靠羌胡支持，尽兼陇右之众，卷土重来，凉州烽烟再起。张鲁遣大将杨昂赶来相助。马超集结万余人，自正月围攻凉州刺史韦康于冀城（今甘肃甘谷县）。五月，曹操不再忍耐，杀马腾，夷三族，马家二百余口人全被诛杀。八月，韦康见曹操救兵不至，开城门投降马超。马超杀韦康，自称征西将军、领并州牧、督凉州军事，可见他初步的野心是想占据并、凉二州。

读者忍不住要问，马超全家在邺城为人质，他为什么胆敢一而再，再而三地公然与曹操（曹操挟天子，代表朝廷）作对呢？他不怕曹操杀他全家报复吗？他是明知故犯要坑爹，还是心存侥幸以为曹操不会举起屠刀呢？

首先，我们来看马超是不是心存侥幸。曹操确实有过不杀叛将家属的例子。兴平元年（194），曹操时为兖州牧，东征陶谦，他的部将陈宫与张邈、张超等人谋叛曹操，共迎吕布为州牧，郡县皆应。曹操仅余兖州三城在手，进退狼狈，遭遇平生最大的挫折。建安三年（198），曹操破吕布，擒陈宫。曹操问陈宫："欲活老母及女不？"陈宫回答："宫闻孝治天下者不绝人之亲，仁施四海者不乏人之祀，老母在公，不在宫也。"意思是，宣扬仁孝的人是不会杀别人的老母及女儿的，杀不杀您看着办。结果陈宫死后，曹操"待其家皆厚如初"，不但没有杀陈宫的母、女，还"召养其母终其身，嫁其女"。但这只是特例，有其复杂的背景原因。更多的时候，曹操是不吝惜杀人的，比如他攻破雍丘后，即杀张超及其家，"夷邈三族"。张邈可是曹操的铁哥们儿！

曹操总结张绣降而复叛的惨痛教训，建立质任制度，目的就是以亲属为人质，控制部属不敢生异心。如果不杀质任，那这个制度就形同虚设，就起不到震慑作用。对此，马超应该是有所预见的。他对韩遂说："今超弃父，以将军为父；将军亦当弃子，以超为子"，显然就是准备放弃父亲马腾，不顾其死活了。根据现代刑法理论，过失致人死亡罪有两种情形，即应当预见自己的行为可能发生他人死亡的危害后果，因为疏忽大意而没有预见，或者已经预见而轻信能够避免，以致危害结果发生。马超弃父，其性质不是已经预见而轻信能够避免，而是明知自己的行为可能引起某种危害结果并且放任这种结果发生。这种心理态度，在现代法学中称为间接故意。马超对于其父之死，该承担间接故意杀人罪的责任。

《三国演义》为了美化最后降蜀的马超形象，颠倒了马腾之死与马超起兵两起事件之间的时间、因果关系，写为马腾参与"衣带诏"密谋反曹，谋泄后被曹操所杀，孝子马超为报父仇家恨起兵讨曹，直杀得纵横天下的曹操割须弃袍，几乎丧命，其间更与许褚大战数百回合不分胜负。小说与史实差别之大，令人佩服作家的脑洞。

其次，我们来看看马超明知道会坑爹、坑全家，为什么还坚持要这么干？汉武帝"罢黜百家，独尊儒术"之后，儒家思想逐渐占据社会主流地位。到了东汉，由于统治者的大力提倡，《孝经》广泛流行，"孝廉"可任高官，敬老孝亲的观念更加深入人心，孝子纷纷涌现，"二十四孝"近三分之一是东汉人。徐庶本来已经投奔刘备，因为母亲在曹操处，尽管"心在汉"，但也不得不"身在曹营"，乖乖投入曹操麾下。张邈叛曹操，劫持曹操别驾毕谌母弟妻子，曹操说："卿老母在彼，可去"，同意毕谌转投张邈。毕谌当面表示无二心，转身就跑到张邈阵营。后来曹操攻破吕布，生俘毕谌，大家都觉得曹操会杀他。结果曹操说："夫人孝于亲者，岂不亦忠于君乎！吾所求也"，仍任命毕谌为鲁相。可见，奉行孝道，敬重孝子，是东汉人共同的价值取向。曹操手握包括马腾在内马家二百余口人质，按常理，马超只能像徐庶、毕谌一样乖乖就范。马超为什么会冒天下之大不韪呢？

笔者以为，这要从马超的成长环境来分析。尽管马超祖籍扶风茂陵，是东汉名臣马援之后，但他出生在与羌胡交错杂居的凉州陇西。凉州僻处边疆，本就"寡于学术"，文明程度低于中原地区，再加上马超是汉羌混血，小时候因为出身樵夫家庭可能也没有受到多少正规的儒家教育，所以他从外形和思维上可能都是羌胡化的。真实的马超并不是罗贯中笔下面如傅粉、唇若抹朱、白袍银铠、玉树临风、英俊潇洒的少年儒将，更大的可能是高鼻深目、满脸虬髯、膀大腰圆、蛮横粗暴的西北羌胡大汉。笔者推测，马超羌胡化的程度比"尝游羌中""习于夷风"的董卓，还要深重得多。董卓只是偶尔搞搞少数民族风情自驾游，马超则是天天生活在羌胡中间，跟他们打成一片，难分彼此。史书讲他"甚得羌胡心"，他每次战争都得到了羌胡的大力支持，可见羌胡少数民族对马超是高度认同的。因此，我们不能用中原汉人的标准来看待马超。或者，我们把他看作一个羌胡人，更容易理解他的思维方式和行为模式。

在史书中，羌胡作战不利溃逃时抛弃老弱，更是常有之事。《史记·匈奴列传》载："壮者食肥美，老者食其余。贵壮健，贱老弱。"《后汉书·乌桓鲜卑列传》载："贵少而贱老，其性悍塞，怒则杀父兄……其自杀父兄则无罪。"《后汉书·西羌列传》载："不立君臣，无相长一，强则分种为酋豪，弱则为人附落，更相抄暴，以力为雄……以战死为吉利，病终为不祥……性坚刚勇猛，得西方金行之气焉。"《后汉书·邓寇列传》载："戎俗：父母死，耻悲泣，皆骑马歌呼。"可见，羌胡大都以力为雄，贵壮贱老，脑海中没有汉族地区信受奉行的儒家孝悌观念。父母兄弟之死，在他们眼中，并不是什么了不得的悲事，自己生气的时候甚至都会杀父兄。显然，对于深度羌胡化的马超而言，父亲和家人的生命，并没有他控制下的兵马地盘更重要。所以，面对曹操的威胁，他作出了背父弃质的决定。当然，马超人性未泯，也许心中多少有些愧疚，但这并不影响他的决策。韩遂与马超处境相似，也选择放弃自己的儿子、跟曹操作战，说明在韩、马等凉州军阀的思想里，弃质自卫反而是更明智的决定。

然而，在东汉主流社会舆论中，在汉族士大夫眼里，马超宁愿弃父覆族也要反叛朝廷，再加上杀害投降的凉州刺史韦康

（东汉人视州刺史、郡守为君），无异于是弑父弑君、自绝于天下的禽兽之行，已经越过了尊崇儒家伦理的东汉人的道德底线，必然为名教纲常所不容、被天下人所唾弃。这最终决定了马超失败的命运。

建安十八年（213），韦康旧部杨阜联络姜叙、赵昂等合谋讨超，结梁宽、赵衢为内应。杨阜劝说屯于历城的姜叙起兵时说："马超背父叛君，虐杀州将，岂独阜之忧责，一州士大夫皆蒙其耻。君拥兵专制而无讨贼心，此赵盾所以书弑君也。"姜叙的母亲积极支持杨阜的主张，对姜叙说："人谁不死，死于忠义，得其所也。但当速发，勿复顾我！"马超取赵昂之子为质，赵昂担心儿子的安全，征求其妻的意见。其妻厉声应曰："雪君父之大耻，丧元（掉头颅之意）不足为重，况一子哉？"可见，马超"背父叛君，虐杀州将"的行为，的确是触碰了汉人的道德红线，几乎成为凉州人民的公敌。九月，杨阜等进兵讨马超，赵衢谲说马超亲自出击。马超前脚出城，赵衢与梁宽就关闭冀城城门，尽杀马超妻子。这是马超的家属第二次因为他而被杀。马超进退失据，袭历城，俘姜叙之母。姜母将马超骂得狗血淋头，"汝背父之逆子，杀君之桀贼，天地岂久容于汝，而不早死，敢以面目视人乎！"马超恼羞成怒，杀姜母及赵昂之子。马超与杨阜战，兵败，南奔张鲁。马超丧失了自己生活、经营了大半生的凉州根据地。可以说，马超并非败于曹操，而是被跟他价值观冲突的凉州士大夫群体打败后赶出来的。

曹操的高明之处，就是利用汉律杀了马腾全家，然后引导舆论归咎于马超，让他背上了沉重的道德枷锁。马超对此事的严重后果不仅不自知，又错误决策杀凉州刺史韦康，给自己的败走压上了最后一根稻草。在推崇"二重君主观"的东汉，马超弑父弑君，实在是罪大恶极、人神共愤。吴郡富春人孙策杀吴郡太守许贡，最终被其门客刺杀，是相似的例子。

天下之大，马超已经难寻容身之地。在东汉末年的道德黑名单上，马超赫然在列，并且尽人皆知。它的负面影响一直伴随马超的余生。马超逃出凉州后，起初打算投靠益州刘璋。王商对刘璋说："超勇而不仁，见得不思义，不可以为唇齿……若引而近之，则由养虎，将自遗患矣。"刘璋从其言，拒绝了马超。马超不得已奔汉中，张鲁以为都讲祭酒，欲妻之以女。有人对张鲁说："有人若此不爱其亲，焉能爱人？"张鲁觉得有理，遂打消了招马超为婿的念头。马超后来数次向张鲁求兵，欲北取凉州，"张鲁遣往，无利"。马超已经永远地失去了凉州人民的支持。马超与张鲁的部下杨白等关系恶劣，并且觉得张鲁"不足与计事"，于是叛逃入氐中。他的庶妻董氏与儿子马秋，没有来得及带走。张鲁投降曹操后，曹操将董氏赐与劝说张鲁投降有功的阎圃，将马秋交给张鲁处置，张鲁"自手杀之"。这是马超的家属第三次因他受害。马超可能已经习以为常了吧。至于《三国演义》第六十五回写张鲁派马超救刘璋，在葭萌关下，锦马超与猛张飞恶战数场不分胜负，史无其事，纯属子虚乌有，不过是为了夺人眼球、增加小说的精彩罢了。

建安十九年（214），刘备正在围攻成都，想结马超为援，派李恢前去联络，马超于是"密书请降"。刘备偷偷给他士兵，令其引军屯城北。马超突然出现在成都，城中震怖，刘璋慑于马超的威名，开城投降。马超为刘备立下大功，刘备以超为平西将军，仍为都亭侯，但对他深怀戒心，派他督临沮（今湖北宜昌远安县），将他排挤在成都政治中心之外。刘备对马超采取官高而无实权、利用但不重用的态度。刘备攻下汉中以后，群臣一百二十余人联名上书汉献帝，表刘备为汉中王，联名书以马超为首。刘备称汉中王后，拜马超为左将军，假节，军中地位仅次于关、张；刘备称帝后，迁马超为骠骑将军，领凉州牧，进封斄乡侯，一路加官晋爵。但是刘备一直没有给马超多少实权，也不派兵让他去攻打凉州，主要利用他来镇守边关。

马超深知自己的处境是"羁旅归国"，故"常怀危惧"。蜀臣彭羕曾经鼓动马超一起造反。也许彭羕认为马超背父弑君，敢作敢为，是可以联合的对象。但是，这次马超政治上表现很成熟，"闻彭羕言大惊，默然不答"，等彭羕离开后，"具表羕辞"，向刘备告发了彭羕，而确保了自己的人身安全。这一次，马超吸取从前的教训，作出了正确的选择，否则他很可能赔上自己的性命。

章武二年（222），马超卒，时年四十七岁。他生命中的最后几年，孤寂地在蜀汉度过。也许，他至死也没有明白自己失败的原因所在。马超长于西羌，"勇冠西州"，个人战斗力爆表，但是他的战略思维能力跟中原地区的杰出人才如曹操相比，差距是巨大的。曹操是谋不世出的战略大师，在与韩、马等西北军阀的斗争中，曹操战术上偶有失利，但是战略上始终牢牢把握着主动，他落子如神、步步为营、环环相扣，最终击溃关中诸将，统一陇右。

西羌"不立君臣，无相长一"，这一习俗决定了凉州军阀们互相不服从，难以形成统一的领导核心。董卓死后，李傕、郭汜、樊稠等人互相攻伐以致屠灭；而马腾父子与韩遂又何尝不是如此？荀彧评价说："关中将帅以十数，莫能相一，唯韩遂、马超（腾）最强。"两股以上势力，短期合作可以，长期来讲肯定难以同心同德，最后必然被对手各个击破。马超有野心称霸并、凉，但他连一个韩遂都拾掇不了，不能把凉州捏成一个有力的拳头跟曹操对抗，败亡是迟早的事。再加上马超的文化程度决定了他对东汉主流社会核心价值体系缺乏深刻认识，居然干出了"背父叛君，虐杀州将"的极端错误行为，更加速了他的失败。他作为一方诸侯的政治生命，实际上在逃出凉州时已经终结。在汉中和蜀汉，他只是在苟延残喘而已。

马超的失败，归根结底是落后的羌胡文化文明与先进的中原文化文明碰撞斗争的结果呈现。从宏大的历史视野中俯瞰，马超只不过是两个文化文明斗争过程中的工具和牺牲品而已。马超的确是三国第一悲情英雄。为了追求事业目标，他放弃了几乎全部的家人。马超起先可能认为没有什么大不了，但随着舆论压力的显现以及接二连三的失败打击，他可能逐渐认识到了此事的致命后果。在世人眼中，他成了忠臣孝子的反面典型。然而，他并没有取得梦想的事业成就，甚至可以说最后是一无所有。由此带来的情感痛苦，包括挫败感、内疚、悔恨、自责，极可能伴随他一生。在汉中时，大年初一，马超的妻弟董种来给他祝贺新年，他捶胸吐血说："阖门百口，一旦同命，今二人相贺邪？"早知如此，又何必当初？老老实实跟许褚一起为曹操冲锋陷阵，岂不身名俱泰？

面对我们的诘问，马超自然是无法辩白。苛责古人，似乎也有失厚道。马超死后，葬于今陕西汉中勉县西北古阳平关附近。清代陕西巡抚毕沅书立的"汉征西将军马公超墓"石碑，矗立在斜阳中，无声地承受着后世的风雨……